"Jim Stengel ocupa um lugar único no mundo dos negócios. Usando sabedoria e introspecções obtidas através de sua bem sucedida carreira empresarial, ele demonstra potencialmente, em *Cresça,* que as empresas que fazem de um propósito maior a sua estrela-guia superam a sua concorrência. A cada página ele argumenta convincentemente que, no mundo de hoje, melhorar as vidas das pessoas e ter um impacto social positivo é a melhor receita para o sucesso a longo prazo. Combinando um rigor científico com o dom de um contador de histórias, ele produziu um livro brilhante, imperdível, extremamente adequado aos nossos tempos".

— Arianna Huffington, presidente e editora chefe do Huffington Post

"Quando você começar a ler *Cresça,* você pode ficar um pouco cético sobre o ideal e o seu valor essencial. Mas não demora até se sentir intrigado — e, então, totalmente convencido. Jim lhe compartilha as suas crenças e experiências com uma generosidade que beira a ousadia; e ele traz os números sólidos e limpos para sustentar as suas lições".

— Sir Martin Sorrel, CEO da WPP

"As pessoas procuram um significado em suas vidas. Líderes que conseguem infundir significado nas estratégias empresariais, planos de trabalho e até mesmo estruturas organizacionais, podem inspirar dramaticamente altos níveis de desempenho. O livro *Cresça,* de Jim Stengel, é um kit de ferramentas para transformar o poder dos ideais — ou o que nós, na P&G, chamamos de propósito — em vantagem competitiva e crescimento contínuo.

— Robert A. McDonald, presidente de conselho, presidente e CEO da Procter & Gamble

"Alguns dizem que as marcas estão morrendo com a era das mídias sociais e similares. Jim Stengel diz, em efeito, que isso é bobagem; e ele traz todo o seu embasamento para provar isso. Uma diferença sustentável nunca foi tão essencial e uma marca eficiente é a única maneira de vencer o jogo. Mas uma marca administrada corretamente é nada menos do que um meio de vida — abrangendo cultura, conexão, intimidade e ideais vividos com uma paixão incansável; muito mais do que seguir os caprichos da última pesquisa de mercado. Um livro referência feito sob medida para os tempos atuais! Leia, absorva e vivencie-o!"

— Tom Peters, coautor de Excelência Acima de Tudo (Record, 1985)

"Em *Cresça,* Jim Stengel apresenta um novo e poderoso modelo de negócios. Um inovador e veterano em marketing, Stengel mostra como as companhias podem impulsionar as redes sociais desencadeando e sustentando as conversas que acontecem sobre suas marcas diariamente. Este é um livro imperdível, não apenas para marqueteiros, mas para todos os líderes empresariais".

— Sheryl Sandberg, Diretora de Operações do Facebook

"Todo executivo compreende a proposição de valor — os atributos econômicos em torno dos quais você vende. Jim Stengel explica o poder e a urgência da proposição de valor — os princípios pelos quais você se baseia. Este livro revolucionário, cheio de ideias originais e histórias contagiantes, vai te inspirar a repensar o que realmente importa para a sua empresa e a sua carreira. Pegue isso e coloque em ação!"

— William C. Taylor, editor e fundador da Fast Company, e autor de Praticamente Radical (Alta Books, 2012)

"*Cresça* não dá apenas uma visão dentro da carreira brilhante de Jim Stengel com a P&G, fornece evidências e inspirações para qualquer líder entrar em contato com seus ideais e persegui-los".

— John Wren, presidente e CEO da Omnicon

"Todos nós buscamos crescimento! E uma das melhores maneiras para alcançá-lo é, certamente, aprendendo as lições do livro de Jim Stengel, *Cresça.* Neste livro fascinante, no qual receitas novas e comprovadas se misturam para criar um caminho de sucesso em direção ao crescimento, eu, particularmente, descobri ideias que são exatamente o que precisamos no ambiente empresarial de hoje em dia".

— Maurice Lévy, presidente de conselho e CEO da Publicis Groupe

"Jim Stengel é um pioneiro. Ele não só decifrou o código para o crescimento, desvendando os mistérios do que leva a um desempenho poderoso, como também nos apresenta algo muito mais profundo. Quando você melhora verdadeira e sensivelmente a vida de outras pessoas, a sua vida e a vida de sua empresa e marca melhoram exponencialmente. Mistério resolvido. Verdade revelada".

— Roy Spence, presidente de conselho e cofundador da GSD&M; CEO e cofundador do Purpose Institute e autor do livro It's Not What You Sell, It's What You Stand For

"Este é um livro importante para a nossa atualidade. Jim Stengel prova que o crescimento empresarial acelera com um ideal inspirador dentro de uma companhia. Ele, então, te leva a uma jornada que mudará para sempre o modo como você lida com os negócios. Leia-o, aplique as suas lições e colha os benefícios de um rápido crescimento".

— Andrea Guerra, CEO do Luxottica Group

"O que a sua empresa representa aos olhos das pessoas mais importantes para o seu futuro? O que deveria representar? A resposta certa é o que fará os seus melhores clientes contarem aos amigos como você é indispensável. E, por isso, Stengel é uma leitura essencial. Ele escreveu a bíblia de como transformar a cultura da sua companhia na arma estratégica que elimina adversários e paga dividendos. Eu já a vi funcionar na liderança de Jim na P&G e em nosso trabalho, na Intuit. Não é uma maquiagem; retoma o cerne da razão de existir da sua agência, o seu papel como um líder e o que irá fazer com que os seus clientes mais importantes confiem no que você faz".

— Scott Cook, cofundador e presidente de conselho do Comitê Executivo da Intuit Inc.

CRESÇA

Como Ideais Potencializam Crescimento e Lucro nas Maiores Companhias do Mundo

Jim Stengel

ALTA BOOKS
EDITORA
Rio de Janeiro, 2013

Impresso no Brasil

Produção Editorial
Editora Alta Books

Gerência Editorial
Anderson Vieira

Supervisão Gráfica & Editorial
Angel Cabeza

Supervisão de Qualidade Editorial
Sergio Luiz de Souza

Conselho de Qualidade Editorial
Adalberto Taconi
Anderson Vieira
Angel Cabeza
Pedro Sá
Sergio Luiz de Souza

Editoria de Projetos Especiais
Marcelo Vieira

Equipe de Design
Adalberto Taconi
Bruna Serrano
Iuri Santos
Marco Aurélio Silva

Equipe Editorial
Ana Lucia Silva
Brenda Ramalho
Camila Werhahn
Cláudia Braga
Cristiane Santos
Daniel Siqueira
Evellyn Pacheco
Juliana de Paulo
Licia Oliveira
Milena Souza
Natália Gonçalves
Paulo Camerino
Rafael Surgek
Thiê Alves
Vanessa Gomes
Vinicius Damasceno

Tradução
Mariana Lamas

Copidesque
Fátima Regina

Revisão Gramatical
Bianca Barcellos
Tássia Carvalho

Diagramação
Lúcia Quaresma

Marketing e Promoção
Daniel Schilklaper
marketing@altabooks.com.br

1ª Edição, 2013

Dados Internacionais de Catalogação na Publicação (CIP)

S825c Stengel, Jim.
Cresça : como ideais potencializam crescimento e lucro nas maiores companhias do mundo / Jim Stengel – Rio de Janeiro, RJ : Alta Books, 2013.
344 p. : il. ; 14 x 21 cm.

Inclui bibliografia, índice e apêndice.
Tradução de: Grow.
ISBN 978-85-7608-771-7

1 1. Administração - Aspectos sociais. 2. Cultura organizacional. 3. Ideais (Psicologia). 4. Planejamento estratégico. 5. Branding (Marketing). I. Título.

CDU 658.016
CDD 658.4

Índice para catálogo sistemático:
1. Desenvolvimento organizacional 658.016
(Bibliotecária responsável: Sabrina Leal Araujo – CRB 10/1507)

ALTA BOOKS EDITORA
Rua Viúva Cláudio, 291 – Bairro Industrial do Jacaré
CEP: 20970-031 – Rio de Janeiro – Tels.: 21 3278-8069/8419 Fax: 21 3277-1253
www.altabooks.com.br – e-mail: altabooks@altabooks.com.br
www.facebook.com/altabooks – www.twitter.com/alta_books

Para o meu irmão, Bob (1959-2010),
que viveu uma vida de grandes ideais.

SUMÁRIO

Introdução
O Caminho Determinante para o Crescimento 1

Ideal
Uma Definição 3

PARTE I
O Cenário Completo

1
O Fator Ideal
Grandes Empresas Têm Grandes Ideais 7

2
O Estudo Stengel de Crescimento Empresarial 23

3
O Quadro da Árvore do Ideal
Uma Empresa para a sua Loucura 57

PARTE II

Os Cinco Passos-Chave

4
Passo-Chave Número 1
Descobrir um Ideal em um dos Cinco Campos de Valores Humanos Fundamentais 95

5
O Negócio Eterno da Discovery
Satisfazer a Curiosidade 117

6
Passo-Chave Número 2
Construir a sua Cultura em Torno de seu Ideal 135

7
Como a Pampers Mudou o Mundo
Como um Ideal Transformou uma Cultura e uma Empresa 171

8
Passo-Chave Número 3
Comunicar o seu Ideal para Engajar Funcionários e Clientes 207

9
Passo-Chave Número 4
Transmitir uma Experiência de Consumidor Quase-Ideal 237

10
Passo-Chave Número 5
Avaliar o Seu Progresso e os Seus Funcionários
Através de Seu Ideal 265

11
Continue
Evolua o seu Ideal para Renovar Vantagem Competitiva 285

Conclusão
Comece com um Passo Grande ou Pequeno, Mas Comece Agora 301

Apêndice
As 50 de Stengel 305

Observações Sobre as Fontes 309

Agradecimentos 311

Índice 321

CRESÇA

Introdução

O Caminho Determinante para o Crescimento

Crescimento absoluto e ideais fortes não são incompatíveis. São inseparáveis.

Os dados de um estudo de dez anos sobre o crescimento em mais de 50 mil marcas ao redor do mundo mostram que companhias com ideais que visam melhorar a vida das pessoas aplicados no centro de tudo o que fazem se superam no mercado por uma margem enorme. O gráfico abaixo evidencia este fato.

Retorno de Investimento 50 de Stengel x S&P 500*

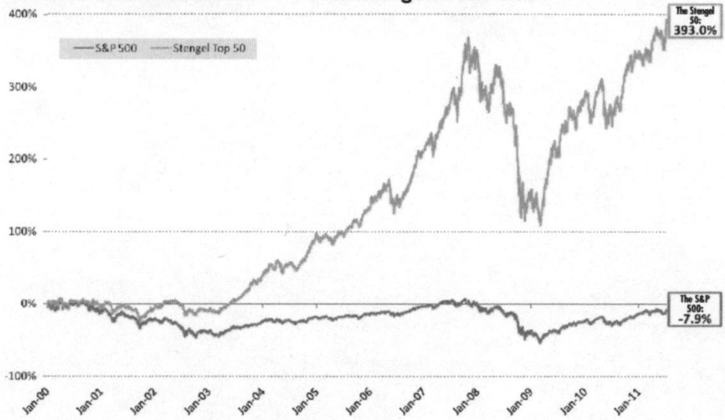

Um investimento nas 50 de Stengel, as 50 melhores empresas do meu estudo de dez anos sobre crescimento, seria 400% mais lucrativo do que um investimento nos 500 da Standard & Poor (S&P). O quesito surpresa é que fazer a coisa certa na sua empresa

*O S&P 500 é um índice de 500 ativos escolhidos por tamanho de mercado, liquidez e agrupamento industrial. Fonte: Millward Brown Optimor.

é fazer a coisa certa para a sua empresa. Aquelas que aceitam esse fato são as que dominam em suas categorias e criam novas maximizando o lucro em longo prazo.

Como os ideais podem ser o caminho determinante para o crescimento? Como os ideais podem trazer um crescimento extraordinário para a sua própria empresa e carreira?

Eu vou lhe mostrar.

Ideal

Uma Definição

IDEAL, s. m. **1.** A chave para desvendar o código do sucesso de empreendimentos do século XXI. **2.** A única maneira sustentável de recrutar, unir, e motivar todos aqueles que uma empresa atinge, dos funcionários aos clientes. **3.** A alavanca mais poderosa que um líder empresarial pode usar para obter vantagem competitiva. **4.** A razão essencial de existir de uma empresa, o benefício mais nobre que ela acrescenta ao mundo. **5.** O elemento que conecta as crenças internas das pessoas de dentro de uma empresa com os valores humanos fundamentais daqueles a qual ela atende. **6.** Não é responsabilidade social ou altruísmo, mas um programa para obter lucro e crescimento, centrado em melhorar a vida das pessoas.

PARTE I

O Cenário Completo

1

O Fator Ideal

Grandes Empresas Têm Grandes Ideais

O que faz um empreendimento crescer mais do que os seus concorrentes? O que impulsiona uma empresa a alcançar o topo e a mantém lá?

Essas perguntas me fascinaram durante toda a minha carreira empresarial, desde o meu primeiro emprego depois de formado, passando pelos meus sete anos como diretor de marketing global da Procter & Gamble (P&G) até os meus cargos atuais como consultor em gestão sênior, professor adjunto da Anderson School of Management da UCLA e membro de conselho da Motorola e da AOL.

Acredito ter encontrado a resposta. Trata-se de um novo quadro empresarial, que consiste em melhorar a vida daqueles que uma empresa atende, enraizado nos eternos fundamentos dos negócios e da natureza humana. Pesquisas recentes, incluindo um estudo de dez anos conduzido por mim sobre o crescimento de mais de 50 mil marcas do mundo todo, inspiraram e comprovaram este novo quadro. Atuando de acordo com os princípios deste enquadramento, as melhores empresas do mundo crescem o triplo ou mais do que a concorrência da mesma categoria consegue.

O princípio central do novo quadro é a importância de se ter um *ideal de marca,* um objetivo comum de melhorar a vida das pessoas. O ideal de marca é a razão essencial da existência de uma empresa, o maior benefício que ela acrescenta ao mundo. O ideal de marca de melhorar a vida das pessoas é a única maneira consistente de recrutar, unir e inspirar todas as pessoas que uma empresa atinge, dos funcionários aos clientes. É a única coisa que conecta solidamente as crenças centrais das pessoas de dentro de uma empresa aos valores humanos fundamentais daqueles que ela atende. Sem esta conexão, sem um ideal de marca, nenhuma empresa será bem sucedida de verdade.

A seguir, você lerá bastante a respeito de marcas, mas antes, uma palavrinha. Eu utilizo as palavras *marca* e *empresa* alternadamente. Marca é o que a empresa representa no coração e na mente das pessoas mais importantes para o seu futuro. Em qualquer disputa de mercado, o que dá margem e crescimento e o que diferencia uma empresa de outra — para funcionários, clientes, parceiros e investidores — é a marca. E o que distingue, cada vez mais, grandes empresas e negócios entre bons, ruins ou indiferentes são os ideais de marca.

Eu percebi o potencial total dos ideais de marca, primeiramente, nos vários cargos de gerenciamento de linha na Procter & Gamble, e depois, como diretor de marketing global da empresa. As evidências que vou apresentar mostram que a capacidade de investir em ideais de marca é também o que aumenta ainda mais a distinção de grandes líderes empresariais em bons, ruins ou indiferentes.

Pense no que e em como você compra em sua vida profissional e pessoal. Sejam produtos para o lar ou serviços para o escritório, qual é o motivo determinante que o leva a comprar o produto de uma empresa, e não de outra? É a imagem e a reputação dessas marcas e o relacionamento que você tem com elas. Uma marca é simplesmente o desejo coletivo das pessoas por trás dela; uma marca define quem você é e o que você representa como empresa perante todos aqueles que o seu negócio atinge, dos funcionários aos consumidores. Se quiser excelentes resultados em sua empresa, você e sua marca terão que representar algo convincente. E é aí que os ideais de marca entram na equação.

Grandes líderes empresariais do passado sempre compreenderam e agiram de acordo com isso, explícita ou implicitamente. Quando William Hewlett e David Packard fundaram a

Hewlett-Packard (HP), em 1939, e, durante o processo, deram o pontapé inicial para a criação do Vale do Silício, eles focaram claramente seu negócio na contribuição com a sociedade através de tecnologia. Eles não chamaram isso de ideal de marca, mas era disto que se tratava. Como disse Dave Packard, o motivo pelo qual as pessoas se unem em um negócio é para "fazer uma contribuição para a sociedade, uma frase que soa banal, mas que é fundamental." E como disse Bill Hewlett, "Nós trabalhávamos com a ideia de que se fizéssemos uma contribuição para a sociedade, a recompensa viria".

De fato, ela veio. O ideal de melhorar a vida das pessoas com tecnologia em constante progresso tem mantido a HP seguindo – e crescendo – por bons e maus momentos desde então. A empresa desacelerou em 2011, como acontece com a maioria das empresas de tecnologia em determinado momento devido à rápida evolução deste setor. Ainda assim, os registros de crescimento na década de 2000 eram impressionantes; de acordo com a agência de pesquisa global Millward Brown Optimor, a HP expandiu o valor de sua marca de US$5 bilhões para US$35.4 bilhões em 2011.

Na minha visita de pesquisa à HP, em várias e longas entrevistas, eu senti que o pessoal da HP – mesmo com a dramática e incômoda mudança no gerenciamento e na diretoria – internalizara o poder e o potencial de um ideal de marca, e como ele inspira o crescimento. O diretor de pesquisa de mercado Deepak Sainanee me disse "Em se tratando de crescimento e margem, a marca realmente acaba sendo o fator crucial no final." Como veremos, não é nenhuma coincidência que a HP, uma das maiores empresas de tecnologia, está começando a estimular uma nova e poderosa evolução em seu ideal de marca, apesar do tumulto na gerência sênior.

A maioria dos líderes empresariais de sucesso de hoje em dia também está estimulando os ideais de marca. Os ideais de marca, como eu e minha equipe de pesquisa descobrimos, são o que permite às grandes empresas de hoje em dia dar um salto em suas categorias e deixar seus concorrentes comendo poeira.

A VANTAGEM DOS 400%

Lembra do gráfico que vimos na introdução? Durante a década de 2000, as 50 de Stengel, as melhores empresas do meu estudo de dez anos sobre crescimento, geraram um retorno de investimento 400% melhor do que os 500 da Standard & Poor. Como veremos, as 50 de Stengel estão obtendo este sucesso incrível graças ao trabalho em harmonia com seus ideais de marca. Através dele, as 50 de Stengel estão na crista de uma onda em crescimento que está remodelando o mundo empresarial, um aumento dramático e inexorável com a contribuição do valor intangível de marca no valor total de empresa.

A agência de consultoria e pesquisa de marca Millward Brown Optimor – à qual eu me associei para a pesquisa deste livro e à qual eu farei frequentes referências – possui uma metodologia própria e reconhecida para calcular valor de marca. A Millward Brown Optimor determina ganhos intangíveis, através do exame do resultado financeiro de uma empresa e do cálculo percentual da demanda perante a oferta, que são atribuíveis somente à marca. Quando a Millward Brown Optimor observou recentemente a contribuição que a equidade de marca havia dado para a capitalização de mercado dos 500 da Standard & Poor, no período entre 1980 a 2011, ela identificou o nascimento e desenvolvimento de uma tendência em ascensão.

Em 1980, praticamente todo o mercado de capitalização das empresas dos 500 da S&P consistia de bens tangíveis (dinheiro, escritórios, instalações, equipamentos, inventários etc). Em 2010, os bens tangíveis representavam apenas 40 a 45% do mercado de capitalização das empresas dos 500 da S&P. O resto da capitalização deles era de bens intangíveis, e cerca de metade disso – mais de 30% do mercado de capitalização total – resultava da marca.

O crescimento alcançado através do valor de marca nos últimos 30 anos é inegável. O valor de marca é agora o bem mais importante da maioria das empresas, e a consequência disto é que a liderança empresarial e a liderança de marca estão se mesclando em todos os setores da economia. As melhores empresas do mundo têm reagido a isso se assegurando de que estão combinando liderança empresarial e liderança de marca nos cargos mais altos e em todas as organizações.

Resumindo, uma empresa, agora, só será considerada forte, se a sua marca também for, e não há nada mais que ofereça aos líderes empresariais tamanho potencial de fomento. É por isso que eu acredito que cada líder empresarial – seja você um vendedor de carros, de produtos químicos ou de cosméticos – deve pensar e agir como um líder de marca.

A questão das empresas com os ideais de marca não é sobre altruísmo ou de responsabilidade social corporativa. É sobre expressar a razão fundamental de existir de uma empresa e impulsionar seu crescimento. É sobre reunir e estimular o comportamento de todas as pessoas importantes com o futuro de uma empresa, pois nada une e motiva mais as pessoas do que os ideais. Eles tornam possível a conexão do que acontece dentro de uma empresa com o que acontece fora dela, especialmente na parte inconsciente da mente das pessoas e de como elas tomam decisões. A minha pesquisa concluiu que os ideais são o elemento crucial quando se fala em impulsionar o crescimento.

De um jeito ou de outro, eu tenho ido ao encontro do valor de empresa dos ideais desde que eu era um menininho de 11 anos em Lancaster, Pensilvânia, com meus trabalhos de entregar jornal, cortar grama e tirar neve. Fazendo uma retrospectiva, todos os três trabalhos me ensinaram que compreender o que os meus clientes valorizavam e tentar melhorar suas vidas produzia uma grande recompensa. É claro que eu não pensava sobre essas coisas de maneira consciente; seria mais certo dizer que eu as fazia intuitivamente.

Quando eu sabia que era dia de entregar jornal para os aposentados da minha rota, eu batia na porta, entregava o jornal a eles e parava um tempinho para bater papo. Isso me rendia vários biscoitos fresquinhos e outros agrados como moedas retiradas de trás da minha orelha e gorjetas altíssimas no natal.

Na parte de tirar neve e cortar grama, eu sempre procurava fazer mais do que o necessário para cada cliente. Eu já fazia vendas cruzadas antes mesmo de saber o que isso significava. Além da entrada da casa, o senhor quer que eu também tire a neve da calçada e da entrada da garagem? Além de cortar a grama, o senhor gostaria que eu aparasse a cerca-viva? Quando os clientes viajavam no verão ou tiravam férias longas, eu dizia, "Eu queria deixar o jardim bonito para o senhor, então por que eu não venho cortar a grama a cada cinco ou sete dias?" Aquilo deixou todos os jardins mais fáceis de aparar já que eu não estava cortando uma grama espessa, e eu recebia mais por cortar a grama com mais frequência. De uma forma geral, foi um bom portfólio de trabalho até que eu passasse para trabalhos mais sérios, como assistente de trânsito durante o verão.

Meu primeiro emprego sério, depois de me formar na Faculdade Franklin and Marshall, em Lancaster, me concedeu mais uma lição de como compreender os valores fundamentais de um cliente. A Time-Life Books estava se mudando de Nova York para Alexandria, Virgínia, e foi lá que eu passei a fazer parte do departamento editorial deles. Eu gostava de ajudar a reunir e organizar os diversos volumes de livros em uma vasta gama de assuntos, mas quanto mais eu ficava lá, mais eu sentia que aquela organização ia chegar a um fim.

Mais uma vez, tudo isso é uma retrospectiva, mas os líderes da empresa não se questionaram sobre a viabilidade da continuação de seu modelo de negócio. Eles tinham uma organização com uma boa equidade na área de produzir e apresentar temas de infoentretenimento e não ficcionais, que atraía um público direcionado. Mas nunca se perguntaram "O que nossa organização tem de especial? O que representamos na mente de nossos clientes? O que faremos se eles pararem de comprar coleções de livros sobre a Segunda Guerra Mundial ou o Velho Oeste?"

Nos anos após eu ter ido atrás de um MBA na Faculdade de Administração Smeal da Universidade Estadual da Pensilvânia e entrado para a Procter & Gamble, a diretoria da Time-Life Books continuava a ignorar aquelas perguntas ainda que elas se tornassem alarmantemente perigosas. Alguns sucessos aleatórios mantiveram a Time-Life Books na ativa até 2003. Seu declínio, durante 1980 e 1990, acompanhou o nascimento e desenvolvimento do nicho de televisão a cabo, que supria as mesmas necessidades de infoentretenimento na forma de canais como Learning Channel, Weather Channel, Food Network, History Channel e Discovery Channel.

Imagine a Time-Life fazendo parte desse grupo como um canal próprio ou produtora de programação para novos canais? Certamente, uma empresa com o valor que a Time-Life tinha na mente do público possuía uma grande chance de conseguir isso entre o início e o meio dos anos 80. Com o fim dos anos 80 e o início dos anos 90, entretanto, se tornou cada vez mais difícil acreditar que a Time-Life realizasse tal façanha.

Talvez aqueles que conhecem intimamente a cultura da Time-Life digam que isso nunca foi possível, ou que a empresa nunca teve recursos próprios o bastante, ou de mesma quantidade que a sua matriz, antes chamada Time, Inc., e depois Time Warner. Bem, veja como a National Geographic Society, construída através do valor de marca da revista *National Geographic*, criou o National Geographic Channel, estendendo a sua marca de revista para novos canais e transmissões.

Fique empacado em seu modelo empresarial atual e os dias de sua empresa estarão contados. Faça do seu ideal de marca a sua estrela guia, e o céu será o limite. Isto porque um ideal de marca inspira fortemente uma inovação contínua em direção a um benefício maior. A seguir, eu compartilharei vários exemplos de como a maioria dos líderes empresariais de sucesso de hoje em dia orienta seus programas de inovação em torno de seus ideais de marca. Você lerá palavras dos próprios líderes sobre o assunto, enquanto eles compartilham comigo seus pensamentos, princípios e práticas durante as minhas visitas de pesquisa às suas empresas de categoria dominante.

A direção da Time-Life nunca se perguntou qual era a razão de existência da organização, além de vender coleções de livros de vários volumes; eles nunca puderam agrupar a organização em torno de um ideal maior de melhorar a vida das pessoas que eles serviam. Se a Time-Life tivesse se apoderado do ideal de satisfazer a curiosidade interminável das pessoas sobre as maravilhas do mundo, como o Discovery Channel logo fez (como veremos, ideais não podem ser patenteados, mas as maneiras distintas de concretizá-los, sim), poderia ter antecipado uma transição para outra mídia antes que o seu modelo empresarial existente se tornasse obsoleto. Se não um canal de televisão a cabo ou uma produtora de conteúdo, a Time-Life poderia ter se tornado uma pontocom que atraísse comunidades em crescimento com interesse em áreas de diferentes assuntos, como a AOL faz e continua a fazer. E da mesma maneira que a Facebook, a Zynga, a LikedIn, e a RenRen da China têm feito tão eficientemente, enquanto também atraem comunidades de pessoas em torno de interesses em comum.

Por que Mães Exigentes Realmente Preferem a Jif

Trabalhar na P&G me apresentou uma das maiores empresas do mundo com pessoas e capacidades extraordinárias. A minha tarefa principal quando comecei por lá era trabalhar com a pasta de amendoim da Jif, uma empresa de US$250 milhões da seção de alimentos da P&G. Passando de assistente de gerente de marca para gerente de marca e diretor de marketing associado, eu estive envolvido com os negócios da Jif por seis anos, um tempo excepcionalmente longo comparado ao tradicional plano de carreira da P&G, onde gerentes em ascensão normalmente eram transferidos para uma empresa diferente a cada dois anos.

Durante o curso desses seis anos, eu realizei inúmeras coisas que a P&G não fazia até então, começando pela formação de uma equipe pequena, mas variada. Tínhamos uma americana coreana, uma americana africana, uma caucasiana de Oregon que antes estava na área de vendas, e um engenheiro caucasiano que havia sido transferido da produção para o marketing. A diversidade desse grupo era inusitada não só para a P&G, como também para qualquer equipe de gerenciamento da metade dos anos 80.

Eu trouxe essa equipe junto com a nossa equipe publicitária, da agência Grey Advertising de Nova York, para conhecer os fazendeiros que plantavam os amendoins para a Jif com uma missão. Quando tínhamos uma nova campanha publicitária, eu levava o vídeo ou os materiais visuais para a fábrica em Lexington, Kentucky, e ficava lá um dia inteiro para que eu pudesse mostrá-los a todos os funcionários três turnos e colher suas opiniões e colaborações. E antes de entrar em voga, fizemos uma quantidade incomum de visitas em casa e de idas ao supermercado junto com algumas mães.

Essas visitas em casa e idas ao supermercado aperfeiçoaram a nossa percepção das principais clientes da Jif de apenas mulheres na faixa etária dos dezoito aos trinta e quatro até mães engajadas que tinham desde bebês até crianças de seis a oito anos de idade. Meu palpite inicial era que a Jif deveria se tornar a pasta de amendoim mais amada, exemplificando e apoiando os valores dessas mães. Para isso, tínhamos que ter a mais alta qualidade e garantir que não houvesse vestígios de aflatoxina cancerígena, uma substância tóxica produzida pelo mofo, nos amendoins que usávamos. Tínhamos que tratar das preocupações das mães sobre tudo relacionado à boa saúde e nutrição. Tínhamos que ter o sabor delicioso que as crianças adoram.

A Jif tinha abandonado seu famoso slogan "Mães exigentes preferem Jif" por "Prove a 'Jiferença' da Jif". Eu achava que o slogan antigo realmente expressava o que nós representávamos, e o trouxe de volta, uma atitude inédita na P&G.

Quando a galera da agência Grey conheceu os fazendeiros de amendoim e a nossa força de trabalho de Lexington, e viu milhões de amendoins serem selecionados pela mínima imperfeição por um escâner a laser, ficou impressionada com tamanho empenho no controle de qualidade. Essa compreensão mais precisa da nossa superioridade originou uma campanha publicitária de página inteira no jornal intitulada "A Resposta É Não". O anúncio ilustrava a foto de um pote de Jif com pequenos parágrafos explicando que na nossa pasta de amendoim não continha colesterol, conservantes, corantes ou aromatizantes, entre outros. E era baseada nas dez perguntas que as mães mais nos faziam sobre a Jif.

Em sintonia com todo o nosso esforço em apoiar os valores das mamães, realizamos promoções nacionais onde doávamos 10 centavos por pote para Associações de Pais e Professores locais. Mesmo na metade dos anos 80, sem os bancos de dados disponíveis atualmente, conseguimos repartir a doação de forma bem precisa entre cada loja e cada distrito escolar.

A energia criativa que esses esforços trouxeram para a equipe da Jif da P&G, não só para o marketing, mas também para a produção e outros setores, transformaram uma empresa fraquinha em uma história de crescimento bombástica. Nós alcançamos um market share recorde, aumentando dois percentuais inteiros em um mercado onde frações de um percentual eram impossíveis de serem obtidas sem perder margem. Também atingimos rentabilidade recorde, com aumento no total de lucro e de margem de lucro de, respectivamente, 143% e 110% no primeiro ano de nossa atuação. Nos saímos ainda melhor no ano seguinte. Esses resultados tornaram-se o destaque da minha carreira e da carreira dos principais membros da minha pequena equipe de gestão.

Relembrando as minhas decisões amplamente intuitivas sobre negócios, eu consigo ver como elas ilustram o poder dos ideais. Alinhando explicitamente a empresa com os valores das mães, nós a alinhamos implicitamente — e subconscientemente — com um ideal fundamental de desenvolvimento humano. Tornamo-nos mais do que fabricantes de pasta de amendoim. Tornamo-nos parceiros das mães no desenvolvimento de seus filhos pequenos. Isto previu a criação da parceria posterior e mais intensa da Pampers com as mamães no desenvolvimento dos seus bebês, da qual eu abordarei em detalhes adiante.

Se você está disposto a adotar o mesmo conceito e alinhar a sua empresa com um ideal humano fundamental, você poderá alcançar um crescimento extraordinário na sua própria empresa e carreira. Minha pesquisa aponta que a sua taxa de crescimento pode triplicar. Imagine as possibilidades que isso cria para você, sua família, amigos e sua comunidade.

O Fator Ideal — um objetivo comum entre todos de uma empresa de melhorar a vida das pessoas — continua renovando e fortalecendo grandes empresas em bons e maus momentos. É o que conecta empresas tão opostas como a tradicional agência de consultoria Accenture e a dinâmica Red Bull, a bebida da moda das Gerações X e Y. O comprometimento dessas empresas e de seus líderes com ideais que melhorem a vida das pessoas surgiu do meu estudo sobre crescimento global de dez anos da atuação em longo prazo em mais de 50 mil marcas, o qual eu detalharei no próximo capítulo.

Será que um objetivo comum de melhorar a vida das pessoas soa, digamos, muito idealista para a selva do mundo empresarial? E quanto a objetivos práticos e determinados como cumprir as metas trimestrais, aumentar market share e cortar gastos?

Todos são cruciais, mas as melhores empresas sonham mais alto. Quando vários líderes empresariais expõem as suas definições de missão e visão, eles basicamente falam sobre ter a organização de melhor desempenho, a mais lucrativa, a que mais satisfaz a clientela, a mais sustentável, e a mais ética. Tirando fora o básico, o que sobra são definições fracas. E quando mencionam o cliente, trata-se do cliente percebido do ponto de vista da empresa e nos termos de acordo com as questões da empresa.

Até mesmo quando é uma conversa inicial sobre novos mercados, uma definição de missão neste formato acaba sendo: "Queremos que o nosso modelo empresarial atual nos torne ou nos mantenha como líder do nosso grupo de concorrentes em condições de mercado previsíveis atuais e imediatamente." Isto é uma fórmula para a mediocridade, aprisionando uma empresa em um modelo empresarial baseado nas questões da empresa, e não na do cliente. Mas os modelos empresariais têm que evoluir de acordo com as condições de mercado, e a única base segura para criar modelos empresariais viáveis em longo prazo é quando empresa e clientes têm questões em comum. Por exemplo, como veremos no capítulo seguinte, um impulso fundamental para o alto crescimento da gigante empresa brasileira de energia Petrobras tem sido a questão de desenvolvimento sustentável que ela compartilha com os brasileiros.

Relacionando as crenças internas de uma empresa com valores humanos fundamentais, um ideal de melhorar a vida das pessoas esclarece a verdadeira razão de existir de uma empresa. E em troca, isso apoia infindáveis processos que podem levar vários modelos empresariais diferentes ao sucesso.

Não me entenda mal. É necessário que você queira ser a empresa de melhor desempenho do pedaço, com os padrões mais altos, os melhores funcionários, e os clientes mais satisfeitos. Novamente, entretanto, isto não significa simplesmente sonhar alto e ficar olhando só para cima. Para alcançar grandes objetivos e manter-se à frente da concorrência, é necessário um ideal.

As Bases para o Crescimento e o Lucro

A Procter & Gamble teve um desempenho incrível na primeira década do século XXI, mas em 2000, entrou em apuros, tendo uma perda recente de US$85 bilhões no mercado de capitalização em apenas seis meses. Seus principais negócios estavam estagnando, e seus funcionários estavam desmoralizados.

A. G. Lafley, o CEO da época, me pediu para assumir o cargo de diretor de marketing global para ajudar a transformar a cultura da empresa onde "o cliente é quem manda". Eu me lancei ao desafio, e propus a construção da melhor organização de marketing do mundo, atraindo os melhores talentos — com foco no crescimento de market share da maioria de nossos negócios — e deixando o nosso marketing famoso, reconhecido, e admirado por todas as pessoas importantes para o futuro da P&G. Estas incluíam funcionários atuais e futuros, todas as nossas agências, a mídia dos negócios, investidores, e obviamente nossos varejistas e consumidores finais.

Para alcançar esses grandes objetivos nós precisávamos de uma meta ainda maior: identificar e ativar um ideal (ou propósito, como a P&G chamava) próprio para melhorar a vida das pessoas dentro de cada marca do portfólio da P&G. Assim, poderíamos estabelecer a verdadeira razão de existir de cada marca como um princípio para um novo crescimento, e poderíamos relacionar todos eles em uma base forte para a recuperação da P&G construindo a cultura de cada uma das marcas em torno do seu ideal.

Cada marca da P&G deveria comunicar seu ideal interna e externamente. Mais importante ainda, A. G. Lafley, eu e o resto da equipe de gestão sênior esperávamos que cada líder de marca definisse como o ideal individual de cada marca propagava o mantra abrangente da P&G de melhorar a vida das pessoas; tínhamos que formular aquilo; e tínhamos que avaliar todas as nossas atividades e funcionários em função dos ideais de nossas marcas e da empresa como um todo. O sucesso deste trabalho trouxe um extraordinário crescimento para a P&G de 2001 em diante, como eu irei descrever.

Os ideais decifram o código para o sucesso das empresas do século XXI, pois estimulam eternas verdades sobre comportamento e valores humanos nos negócios e na vida. Eles permitem que a vida influencie os negócios e vice-versa.

O ideal de marca Pampers, por exemplo, sua verdadeira razão de existir, não é vender as melhores fraldas descartáveis do mundo. A Pampers existe para ajudar as mães a proporcionar um desenvolvimento saudável e feliz para seus bebês e crianças.

Olhando além dos negócios, um ideal abre infinitas possibilidades, incluindo infinitas possibilidades de crescimento e lucro.

Um ideal de marca viável organiza a confusão e esclarece o que você e os seus funcionários representam e acreditam. Transforma a empresa em uma máquina que compreende os clientes, personalizando quem são os seus melhores clientes e que valores vocês compartilham. Ajuda a cristalizar os pontos existentes e potenciais de semelhança e diversidade entre a sua empresa e a concorrência. Ilumina os pontos fortes e fracos da sua cultura organizacional, para que você veja o que deve ser mudado e o que deve ser mantido, o que pode ser discutido e o que é inegociável, o que pode ser terceirizado e o que é inerente à empresa.

Altamente adaptável e flexível, um ideal de marca não está amarrado a um modelo empresarial específico, nem possui data de validade. Ele gera novos modelos empresariais, estratégias e táticas eficientes antes que as atuais apodreçam e comecem a produzir rendimentos decrescentes. Por outro lado, o caminho mais seguro para tornar uma empresa obsoleta é ignorar ou interpretar de maneira errônea o significado dos ideais.

Mais importante, um ideal de marca permite que os líderes gerem resultados sendo absolutamente claros e convincentes em relação aos seus valores. Poucos líderes definem bem isso. Não pode apenas se tratar de números e dinheiro. Somente números e dinheiro não conseguirão motivar ou criar um bom desempenho, nem trazer ou manter pessoas de valor na empresa. Quanto mais alta for a sua posição de líder, mais simples e sólida deve ser a sua mensagem para que seja traduzida entre funcionários, equipes, grupos, setores e unidades variadas da empresa. Os ideais fazem isto porque se comunicam com os instintos, expectativas e valores humanos universais.

O crescimento da P&G em 2000 foi, para mim, uma jornada revigorante de descoberta das diretrizes de crescimento empresarial contínuo, e eu partilharei os resultados desta experiência ao longo do livro. Também partilharei os resultados da minha pesquisa, como professor e consultor desde que saí da P&G em 2008, especialmente o estudo sobre crescimento que mencionei: o Estudo Stengel de Crescimento Empresarial.

Relatarei a história completa do Estudo Stengel no próximo capítulo. Mas o título deste capítulo resume bem a principal descoberta: grandes empresas têm grandes ideais. Foi isso que mais se destacou quando investiguei os dados e conduzi pesquisas quantitativas e qualitativas complementares nas cinquenta maiores empresas do Estudo Stengel, juntamente com equipes da Millward Optimor e da Anderson School of Management da UCLA, utilizando a engenharia reversa para observar como essas empresas funcionam e descobrir o que elas têm em comum. Percebemos que grandes empresas têm grandes ideais.

Igualmente importante, descobrimos que os líderes destas empresas seguiam práticas em comum, cada um à sua maneira. Descobrimos como os líderes empresariais mais eficientes da atualidade atuam:

- Descobrem um ideal de marca para melhorar a vida das pessoas em um dos cinco campos de valores humanos fundamentais;
- Constroem sua cultura organizacional em torno do ideal da marca;
- Comunicam o ideal da marca para estimular seus funcionários e clientes;
- Transmitem uma experiência de consumo quase ideal;
- Avaliam seu progresso e seus funcionários através do ideal da marca.

Eu vou explicar essas atividades — os imperativos cruciais para o sucesso de uma empresa do século XXI — em detalhes nos capítulos posteriores. Como parte da pesquisa para este livro, conduzi minuciosas visitas de observação e entrevistas a executivos seniores de uma variedade de empresas líderes em suas categorias

— Method, Discovery Communications, Pampers, Innocent, Jack Daniel's, Zappos, Visa, HP, Motorola Solutions, Lindt, e IBM, entre outras — e você descobrirá diretamente destes executivos a respeito do papel que os ideais têm em suas estratégias de longo prazo, seus modelos empresariais, e suas práticas diárias de liderança.

A seguir, eu lhe mostrarei como soltar os poderes dos ideais escondidos em cada parte da sua empresa. Você aprenderá como localizar os benefícios quantitativamente para crescer de cima a baixo, e qualitativamente para aumentar a moral e a produção dos funcionários, e aumentar a satisfação, a lealdade e o apoio dos consumidores para com a sua empresa.

Preparado?

Vamos começar com um olhar mais atento para o Estudo Stengel de Crescimento Empresarial, sua metodologia e descobertas, e suas implicações para a sua empresa e sua carreira.

2

O Estudo Stengel de Crescimento Empresarial

A semente do Estudo Stengel de Crescimento Empresarial foi plantada na última parte do meu mandato, de 2001 a 2008, como diretor de marketing global da P&G. Em 2006, meus colegas de gestão sênior e eu ocupamos uma posição invejável, porém perigosa. Sob a magnífica liderança de A. G. Lafley, havíamos corrigido, reparado, e modernizado um navio de 169 anos de idade que, no começo da década, estava bem tombado e em perigo de afundar. Desde que a *Advertising Age* perguntara em uma matéria de capa, no dia 25 de setembro de 2000, "A P&G Ainda É Importante?", a companhia acumulou uma série de anos com quebras de recorde. Tínhamos construído um crescimento orgânico substancial no extenso portfólio da P&G, estávamos tendo um sucesso absoluto com a nossa aquisição de $53,4 bilhões da Gillette, em 2005 e, convenientemente, destruindo a concorrência. Éramos, sem dúvida, invejados por nossos rivais; a P&G era, mais uma vez, a queridinha de Wall Street.

Cuidado com o que você deseja, já dizia o ditado. O sucesso extraordinário é uma das situações mais perigosas no mundo dos negócios. Se apegar a um modelo bem-sucedido por muito tempo já fez com que incontáveis empresas entrassem pelo cano. Não mais ameaçada por uma grande crise, a P&G enfrentava agora uma ameaça traiçoeira, mas nem por isso menos letal: a complacência.

Construir sucesso, mantendo um crescimento em longo prazo, é o maior desafio no meio dos negócios. Vencer este desafio requer sempre continuidade e mudança. Sendo a natureza humana como ela é, entretanto, as pessoas em uma organização sempre irão preferir o status quo de continuidade à mudança.

É relativamente fácil provocar mudanças quando há uma grande urgência e a empresa se encontra sob forte pressão para sobreviver. Por exemplo, eu comecei a fazer consultoria para a Toyota depois que eles perderam uma boa parte da confiança dos clientes por terem realizado recalls devido à segurança dos produtos em 2010, e estavam ansiosos por ideias de como fortalecer sua organização e sua marca. Além de recuperar a confiança perdida dos clientes, a solução da crise incluía também vencer concorrentes globais como a Ford, a GM, a Hyundai e a Volkswagen, e como conquistar a lealdade das Gerações X e Y, as próximas gerações de compradores de carros e caminhões, depois dos baby boomers*.

É bem mais difícil provocar mudanças quando as coisas estão bem, ou até mesmo razoáveis. As pessoas não mudam — na verdade, resistem fortemente a mudanças — enquanto não veem, pensam e sentem que é necessário. No mercado de hoje, todos são extremamente flexíveis, trabalhando 24 horas por dia com a tarefa que tiverem no momento. Para aceitar e fazer parte das mudanças, o que sempre acarreta novos tipos de trabalho e comportamentos diferentes, as pessoas têm que acreditar que isto é absolutamente necessário para elas, individualmente, e para a empresa. Em 2006, a P&G não acreditava que precisava mudar.

Se você para de mudar, você para de evoluir. E, se uma organização para de mudar e de crescer, ela se torna vulnerável perante a concorrência.

Meu desafio, em 2006, como diretor de marketing global, era manter o marketing da P&G — e, juntamente com Lafley e o resto de sua equipe de gestão sênior, manter a P&G no topo — instigado. Como poderíamos evitar a complacência, manter o fogo aceso e acelerar o crescimento quando já estávamos ganhando?

Eu sempre aprendia muito quando visitava companhias de rápido crescimento com diferentes modelos empresariais e diferentes culturas. Como diretor de marketing global da P&G, eu fazia

*Nascidos nos Estados Unidos entre 1946 e 1964.

isso frequentemente, levando, sempre que possível, alguns membros da minha equipe, ao visitar empresas como Nike, Nestlé, Google, Hearst, GE, Target, e Toyota, para citar algumas. Fazer benchmarking** com as melhores empresas redefine seus padrões e desafia suas pretensões de crescimento — deixa você instigado. Eu queria que todos os nossos funcionários pudessem ter uma experiência como essa, para que eles também pudessem se sentir motivados e redefinissem seu padrões, e a P&G pudesse crescer ainda mais rápido e além.

Eu comecei a desafiar a minha equipe de marketing corporativo para fazer benchmarking com as empresas e marcas de mais rápido crescimento do mundo, não importando em quais categorias elas estivessem. Eu perguntava, "Quem está crescendo mais rápido do que nós em questão financeira e o que podemos aprender com eles?". Eu perguntava tanto isso que, às vezes, a equipe mandava a resposta antes mesmo de eu começar a falar "Quem...?". Mas isso nunca chegou a alcançar o topo da lista de prioridades; era mais um divertimento do que um dever. Aquilo virou praticamente uma piada: "Lá vem o Jim torrar a nossa paciência para saber quem está crescendo mais rápido e como.".

Na metade de 2006, eu dei um prazo para mim e para minha equipe fazermos disto um dever para encontrar a resposta. Fui até A. G. Lafley e implorei um patrocínio para que organizássemos um estudo para identificar e aprender com empresas que estavam crescendo ainda mais rápido do que nós, em qualquer indústria que estivessem. A. G. Lafley generosamente bancou a ideia.

Então, eu falei para minha equipe que nós tínhamos que bolar visões significantes de crescimento para a P&G até o encontro anual de liderança sênior de 2007, e estabelecemos a meta, em médio prazo, de estudar as marcas de rápido crescimento dos últimos 5 anos como parâmetro. Rich DelCore, meu diretor de finanças no setor de marketing, liderou o trabalho com uma equipe interna que representava vários setores da P&G: financeiro, marketing,

**Processo de comparação do desempenho de outras empresas na busca das melhores práticas na indústria.

pesquisas, compras e RH. Escolhemos a Millward Brown Optimor como nossa parceira externa, devido ao seu banco de dados do global BrandZ e à habilidade interpretativa de seus funcionários, grandes conhecedores do papel da equidade da marca em uma empresa em crescimento.

Nenhum banco de dados de marca é perfeito. Nenhum consegue reunir todas as marcas ou até mesmo todas as categorias de negócios possíveis. O BrandZ, por exemplo, não inclui calçados nem motocicletas em muitos mercados. Isto exclui de consideração empresas magníficas, como a Nike e a Harley-Davidson.

Os outros bancos de dados têm quase as mesmas falhas significantes, entretanto, o BrandZ é incontestavelmente o maior banco de dados de equidade de marca do mundo, reunindo mais de 50 mil marcas em 31 países e em 380 categorias em todo o mundo, desde 1998 até os dias de hoje. Os dados são baseados em mais de 2 milhões de questionários com consumidores e entrevistas profissionais em todo o mundo.

A metodologia característica de avaliação de marca da Millward Brown Optimor é a base para as top 100 marcas globais mais valiosas, publicadas no *Financial Times* a cada ano. O estudo é feito com dados da Bloomberg e da agência de pesquisa com o consumidor Kantar Worldpanel. Tanto a matriz da Millward Brown Optimor, a Millward Brown, uma organização de pesquisa global com 78 escritórios em 54 países, quanto a Kantar Worldpanel, são subsidiárias da WPP, a maior holding de serviços, comunicação e pesquisa de marketing do mundo, com rendimentos de US$15 bilhões. O resultado é que a Millward Brown Optimors consegue implantar recursos globais em exploração, análise e serviços de consultoria de dados de marca como ninguém.

Rich DelCore e a equipe interna da P&G passaram horas a fio com a equipe da Millward Brown Optimor, entre eles, Mario Simon, Benoit Garbe, Joanna Seddon e Dan Lewen, examinando as marcas com crescimento mais rápido e o que poderíamos aprender com elas. Eu participava da reunião das duas equipes em momentos críticos, e via a energia delas aumentar de acordo com a evolução da pesquisa. Era como se elas fossem detetives dispostos a solucionar o maior e mais difícil caso da vida deles, juntando pistas que os levassem à beira de uma descoberta.

Por volta do verão de 2007, as equipes de projeto da P&G e da Millward Brown Optimor, juntas, tinham reunido cinco anos de tendências financeiras em 25 empresas que haviam crescido ainda mais rápido do que a P&G naquele período. As equipes, então, cavaram por baixo dos números com pesquisas complementares, entre elas, entrevistas com executivos de empresas, líderes de agências, especialistas em marca e acadêmicos das universidades de Harvard, Duke e Columbia.

A minha expectativa era a de que aprenderíamos um bom material tático sobre como as empresas de rápido crescimento estavam distribuindo recursos na mídia digital, equilibrando inovação com os seus principais produtos e serviços, simplificando operações globais, lidando com problemas de RH, entre outras coisas. E, de fato, nós absorvemos esses tipos de informação.

Porém, o conteúdo inesperado que saltou sobre nós era muito mais importante. O estudo não planejava destacar ou testar os valores de ideais das empresas. Concentramo-nos estritamente na procura por um crescimento financeiro superior e, só depois disso, por qualquer coisa que as empresas mais conceituadas estivessem fazendo de diferente dos concorrentes de mesma categoria. Quando examinamos esta etapa, no entanto, notamos constantemente que as empresas que cresciam mais rápido no mundo estavam organizadas em torno de ideais que melhorassem a vida das pessoas e aplicavam estes ideais em todo o ecossistema de suas empresas.

A equipe e eu estávamos totalmente despreparados para esta informação e para a sua consistência perante empresas diversas em áreas de atuação diferentes, tanto na categoria B2B (business to business) quanto na B2C (business to consumer). A descoberta principal — que empresas dirigidas através de um ideal e de um propósito maiores superavam sua concorrência com uma ampla margem, e criavam frequentemente outros negócios e setores de empresa inteiramente novos — confirmava tudo aquilo que eu implicitamente já pensava e fizera durante a minha carreira. Empresas movidas por ideais conseguem ter um crescimento rápido e o manter. E, ao mesmo tempo em que a P&G já estava aprendendo isso, através do enfoque em significados e propósitos mais profundos por trás de suas marcas, as empresas mais conceituadas no grupo das 25 — como Apple, Google, Red Bull, Starbucks, e Target — já tinham ainda mais clareza, consistência, comprometimento, e criatividade na maneira em que elas usufruíam o poder dos ideais.

Quando dividimos este estudo e nossas sugestões, em novembro de 2007, durante os três dias do encontro anual, com executivos seniores representantes das sedes e de todo o mundo, o impacto foi forte. Durante, e imediatamente após a apresentação, o salão ficou assustadoramente em silêncio.

Para citar uma de suas muitas implicações, o estudo desafiava o paradigma da P&G de realocar funcionários frequentemente. As companhias que cresciam mais rápido adotavam um paradigma diferente. Na hora de recrutar e contratar, eles procuravam pessoas que tinham os mesmos valores que as suas marcas, e costumavam mantê-las trabalhando nas mesmas áreas por muito mais tempo. Dessa forma, criavam executivos visionários para as suas marcas. Em troca, isto permitia que essas empresas operassem em um ritmo mais rápido do que o nosso, que agissem — eficazmente — de maneira intuitiva mais do que agíamos, e inventassem experiências de marca criativas, que iam muito além das funcionalidades básicas de seus produtos e serviços.

O estudo deixou todos pensativos e motivados novamente. Assim como todas as grandes corporações, a P&G é feita de pessoas que odeiam perder e amam vencer. Aprendendo isso, bem-sucedidos como éramos, ainda estávamos à frente de várias outras empresas, dos tipos B2B e B2C, deixando o sangue de todos fervendo por competitividade. Alcançar e ultrapassar esse novo padrão se tornou um grito de guerra e introduziu uma grande iniciativa de novo crescimento na P&G.

Depois de ajudar a lançar essa iniciativa de crescimento, eu saí da P&G em novembro de 2008. Eu havia finalizado o trabalho para o qual tinha sido designado como diretor de marketing global: ajudar a empresa a virar o jogo e direcioná-la para um futuro crescimento. Eu também estava instigado a explorar e entender melhor o crescimento movido por ideais de marca que o estudo revelara. Sentia lá no fundo que havia muito mais do quebra-cabeça do que as peças que eu já tinha montado. Se eu continuasse na P&G, a pressão diária da gerência corporativa sempre prevaleceria sobre a resolução do quebra-cabeça. Eu queria me juntar a pessoas que pensassem como eu para acelerar este movimento embrionário dos negócios, apresentar seu potencial a outras empresas, e ensiná-lo aos jovens líderes empresariais em ascensão.

Foi, portanto, como consultor e professor adjunto da Anderson School of Management da UCLA, que eu decidi entrar em contato com a Millward Brown Optimor novamente. Liguei para Benoit Garbe e disse que queria fazer uma parceria com eles. O que eu tinha em mente era um estudo ainda maior sobre crescimento, por um período mais longo — dez anos, se possível, levando em conta que gastamos cinco da última vez — com uma métrica de desempenho mais abrangente. Eu estava determinado a identificar e compreender o crescimento contínuo durante um período de anos significante, e não apenas tirar a foto instantânea dos valores de marca e de empresa em um determinado momento. E queria analisar o crescimento, não somente na questão financeira, mas também na questão do comprometimento dos consumidores com a marca e examinar a conexão entre as duas. Eu queria vasculhar a fundo o que levava ao crescimento a longo prazo, e desenvolver um quadro que o trouxesse para a realidade de qualquer empresa, para qualquer líder.

Então, a Millward Brow Optimor e eu projetamos o Estudo Stengel de Crescimento Empresarial. Nosso objetivo era desenvolver um quadro válido que líderes pudessem utilizar para acelerar o crescimento em suas empresas durante um período de tempo contínuo. Para produzir uma lista inédita com as melhores empresas, a Millward Brown Optimor e eu tivemos que definir os quês, quandos, e comos do estudo. Precisávamos descobrir o que tínhamos que avaliar nas empresas, o período de tempo em que essas avaliações deveriam ser feitas e como iríamos implementá-las.

Cada estudo de pesquisa ou experimento científico é um teste de uma premissa central, uma pergunta explosiva. Ambos, Millward Brown Optimor e eu, acreditávamos que as grandes marcas cresciam de tal forma porque se relacionam profundamente com as pessoas. Era esta a premissa principal que o Estudo Stengel tinha que analisar. Nossa pergunta explosiva tinha três partes: os laços que as pessoas criam com as marcas são o fator determinante para o crescimento? Se sim, que tipo de laço produz maior crescimento? E como as empresas poderiam estimular isso?

Com isso em mente, saímos em busca de identificar as marcas de B2B e B2C que cresceram e criaram relacionamentos mais profundos com as pessoas durante a última década. Depois, examinamos se esses relacionamentos eram traduzidos em um desempenho financeiro mais forte.

O banco de dados BrandZ foi o nosso ponto de partida. Mas, ao usar este valioso recurso, o Estudo Stengel foi muito mais além do que dois rankings destacáveis, sendo eles o Top 100 do BrandZ, da própria Millward Brown Optimors, das Marcas Globais Mais Valiosas, e o estudo de 2006/07 da P&G, se destacando em três pontos.

Em primeiro lugar, rankings de valor de marca de apenas um determinado momento não detectam crescimento e, naturalmente, têm a tendência de se inclinar para as maiores marcas que estiverem no auge durante o momento do estudo. Tais rankings incluem, inevitavelmente, marcas que pecam em um quesito ou outro, às vezes, de grande importância, e, por tal motivo, não serviriam de modelo para as melhores práticas. Ao focar na taxa de crescimento ao longo do tempo, o Estudo Stengel pôde identificar histórias exemplares de crescimento entre empresas de pequeno, médio e grande porte.

A pesquisa de 2006/07 da P&G havia detectado crescimento ao longo do tempo, mas eu achava que o seu período de cinco anos não era longo o suficiente para identificar o grupo que tinha maior crescimento contínuo e excelência. Então, a segunda diferença-chave no Estudo Stengel é um intervalo de tempo de dez anos, entre 2001 e 2011, incluindo momentos de quebra e boom na economia mundial.

A terceira diferença-chave é algo que acabei de mencionar. O Estudo Stengel de Crescimento Empresarial examina minuciosamente as inter-relações do laço criado entre as pessoas e as marcas e o crescimento de valor financeiro dessas marcas.

Com os quês e quandos definidos, tínhamos agora que passar para os comos. Começamos apurando os dados do BrandZ de mais de 50 mil marcas em todo o mundo para identificar aquelas que registravam maior lealdade ou laços com os consumidores. O registro de laços da Millward Brown é uma métrica complexa que apreende o maior nível de engajamento e comprometimento que as marcas criam com as pessoas. Isto não é apenas uma boa representação para definir a força do relacionamento entre marca e cliente, mas também está altamente correlacionado à porcentagem de vendas.

Nosso primeiro passo no ranking das marcas, portanto, considerava os registros de laços das marcas em geral em níveis mundiais e nacionais; os registros de seus laços relativos à categoria, e seu crescimento de acordo com o tempo. Isso nos proporcionou uma lista inicial das marcas que as pessoas mais amavam e valorizavam no mundo todo, incluindo aquelas com rendimentos que variavam entre US$100 milhões e bem mais que US$100 bilhões.

A segunda parte da análise era confirmar que essas marcas bem relacionadas somadas ao forte impulso dos consumidores geravam um crescimento de valor de empresa mais rápido e maior. Conduzimos uma avaliação financeira das marcas que estavam no topo da nossa lista em dois determinados momentos. Para detectar crescimento no valor de marca fizemos uma média considerável, durante o intervalo de dez anos, do crescimento absoluto no valor financeiro de uma marca, sua taxa de crescimento, e seu crescimento relativo a sua categoria. Quando olhávamos para corporações de multimarcas como a P&G, LVMH, ou a Coca-Cola Company, nós analisávamos cada marca do portfólio separadamente.

As 50 de Stengel

O Estudo Stengel de Crescimento Empresarial identifica, por fim, 50 marcas com crescimento extraordinário em relação à sua concorrência, durante a década de 2000. Essas 50 marcas em destaque, de todos os tipos de categoria, haviam criado um relacionamento mais significante com as pessoas. Elas haviam, ultrapassado de longe os seus concorrentes em valor de marca. E contribuíram para um crescimento mais rápido e maior de valor de empresa. Em termos puramente financeiros, as 50 de Stengel, como um todo, cresceram três vezes mais rápido durante a década de 2000 do que seus concorrentes e o universo de marcas em geral que analisamos. Individualmente, algumas dessas 50 marcas de rápido crescimento, como a Apple e a Google, cresceram até dez vezes mais rápido do que sua concorrência, entre 2001 e 2011.

As 50 de Stengel incluem empresas de 28 categorias. Estão presentes empresas B2B, varejistas, marcas de luxo e companhias de tecnologia de ponta. A lista contém marcas que já estão no mercado há mais de um século e outras que foram lançadas na última década. Contém muitas marcas europeias e americanas, mas, também, excelentes marcas de outros lugares do mundo, entre eles, **Brasil**, Rússia, Emirados Árabes Unidos, Índia e China. Ao mesmo tempo em que essas 50 marcas divergem em uma ampla variedade de níveis de preço, a maioria tem os preços mais altos em sua categoria, outra indicação do forte relacionamento com seus clientes.

Apresento-lhes as 50 de Stengel e seus principais ramos de negócio.

Accenture, serviços de gestão e consultoria corporativa
Airtel, telefonia móvel
Amazon.com, e-commerce
Apple, computadores e celulares
Aquarel, água
BlackBerry, telefonia móvel
Calvin Klein, roupas e acessórios de luxo
Chipotle, fast-food
Coca-Cola, refrigerantes
Diesel, roupas e acessórios de moda para adolescentes
Discovery Communications, meios de comunicação
Dove, produtos de beleza
Emirates, companhia aérea
FedEx, serviços de entrega
Google, informação de internet
Heineken, cerveja
Hennessy, uísque
Hermès, roupas de luxo e artigos de couro
HP, produtos e serviços de informática
Hugo Boss, roupas e acessórios de luxo
IBM, produtos e serviços de informática
Innocent, alimentos
Jack Daniel's, uísque
Johnnie Walker, uísque
Lindt, chocolate
L'Occitane, produtos de beleza
Louis Vuitton, roupas de luxo e artigos de couro
MasterCard, pagamentos eletrônicos
Mercedes-Benz, automóveis
Method, produtos de limpeza e produtos de beleza
Moët & Chandon, champanhe
Natura, produtos de beleza
Pampers, produtos para bebês

Petrobras, energia
Rakuten Ichiba, e-commerce
Red Bull, energético
Royal Canin, ração animal
Samsung, eletrônicos
Sedmoy Kontinent ("Seventh Continent"), supermercado
Sensodyne, higiene bucal
Seventh Generation, produtos de limpeza e produtos de beleza
Snow, cerveja
Starbucks, cafeteria e lanchonete
Stonyfield Farm, laticínios orgânicos
Tsingtao, cerveja
Vente-Privee.com, e-commerce
Visa, pagamentos eletrônicos
Wegmans, supermercado
Zappos, e-commerce
Zara, roupas populares

Essas empresas estão listadas em ordem alfabética, em vez da habitual ordem numérica presente nos rankings de marca ou de companhias, porque é muito menos importante saber em que posição elas se encontram entre si do que a posição delas em relação às suas categorias e entre todas as marcas em geral. Fizemos a análise em 2009, 2010, e mais uma vez em 2011 — no último prazo possível antes que o livro entrasse em processo de produção — para checar a consistência e garantir que estávamos levando em conta os desastres da Grande Recessão. Minha convicção era de que, para maximizar a utilidade do estudo, ele deveria incluir ambos, o boom econômico da década de 2000 e a quebra econômica dos anos finais desta década.

Como você pode notar, a lista inclui algumas empresas, como BlackBerry e HP (cujos crescimentos em 2000 eu já havia mencionado), que estavam se deparando com algumas pedras no caminho quando a década de 2010 começou. Porém, durante o período dos dez anos examinado neste estudo, essas empresas obtiveram retornos financeiros extraordinários. A BlackBerry, por exemplo, atingiu uma taxa total de crescimento anual de 116% em valor de marca, entre 2001 e 2010. Em 2011, ela perdeu 20% deste valor, mas ainda assim o retorno daqueles dez anos era estelar.

Todas as empresas passam por momentos difíceis, e o passo mais importante para sobreviver a eles e levantar ainda mais forte é renovar frequentemente os ideais de marca. No capítulo 11, eu te levarei para dentro de duas empresas no meio do processo de desenvolvimento de seus ideais de marca, a Motorola Solutions e a HP, ambas presentes nas 50 de Stengel, e mostrarei a você o impacto positivo extraordinário que isso está tendo em seus respectivos funcionários e clientes.

Enquanto a Millward Brown Optimor estava renovando a métrica do Estudo Stengel para abranger uma década inteira, eu reuni equipes de alunos de pós-graduação em pesquisa para testar e interpretar os novos dados com base no segundo ano do curso de MBA em marketing da Anderson School of Management da UCLA, que eu lecionava juntamente com o Professor Sanjay Sood. Sanjay e eu fizemos do curso todo um laboratório de pesquisa para o Estudo Stengel. Nosso objetivo com a pesquisa era: investigar como e quais os ideais que contribuíam para o crescimento líder na categoria das 50 de Stengel e outras marcas, e se o quadro deste livro seria válido e aplicável.

Cada aula era uma oportunidade de testar ideias e compartilhar observações com 60 dos alunos de MBA mais inteligentes do mundo. Durante a primeira oferta do curso, um grupo de quatro alunos — Jessica Kellett, uma californiana com forte interesse por sustentabilidade e uma paixão pelo comprometimento com a comunidade e os consumidores; Michal Zeituni, também da Califórnia, com um interesse profissional inicial em marketing de estratégia e consumer insight; Eliot Wadsworth, um guitarrista de Boston com conhecimento profundo da indústria de mídia e entretenimento; e Juan Pablo Villegas-Karpf, de Bogotá, Colômbia, com experiência em marketing em diversas indústrias — fez do Estudo Stengel o tema de suas teses de segundo ano de pesquisa aplicada em gestão.

Com o auxílio de Sanjay e eu, na UCLA, e de Benoit, na Millward Brown Optimor, esse grupo destrinchou todas as 50 de Stengel para verificar o papel dos ideais. Além da extensa pesquisa no escritório, eles realizaram entrevistas pessoalmente e por telefone com, no mínimo, uns trinta executivos, pesquisadores acadêmicos e consultores de empresas. Ao final do projeto, eles apresentaram suas descobertas, não apenas para mim e Sanjay, mas também para uma banca analisadora de outro curso da Anderson School of Management, da UCLA. Os críticos do outro curso bombardearam Jessica, Michal, Eliot e Juan de perguntas por duas horas. Em seguida, o grupo de alunos estava detonado, mas todos passaram com honrarias. Igualmente importante para mim, devo admitir, o Estudo Stengel também triunfara.

O resto dos 120 alunos que fizeram o curso pela primeira vez que eu e Sanjay o oferecemos (cada um ensinou a um grupo de 60 alunos), se dividiu em grupos de dois ou três para estudos de casos de ideais relacionados a uma empresa de sua escolha, dentro ou fora das 50 de Stengel. Continuamos a pedir que os alunos fizessem esse estudo de casos das 50 de Stengel e outras empresas em outras ofertas do curso.

Como já havia mencionado anteriormente e como descreverei com detalhes nos próximos capítulos, eu também verifiquei as descobertas do Estudo Stengel nas minhas visitas de observação "hiper-profundas" e entrevistas com diretores executivos de várias das empresas das 50 de Stengel e em trabalhos de consultoria com várias marcas.

Esses trabalhos de pesquisa em conjunto estavam, aos poucos, produzindo valiosas informações e ideias sobre o comportamento do crescimento dirigido por um ideal dentro das empresas. Eu achava que tínhamos decifrado o código de algo transformador para compreender e alcançar crescimento empresarial. Mas, apesar de estarmos interpretando esse código de acordo com as 50 de

Stengel, eu ainda não ficaria satisfeito até que pudéssemos interpretá-lo nas atitudes e comportamentos de pessoas de fora dessas empresas, compradores e consumidores dessas marcas.

A análise feita pela equipe do grande sucesso das 50 de Stengel, comparadas com seus concorrentes de mesma categoria, apresentou fortes evidências de que ideais influenciam positivamente o comportamento de compra das pessoas e seu apoio à marca. Mas não nos explicava de forma direta e precisa sobre a natureza dessa influência e sua importância referente à outras motivações.

A pergunta ficava me importunando: como poderíamos provar se ideais de marca influenciam decisivamente, ou não, as atitudes e o comportamento das pessoas de fora de uma empresa, os consumidores da marca?

Eu sabia que essa tarefa não seria fácil. Falar com as pessoas sobre o motivo de elas comprarem certas marcas, em vez de outras, e sobre ideais, não está na lista de prioridades delas. A linguagem nessas conversas sobre marcas tende a ser genérica ("é bom") ou funcional ("funciona bem", "é barato", "tem boa qualidade"). Em parte, isso ocorre porque motivações mais profundas e conceitos de alto nível costumam ser complexos e difíceis de expressar, e, normalmente, nos voltamos para o que é fácil de comunicar. Mas também, porque os seres humanos gostam de acreditar que são mais objetivos e imparciais em suas escolhas do que realmente são. Na realidade, como pesquisas acadêmicas de neurociência cognitiva já estabeleceram, nossas decisões e escolhas são puramente influenciadas por reações emotivas e instintivas que quase sempre não percebemos. É "o poder de pensar sem pensar," como Malcolm Gladwell descreve os processos mentais do subconsciente em seu best-seller *Blink.* No mundo da pesquisa de mercado, a disputa em jogo é adquirir o conhecimento e as ferramentas que permitam entrar na "caixa preta" das mentes dos clientes nesse estado subconsciente.

A Millward Brown lançou a sua prática em neurociência em 2010, e eu perguntei a Benoit se eles poderiam estender ao Estudo Stengel uma participação para incluir as atitudes subconscientes das pessoas em relação às 50 da Stengel em comparação aos seus concorrentes. A equipe da Millward Brown projetou pesquisas que nos fizeram ver quais associações as marcas escolhidas das 50 de Stengel, e as da concorrência, "ativavam" nas pessoas — pensamentos e sentimentos que talvez elas sejam incapazes de comunicar. A pesquisa resultante nos deu um olhar fascinante para as associações que essas marcas ativavam na mente dos consumidores. Eu compartilharei mais desse aprendizado fascinante em algumas páginas.

Então, o que exatamente o Estudo Stengel descobriu? E como ele afeta você e a sua empresa?

Os Resultados do Estudo Stengel de Crescimento Empresarial

Existem quatro descobertas relevantes do Estudo Stengel que são as bases deste livro:

1. Ideais de marca direcionam o desempenho das empresas de maior crescimento.
2. Os ideais de marca das empresas de maior crescimento se concentram em uma das cinco áreas, ou campos, de valores humanos fundamentais.
3. As empresas de maior crescimento são administradas por empresários artistas, líderes que usam os ideais de marca como principal ferramenta.
4. Empresários artistas excedem em práticas similares que constituem um sistema operacional para gerar e manter um alto crescimento.

Descoberta do Estudo Stengel 1. Ideais de Marca Direcionam o Desempenho das Empresas de Maior Crescimento.

A primeira e fundamental descoberta do Estudo Stengel, confirmando o estudo de 2006 da P&G, em uma amostra em longo prazo e métrica de desempenho mais abrangente (de relacionamento com o consumidor e crescimento financeiro), é que o estímulo de ideais de melhorar a vida das pessoas está conduzindo o desempenho das empresas de maior crescimento do mundo.

A equipe do Estudo Stengel e eu analisamos cada uma das 50 melhores para identificar seus ideais, e descobrimos que todas elas tinham um ideal de melhoria de vida que se ajustava, de certa forma, à sua categoria. Algumas marcas, como Google e IBM, têm ideais de melhoria de vida óbvios. A Google existe para satisfazer imediatamente qualquer curiosidade, e a IBM, para construir um planeta mais inteligente. Outras marcas, como Moët & Chandon e Diesel, trazem uma nova dimensão para a vida, promovendo aos seus consumidores uma experiência especial que aprimora a vida. O ideal da Moët & Chandon é transformar ocasiões comuns em celebrações, e o da Diesel é inspirar a imaginação e infinitas possibilidades de estilo.

Então, quando eu uso a expressão "melhoria de vida" ao falar sobre ideais de marca, existe, obviamente, todo um processo de como essas 50 marcas impactam profundamente na vida. Mas cada uma delas impacta na vida a seu próprio modo. O apêndice traz uma lista completa das 50 de Stengel com as definições de seus ideais, da forma que minha equipe e eu percebemos.

Descoberta do Estudo Stengel 2. Os Ideais de Marca das Empresas de Maior Crescimento se Concentram em Uma das Cinco Áreas, ou Campos, de Valores Humanos Fundamentais.

Enquanto minha equipe e eu analisávamos as definições dos ideais, também procurávamos por padrões entre eles. Será que os ideais individuais se encaixam em algum campo em comum? Ou será que os ideais são únicos em 50 maneiras diferentes? Acabamos descobrindo que eles se agrupavam em cinco campos valiosos e interessantes. Aquilo nos trouxe a segunda descoberta importante do estudo: os ideais que direcionavam o crescimento líder na categoria das 50 de Stengel se aglomeravam em cinco campos de valores humanos fundamentais que proporcionavam melhoria de vida para as pessoas através das seguintes maneiras:

- **Estimulando Alegria:** promovendo experiências de felicidade, admiração e possibilidades sem limites;
- **Criando Vínculos:** melhorando a habilidade das pessoas de se relacionarem umas com as outras, e com o mundo, de maneira significativa;
- **Inspirando Interesse:** ajudando as pessoas a explorar novos horizonte e novas experiências;
- **Evocando Orgulho:** dando às pessoas um aumento de confiança, força, segurança e vitalidade;
- **Impactando a Sociedade:** afetando amplamente a sociedade, inclusive desafiando o status quo e redefinindo categorias.

Demorou um tempo para achar e definir essas cinco áreas de valores humanos fundamentais, enquanto tentávamos agrupar as 50 melhores empresas sob diferentes perspectivas. Procuramos opiniões de especialistas em pesquisa de mercado, colegas, e pessoas de áreas complementares, como psicologia. Em qualquer ângulo que abordássemos, entretanto, sempre acabávamos com os mesmos cinco valores humanos.

Foi nesse momento que eu me voltei para a equipe de neurociência da Millward Brown e perguntei a eles, "Podemos testar como as definições de ideal de marcas individuais e os cinco campos dos ideais repercutem no subconsciente das pessoas?".

Graham Page, chefe do projeto de neurociência da Millward Brown, e suas colegas, Dra. Barbara O'Connell e Dra. Sarah Walker, inventaram um teste para medir as associações implícitas, a rede inconsciente de ideias e sentimentos, que as pessoas faziam com as 50 empresas selecionadas de Stengel em comparação com algumas de suas concorrentes. O termo técnico para o que Graham, Barbara e Sarah fizeram para medir essas ideias e sentimentos inconscientes chama-se *ativação e decadência de via neural*. Eles "ativavam" as associações feitas pelas pessoas, mostrando a elas diferentes marcas (no caso, o nome da marca e a logo), e pediam que decidissem de maneira rápida, porém precisa, se o grupo de letras era uma palavra (um dos ideais) ou não (uma palavra aleatória). Quanto mais rápido a pessoa identificasse uma ou mais das palavras no campo dos ideais como palavras verdadeiras, após virem uma marca, nos dizia quais ideais a marca tinha ativado e a força dessa associação.

O experimento não perguntava às pessoas diretamente se elas associavam conscientemente atributos ou campos a certas marcas. Em vez disso, consistia no fato de que, a cada vez que uma pessoa vê ou pensa em uma coisa, qualquer palavra ou imagem, uma rede de associações é ativada nas vias neurais do cérebro. Os disparos de vias neurais deixam um rastro químico que decai lentamente para que as vias continuem ativas, com intensidade menor, durante algum tempo. Isso torna mais fácil e rápido desencadear as vias que foram recentemente ativadas do que as que não foram. Então, se uma pessoa identifica uma palavra, como *explorar*, mais rápido depois de ter visto o nome de uma marca e não o de outras, indica que a pessoa associa a qualidade de exploração mais forte nessa marca do que nas outras.

Utilizando ambas, as novas medidas implícitas que a neurociência moderna torna possível e as tradicionais medidas explícitas das associações conscientes das pessoas, a Millward Brown descobriu que as pessoas viam as 50 marcas de Stengel como profundamente condizentes com seus ideais, e que representavam isso melhor do que a concorrência.

As associações entre os campos de ideais e as 50 empresas selecionadas de Stengel eram ainda mais fortes nas medidas implícitas do que nas explícitas, mostrando que os ideais e os campos de ideais influenciavam as pessoas no nível mais fundamental de suas reações instintivas. Essas análises de atitudes, pensamentos e sentimentos subconscientes com base na neurociência demonstram a natureza essencial do ideal de marca e seu poder de maximizar crescimento empresarial. Essa evidência mostra que, de pessoa em pessoa, os ideais de fato movem o mercado .

Eu estava extremamente empolgado com essas conclusões e suas implicações para maximizar crescimento empresarial. Muitos líderes compreendem intuitivamente que suas empresas e marcas precisam de um propósito maior para ter um lugar mais importante do que o da concorrência na vida das pessoas. Eles só não sabem julgar se estão posicionando suas empresas e marcas no lugar certo.

Os cinco campos de ideais, cinco áreas de valores humanos fundamentais, permitem uma maneira de fazer esse julgamento. Eles dão a você um rigoroso teste para estimar o potencial de legitimidade e crescimento de um ideal, e mostram se você está pensando alto o suficiente e se tem uma chance de cativar as pessoas no plano de seus interesses, necessidades, crenças e valores mais profundos.

Talvez, assim como eu, você ache útil pensar nos campos como diferentes tipos de terreno que são vantajosos para diferentes tipos de ideais. Não existe hierarquia entre os campos de ideais. É possível plantar e colher coisas igualmente valiosas em todos eles. E esses campos não são mutuamente exclusivos; eles podem coexistir.

A possível coexistência de uma ou mais das cinco áreas representa uma poderosa ferramenta estratégica. Só tenha em mente, no entanto, que nenhuma marca ou empresa pode ser tudo para todo mundo. Dentre as 50 de Stengel, cada empresa se desenvolve primordialmente em um desses cinco campos, mas também podem se desenvolver em mais um ou dois, no máximo. Por exemplo, a Jack Daniel's, como marca de uísque, está bem focada na ideia de relacionar as pessoas em ocasiões sociais. Mas, dentro deste contexto, que se aplica para todas as marcas de vinho, cerveja e uísques, a Jack Daniel's representa uma atitude para a vida — uma independência soberana — que remete ao seu fundador, o próprio Jack Daniel, e que a empresa cultiva desde então. Mais tarde, veremos como eles fizeram isso.

Da mesma forma, uma marca de carro de luxo, como a Mercedes-Benz, pode atrair as necessidades dos consumidores por alegria, como também evocar orgulho, através do poder e do requinte do carro. E os chocolates da Lindt podem estimular alegria enquanto ajudam também a impactar a sociedade positivamente, através da colheita sustentável de cacau.

Foi assim que eu ordenei as 50 de Stengel em relação aos cinco campos:

As 50 de Stengel nos Cinco Campos de Valores Humanos Fundamentais

Estimulam Alegria	Criam Vínculos	Inspiram Interesse	Evocam Orgulho	Impactam a Sociedade
Coca-Cola	Airtel	Amazon.com	Calvin Klein	Accenture
Emirates	BlackBerry	Apple	Heineken	Aquarel
Lindt	FedEx	Diesel	Hennessy	Chiplote
MasterCard	Natura	Discovery Communications	Hermès	Dove

Moët & Chandon	Rakuten Ichiba	Google	Hugo Boss	IBM
Tsingtao	Starbucks	HP	Jack Daniel's	Innocent
Vente-Privee.com		Johnnie Walker	L'Occitane	Method
Wegmans		Louis Vuitton	Mercedes-Benz	Petrobras
Zappos		Pampers	Snow Beer	Royal Canin
Zara		Red Bull		Sedmoy Kontinent
		Samsung		Sensodyne
		Visa		Seventh Generation
				Stonyfield Farm

Perceba como as marcas de uma mesma indústria podem estar situadas em campos diferentes, e como marcas de indústrias distintas podem se encontrar no mesmo campo. Todas as marcas de vinho, cerveja e uísque possuem modelos empresariais que dependem que as pessoas se reúnam em ocasiões sociais, como eu já tinha observado em relação a Jack Daniel's, mas promover relações sociais pode ser ou não um ideal de marca essencial de uma empresa. Do mesmo modo, nem todas as marcas de luxo buscam primordialmente evocar o orgulho, ao mesmo tempo em que marcas de moda a preços mais acessíveis, como Zara e Diesel, focadas nos campos ideais de alegria e interesse, respectivamente, também podem evocar orgulho nos consumidores. E o desejo de mudar o mundo pode ligar empresas bem diferentes como Innocent, Accenture e Petrobras.

A questão é que, se sua empresa ou marca não serve a um ideal em nenhum desses cinco campos de valores humanos fundamentais, é provável que você não esteja posicionado para um crescimento significante.

As perguntas mais poderosas que eu faço aos meus clientes, quando trabalho com eles, é: "A sua empresa, ou cada uma de suas marcas, está crescendo em um desses campos? Se não estiver, por que não? Se estiver, você está trabalhando isso de uma maneira que seja inspiradora para seus funcionários e clientes?"

As discussões que se sucedem são todas tão profundas, poderosas e transformacionais que vale a pena dar uma olhada mais de perto em cada um dos cinco campos de ideais.

Estimulando Alegria

Empresas com ideais de ativar experiências de felicidade, admiração, e possibilidades ilimitadas, criam momentos de felicidade que cativam nossos pensamentos e emoções, assim como nossos sentidos físicos. Um exemplo clássico de uma empresa da P&G que redescobriu seu ideal em um dos campos, e depois o revelou de uma maneira eficaz e inusitada, foi o amaciante de roupas Downy (chamado Lenor fora dos Estados Unidos). O posicionamento histórico da Downy se concentrava em seus benefícios funcionais. Adicione-o à lavagem e deixe as toalhas mais fofas e macias. Uma equipe que passou um tempo com consumidores durante sua rotina descobriu, aos poucos, o potencial que a Downy tinha de fazer algo muito mais interessante: satisfazer a necessidade e desejo das pessoas de estimular e renovar os sentidos de tato, olfato e visão. Isto se tornou a base de um novo ideal de marca para Downy, muito mais inspirador do que qualquer coisa no seu histórico de 51 anos.

É interessante reparar que o ideal da Downy foi inspirado diretamente pelas interações com os consumidores, ao contrário da Red Bull, por exemplo, que possuía um ideal que seguia mais a visão e personalidade do seu fundador. Os ideais nascem de maneiras bem variadas, que conheceremos a fundo mais adiante neste livro.

Este ideal da Downy gerou um posicionamento de "sinta mais" que encaixava a empresa no campo de ideais de estimular alegria, o que, em troca, foi a faísca para a criação de novos produtos com fórmulas, cheiros e embalagens inovadores, e de uma comunicação com o consumidor. Uma das ilustrações mais dramáticas ocorreu na América Latina, onde a equipe da Downy estava trabalhando com as equipes nacionais e regionais da P&G em sugestões para fragrâncias, mensagens, e embalagens com um atrativo especial nesses mercados. Acompanhando mães com baixa renda familiar em um dia de sua rotina enquanto faziam compras, tomavam conta de seus filhos e faziam as tarefas domésticas, incluindo lavar a roupa a mão, a equipe percebeu que o acesso à água era um dos grandes problemas para elas.

Evidente? Nem a P&G ou qualquer uma das concorrentes havia analisado o problema, apesar da enorme quantidade de dinheiro que as famílias com renda baixa em países em desenvolvimento gastavam com produtos para lavar roupa.

Inspirados por seu ideal de marca, a equipe da Downy se peguntou se eles poderiam tornar a vida dessas mulheres de baixa renda da América Latina mais fácil, enquanto trabalhavam no potencial de fornecer uma experiência mais interessante e que renovasse os sentidos. Perguntaram aos cientistas da P&G se eles podiam inventar uma fórmula que utilizasse menos água. A versão de menos enxague resultante da Downy — simplesmente chamada de Downy Enxague Único — se tornou um produto revolucionário, não somente nos países da América Latina, mas também em mercados com baixa renda em todo o mundo. Isso provocou depoimentos comoventes de mulheres com baixa renda de países em desenvolvimento sobre a diferença positiva que o produto fez em suas vidas. E acrescentou um impulso a mais para os trabalhos da equipe da Downy, assim como ajudou a motivar todos os funcionários da P&G.

O resumo dessa história refletiu direto na questão principal. Em relação ao desempenho de market share a Downy se tornou a marca da P&G de mais rápido crescimento mundial durante três anos seguidos.

Criando Vínculos

Construir relações — entre os clientes de uma marca, entre clientes e suas comunidades, e até mesmo entre diferentes comunidades do mundo todo — é importante. Dê apenas uma olhada no valor que o Facebook criou focando 100% de seu modelo empresarial em conectar as pessoas. Alguns conceitos-chave entre empresas com ideais de marca nesse campo são "relacionar", "escutar", "alcançar," e "comunidade".

Um dos melhores exemplos que cria vínculos é a Natura, a companhia brasileira de cosméticos e produtos de beleza de mais rápido crescimento. Fundada em 1969, em São Paulo, a Natura se aproxima de US$3 bilhões em vendas, em maior parte no Brasil. Ela possui um esquadrão de vendas de mais de um milhão de pessoas, que lida diretamente com o consumidor, utilizando um tipo de modelo empresarial da Avon no serviço de um ideal de ajudar as pessoas a viver em maior harmonia consigo mesmas, com os outros, e com o mundo.

A Natura sempre representou o bem-estar e o fortalecimento de relacionamentos. A própria companhia comunica seu ideal de marca como "bem estar bem". Apenas cinco anos após começar o negócio, em 1969, o fundador Antônio Luiz da Cunha Seabra desistiu de trabalhar com lojas para construir um relacionamento mais pessoal com seus consumidores através de seus revendedores, de maioria feminina. Rodolfo Guttilla, diretor executivo da Natura, resume o ideal da empresa de maneira bem filosófica: "O bem-estar é nada menos do que um relacionamento harmonioso consigo mesmo. Mas é, também, ter relacionamentos de empatia, bem-sucedidos e gratificantes com outros e com a natureza." "Bem estar bem" não é apenas a filosofia da Natura, mas a sua estratégia de negócios. Em 2007, eles lançaram um novo rótulo com informações ambientais, para ajudar a informar às pessoas sobre o seu consumo. Ainda naquele ano, passaram a usar álcool orgânico em seus perfumes e, em 2009, todos os sabonetes passaram a ser "ecológicos" — não utilizavam mais ingredientes de origem sintética ou animal.

Agora, permita-me fazer uma observação que se aplica na hora de fazer de um ideal de marca, em qualquer um dos campos, a base para uma vantagem competitiva. Depois que companhias como Natura, Seventh Generation e Method, das 50 de Stengel, mostraram um interesse por produtos "ecológicos", adversários mais consagrados lançaram marcas concorrentes e foram à luta por um pedaço de market share. Eles obtiveram algum sucesso inicial, já que a categoria atraiu grupos maiores de consumidores. Mas, com a Grande Recessão, os consumidores abandonaram as novas linhas ecológicas desses adversários mais consagrados, todas de custos mais altos, por marcas tradicionais mais baratas. O crescimento da categoria de produtos "ecológicos" para o lar sofreu um grande baque.

Aqui vai o curioso: as empresas percebidas pelos consumidores como em contato verdadeiro com ideais de marca ecológicos — Natura, Seventh Generation e Method — continuavam crescendo. Elas continuavam a aumentar o lucro de seu market share, mesmo quando, por exemplo, a Clorox perdeu mais de um terço de seu market share e de sua distribuição com sua marca Greenworks, entre 2009 e 2011. Enquanto isso, a Seventh Generation e a Method acrescentavam mais dois dígitos aos seus rendimentos. Veremos como a Method gera um crescimento contínuo no próximo capítulo. O caso é que ideais de marca permitem que as empresas de rápido crescimento continuem inovando em condições boas e ruins da economia.

Trazer um ideal de marca para a realidade de maneira autêntica para os consumidores é um grande desafio. Mas a recompensa também é grande, como veremos em diversos trechos ao longo deste livro.

Inspirando Interesse

Um ideal de marca que inspire as pessoas a explorar e experimentar o mundo a sua volta ajuda os consumidores a aprender, oferece a eles poderosas ferramentas, e os convida a reinventar a si mesmos e o seu mundo. A Apple fabrica ferramentas para uma exploração criativa e para autoexpressão. A Google existe para fornecer acesso seguro e fácil à informação, ajudando seus usuários a navegar na rede, experimentar e adquirir livros e outras mídias, ou apenas obter direções, para dizer alguns dos seus inúmeros serviços que não param de aumentar. A Amazon.com se tornou um clássico meio de compra exploratório contemporâneo.

No capítulo 5, nos aprofundaremos no Discovery Channel e em outros canais a cabo do portfólio da Discovery Communications. De maneiras distintas, todos eles buscam satisfazer a curiosidade dos mistérios do mundo.

A fabricante francesa de artefatos de luxo Louis Vuitton é outro clássico exemplo de como uma marca incorpora o interesse. Por mais de 150 anos, a Louis Vuitton existiu para realçar a jornada das pessoas durante a vida. Em 1812, em Jura, na França, Louis Vuitton vivenciou esse ideal desde cedo em sua vida, bem antes de começar a vender maletas de lona. Quando Louis atingiu a idade suficiente para viajar, percorreu 400 quilômetros a pé até Paris para iniciar sua carreira como aprendiz de fabricante de malas. Duzentos anos depois, a marca iniciada por um aprendiz de fabricante de malas ainda inspira interesse, agora como uma marca de US$8 bilhões. Suas aclamadas lojas são os próprios destinos de viagem: turistas representam a fatia dominante nas vendas da loja carro-chefe da Champs-Élysées, em Paris. E, além de suas lojas, tudo o que a marca fabrica busca realçar, celebrar e romancear viagens. Uma das minhas campanhas publicitárias prediletas é a campanha convenientemente intitulada de "Valores Essenciais" da Louis Vuitton, que trazia vividamente para a realidade o ideal da marca. A campanha trazia pessoas incríveis — como Bono, Mikhail Gorbachev e Catherine Deneuve — em suas viagens pela vida, fotografados por Annie Leibovitz. Um anúncio mais recente trazia Angelina Jolie no Camboja, com a legenda "Uma única viagem pode mudar o curso de uma vida. Camboja, Maio 2011." Angelina Jolie viajou para o Camboja inúmeras vezes por razões humanitárias e tem um filho adotado daquele país.

Evocando Orgulho

Criar confiança, apoiar a autoexpressão e inspirar paixão são características das marcas para ajudar a desenvolver sensos de orgulho pessoais ou comunitários. A Target, uma companhia de excelência consistente, que ficara um pouco abaixo das 50 de Stengel por causa do impacto da recessão, nos dá um bom exemplo. O ideal de marca da Target é "ajudar clientes a se expressar a um preço baixo", e a chave é autoexpressão. O que torna a proposta de valor da Target, "Espere mais, pague menos", eficaz, não é simplesmente o apelo para gastar menos dinheiro — é que a combinação da Target de produtos lindamente desenhados e de alta qualidade com preços baixos permitia que os compradores pudessem se expressar, comprando artigos que refletiam a sua personalidade, e não sua conta bancária. A habilidade que uma pessoa tem de se expressar gera um senso reforçado de identidade, e de orgulho dessa identidade.

Dentro das 50 de Stengel, Hermès, L'Occitane, Mercedes-Benz, Snow Beer, Calvin Klein, e Hennessy, todas elas, evocam orgulho no sentido de realização pessoal, segurança, e confiança através de uma gama de produtos tabelados.

Poucas marcas são melhores em evocar orgulho do que a Jack Daniel's, e a clara compreensão deste fato pelas gerações de liderança bem-sucedidas da empresa, conduziram a Jack Daniel's a uma posição dominante de liderança. Aprenderemos mais sobre a Jack Daniel's no capítulo 4.

Impactando a Sociedade

Empresas que têm um impacto na sociedade falam sobre o desejo de viver, trabalhar, e se divertir das pessoas de maneira mais efetiva, eficiente, harmoniosa e sustentável. Elas costumam enfatizar um amplo impacto societário nos seus apelos direcionados a clientes e consumidores finais. Essas marcas superam desafios, redefinem abordagens ou são revolucionárias em suas categorias.

Buscam fazer os sistemas funcionarem melhor, seja o sistema do corpo humano, através de comida fresca e natural (Stonyfield Farm, Innocent e Chipotle), sistemas empresariais e tecnológicos (Accenture e IBM), ou a nossa interface com o meio ambiente (Method, Seventh Generation e Petrobras).

Eu não quero passar batido pela Petrobras, a gigante brasileira de energia que é a maior companhia do Hemisfério Sul, deixando ela presa naqueles parênteses. Você pensa que uma companhia de petróleo e gás não pode mesmo operar de acordo com um ideal de consciência ambiental? A British Petroleum (BP) se classificou notoriamente como "Além do petróleo", só para ter repórteres investigativos caindo em cima com perguntas comprometedoras sobre sua segurança e práticas ambientais após desastres letais e custosos em sua refinaria do Texas, problemas constantes em seu oleodutos do Alasca e o enorme derramamento de óleo em uma de suas plataformas no Golfo do México. Muitas dessas matérias na mídia olhavam além da BP, para a fraca segurança e desempenho ambiental da indústria de energia como um todo.

Mas o ideal de marca da Petrobras, "Apoiar o desenvolvimento sustentável do Brasil e de todo país em que a empresa atua", não é uma promessa vazia. A Global Reporting Initiative, o Reputation Institute, e o Dow Jones Sustainability Index, entre as análises de outros centros de pesquisa, classificam constantemente a Petrobras no topo da indústria de energia por fazer o que diz e fazer o que faz, quando se trata de impacto ambiental e sustentabilidade.

O ideal de marca da Dove é "celebrar a beleza única de cada mulher". A Dove visa atingir mais do que cada consumidor individualmente, e busca ajudar a fazer uma evolução na visão da sociedade, de maneira geral, a respeito da beleza, de forma que cada indivíduo possa, então, se sentir mais confortável com o próprio corpo. O ideal de marca da Method, como veremos no próximo capítulo, é "ser um catalisador de uma revolução feliz e saudável do lar". Este ideal não é apenas sobre o que os consumidores acham de seus produtos; é sobre melhorar toda a categoria de produtos de limpeza e modificar a maneira que as pessoas limpam suas casas.

Os líderes podem usar essas cinco áreas de valores humanos fundamentais para avaliar se os seus próprios ideais de marca são claros e fortes o suficiente, e se alinham bem com as capacidades essenciais de suas empresas, para gerar um crescimento significante. Eu já usei essas cinco áreas de ideais em milhares de trabalhos de consultoria e percebi que elas sempre provocam uma discussão produtiva e esclarecedora, e atuam no destaque de cada ideal de marca.

Descoberta do Estudo Stengel 3. As Empresas de Maior Crescimento São Administradas Por Empresários Artistas, Líderes Que Usam os Ideais de Marca como Principal Ferramenta.

Existem inúmeras maneiras de fazer a sua empresa crescer quando você a concentra em torno de um ideal. Se o que eu estou falando sobre ideais lhe parece muito idealista para ser aplicado no mundo dos negócios, dê mais uma checada nas 50 melhores do Estudo Stengel. Quando olhar para essas empresas de alto desempenho e de alto crescimento, leve em consideração que: o único erro garantido que você pode cometer é não se deixar sonhar alto. Se você não for ambicioso o bastante para querer fazer uma grande diferença positiva na vida das pessoas, você tão pouco fará uma grande diferença positiva no caixa da sua empresa.

É claro que os resultados podem ser proveitosos com alguns trocados, mas em longo prazo você precisa de algo mais substancial para se garantir e construir a sua empresa. E não há nada mais substancial e poderoso nesse mundo do que um ideal. Para o bem ou para o mal, os ideais movem milhões de pessoas de uma só vez, e as ações dessas pessoas podem mover montanhas, política, promover guerra e paz, arte, tecnologia, ciência — e mercados! As ferramentas mais poderosas e lucrativas no mundo dos negócios são os ideais — ideias para melhorar a vida das pessoas que se comuniquem diretamente com seus instintos, emoções, esperanças, sonhos e valores.

Os líderes que administram as empresas de mais rápido crescimento do mundo têm sempre isso em mente. É essa a terceira maior descoberta do Estudo Stengel. As empresas de mais rápido crescimento do mundo têm um líder cujo relacionamento com a empresa não é essencialmente o de um operário, não importa quão experiente, mas de um artista que tem um ideal como principal ferramenta.

Os empresários artistas das 50 melhores do Estudo Stengel, entre eles, o falecido cofundador da Apple, Steve Jobs; a nova CEO da Diesel, Daniela Riccardi; o fundador e presidente de conselho da Discovery Communications, John Hendricks; o fundador, CEO e presidente de conselho da FedEx, Frederic Smith; os cofundadores da Google, Sergey Brin e Larry Page; Ernst Tanner, CEO e presidente de conselho da prestigiosa empresa suíça de chocolates Lindt & Sprüngli; os cofundadores da Method, Eric Ryan e Adam Lowry; o cofundador e CEO da Red Bull, Dietrich Mateschitz; o fundador, CEO e presidente de conselho da Starbucks, Howard Schultz; e o CEO da Zappos, Tony Hsieh.

Ernst Tanner garantiu que a marca Lindt, das 50 de Stengel, cumprisse o seu ideal de promover alegria através de pequenos luxos, instruindo as atividades de seus *Maîtres Chocolatiers* (mestres chocolateiros). A Lindt é uma das marcas suíças mais antigas. Criado e produzido graças a um processo chamado "concheamento", desenvolvido por Rodolphe Lindt, em 1879, o Lindt foi o primeiro chocolate derretido do mundo. O CEO Tanner atribui o crescimento sólido da empresa à preservação da tradição de mais de 165 anos da qualidade da Lindt, ao mesmo tempo em que inova com novos produtos, como as barras de chocolate Excellence, com alta porcentagem de cacau, que a Lindt lançou e popularizou no final dos anos 80.

A inovação da Lindt também se estende aos seus trabalhos no apoio à sustentabilidade do meio ambiente e à qualidade de vida dos fazendeiros locais de cacau, como, por exemplo, a compra de todos os seus grãos de cacau de consumo a preço alto através de uma parceria feita com Gana. Isso fornece aos *Maître Chocolatiers* os melhores ingredientes possíveis para trabalhar, e dá aos consumidores a melhor experiência de marca possível, incluindo a informação de que o conteúdo do pacote é colhido de maneira responsável. Graças, em maior parte, à combinação das lideranças de empresa e de marca de Tanner, o rendimento das vendas da Lindt & Sprüngli mais do que triplicou, desde que ele assumiu o cargo de CEO da empresa em 1993.

Bernard Arnault, CEO e presidente de conselho da luxuosa holding francesa LVMH, disse uma vez, "Marcas estrelas só nascem de mentes artísticas e criativas", e insiste que todos da empresa LVMH devem ser um pouco operários e um pouco artistas. Eu diria que este é um bom exemplo de liderança para qualquer empresa. Às vezes, uma pessoa pode assumir os dois papéis, como Dietrich Mateschitz faz na Red Bull, mas isso é raro. Líderes eficientes devem saber se a sua força provém de uma empresa de operários ou de uma empresa de artistas, e então encontrar um colega e encarregá-lo de preencher o outro papel. Muitos observadores da Apple, no final da década de 2000, perceberam a parceria do CEO Steve Jobs, sem dúvida o artista da empresa, com o COO Tim Cook para administrar a companhia. Será fascinante ver como Cook irá evoluir no cargo de CEO da Apple: será que ele terá mais traços de operário? Ou irá se transformar em um artista?

Novamente, o mundo de hoje está percebendo a harmonia entre liderança empresarial e liderança de marca. Em uma economia mundial de suprimentos em excesso e demanda insuficiente em cada setor, não adianta oferecer apenas um produto ou serviço que tenha um papel útil e funcional na vida dos clientes. Isso não é nada mais do que o trivial a ser feito. A condição dos ideais nas empresas é desempenhar um papel na vida de ambos, clientes e funcionários, em uma posição muito mais importante do que a da concorrência. É sobre se relacionar com as pessoas de maneira holística: racional e emocionalmente, parte esquerda e parte direita do cérebro. E isso requer liderança de marca do mais alto nível da empresa.

Quando eu relembro os maiores líderes empresariais de antigamente, pessoas como William Cooper Procter (neto de um dos fundadores da P&G) e James Gamble, Bill Hewlett, e Dave Packard, eu percebo semelhanças incríveis com os líderes empresariais mais eficientes de hoje em dia. William Cooper Procter antecipara o modo como as pessoas se unem em uma empresa em termos praticamente espirituais. Como eu já havia observado, Hewlett e Packard nunca usaram a palavra *marca,* mas ambos eram artistas de marcas e empresários de primeira, cujo ideal de fazer uma contribuição para a sociedade, através da tecnologia, era um elemento essencial de seu sucesso. No capítulo 11, daremos uma olhada em como os líderes atuais da HP estão tentando seguir o mesmo ideal. Desde seu começo em 1911, a IBM sempre se dedicou a fazer com que sistemas de negócios e tecnologia funcionassem melhor. O fundador da IBM, Thomas Watson Sr. e seu filho e sucessor, Thomas Watson Jr., também são bons exemplos do aprendizado central deste livro: que o estímulo maior que um líder empresarial pode ter é a união de funcionários e clientes igualmente em prol de um ideal de melhorar a vida das pessoas. Mais adiante no livro, também veremos como a IBM atualizou seu ideal de marca como a chave para um novo crescimento.

Para orientar o crescimento líder na categoria, empresários artistas e suas organizações se fazem continuamente quatro perguntas:

- Como compreendemos melhor as pessoas mais importantes para o nosso futuro?
- O que nossa empresa e nossa marca representam?
- O que nós queremos representar?
- Como estamos trazendo essas respostas para a realidade?

São perguntas simples. O poder vem da tarefa árdua de responder a essas questões e colocá-las em prática. Isso nos traz à quarta e mais importante descoberta do Estudo Stengel.

Descoberta do Estudo Stengel 4. Empresários Artistas Excedem em Práticas Similares Que Constituem Um Sistema Operacional Para Gerar E Manter Um Alto Crescimento

As 50 de Stengel e seus líderes possuem estilos amplamente variados, dos mais revolucionários aos mais tradicionais. Ainda assim, todas excedem em cinco atividades básicas, que são os alicerces da abordagem que eles usam em suas empresas. Eu acho essa semelhança fantástica, e acredito que essa é a descoberta mais importante do Estudo Stengel, uma nova referência determinante para liderança empresarial. Os empresários artistas das 50 de Stengel excedem nos seguintes pontos:

- **Descobrir**, ou redescobrir, um ideal de marca em um dos cinco campos de valores fundamentais.
- **Construir** a cultura da empresa em torno do ideal.
- **Comunicar** o ideal interna e externamente para estimular funcionários e clientes.
- **Transmitir** uma experiência de consumo quase ideal.
- **Avaliar** o progresso da empresa e dos funcionários através do ideal.

Em sua reviravolta e crescimento durante a década de 2000, a P&G se focou em aumentar a compreensão e o rigor nessas mesmas cinco atividades. Baseado nessas experiências, no Estudo Stengel e na minha consultoria, eu me convenci de que essas cinco atividades constituem um extraordinário e poderoso sistema de crescimento empresarial.

Pra entender o que eu quero dizer, vamos fazer uma visita aprofundada na empresa de rápido crescimento Method e observar como eles trabalham com essas cinco atividades interligadas. Durante o trajeto, eu também apresentarei a você um quadro, a Árvore do Ideal, para a construção de um sistema de crescimento similar na sua empresa.

3

O Quadro da Árvore do Ideal

Uma Empresa para a sua Loucura

Descobri que a maneira mais efetiva de explicar e usar o quadro de ideais de marca é visualizando-o como uma árvore. Eu gosto da metáfora da árvore porque as empresas e as marcas também têm vida. Assim como uma árvore, elas também têm raízes que as pessoas não enxergam, florescem com as condições adequadas, e morrem se não forem cuidadas, alimentadas e tiverem espaço para crescer.

Usarei a história da companhia de produtos de limpeza top de linha, Method, para mostrar como todos os galhos da Árvore do Ideal se aplicam na realidade. Mas primeiro, deixe-me dar a você alguns detalhes sobre como eu farei uso deste quadro no resto do livro, e como você pode começar a pensar nele como um sistema de atividade de crescimento para estimular ideais de marca na sua própria empresa.

Cinco Passos-chave para Estimular um Ideal: O Sistema de Crescimento da Árvore do Ideal

A estrutura da raiz da Árvore do Ideal possui dois elementos: as crenças das pessoas de dentro da empresa, que costumam se embasar no legado da marca, e os valores que a empresa compartilha com seus clientes e usuários finais. Sua interação dinâmica é o que fixa e sustenta a base da árvore: o ideal da empresa.

O ideal — o benefício mais nobre que a empresa oferece ao mundo — está enraizado em seu legado, que tem início com a razão de existir originária da empresa, sua visão de base para melhorar constantemente a qualidade de vida das pessoas, e que continua a engrandecer com o passar do tempo. Toda geração de funcionários de uma empresa, principalmente a de liderança, contribui com as suas próprias crenças, aspirações e valores a esse legado.

"Corta essa, Stengel", eu posso ouvir alguns dizendo. "Empresas não têm nada a ver com toda essa baboseira de crença sentimental. Você vê uma oportunidade e se agarra a ela com todas as forças, depois esgana e quebra o seu pescoço. É disso que tratam as empresas.".

Um empresário como um caçador? Sim, claro. Pega, abate e está pronto para outra.

Todas as provas que eu tenho mostram uma visão diferente. As crenças dos fundadores e funcionários de uma empresa, especialmente dos seus líderes subsequentes, podem ser cortinas que lhes deixam ver apenas algumas oportunidades. Ou essas crenças podem ser óculos de visão noturna com microscópios eletrônicos e telescópios que permitem ver todo o espectro das oportunidades de um mercado. Você pode caçar bastante dessa forma.

Acima de tudo, isso significa que os ideais de marca devem ser expressões verdadeiras do que você acredita e quem você e seus funcionários são como empresa — você perceberá isso refletido em todas as 50 de Stengel. Crenças e valores centrais verdadeiros não são coisas que você pode usar e descartar em um piscar de olhos. Crenças e valores não são ferramentas, eles aprimoram a sua habilidade para usar as suas ferramentas.

É por isso que, bem na base da árvore, está escrito "As pessoas que a marca serve: Seja seletivo. Certifique-se de que o grupo é grande o suficiente para atingir os seus objetivos.". Independente de ganhar ou perder, qual é o tamanho do mercado potencial que a sua empresa irá se dirigir? Procurar por um jeito rápido de trabalhar uma oportunidade, é uma coisa. Se busca um grande volume de oportunidades de mercado, precisa trabalhar em uma área que seja fundamentalmente importante para as pessoas. É lá que a sua marca e a sua empresa têm maior chance de crescimento. Novamente, você pode testar isso avaliando se o seu ideal está enraizado em um dos cinco campos de valores humanos fundamentais: estimulando alegria, criando vínculos, inspirando interesse, evocando orgulho e impactando na sociedade.

A ÁRVORE DO IDEAL

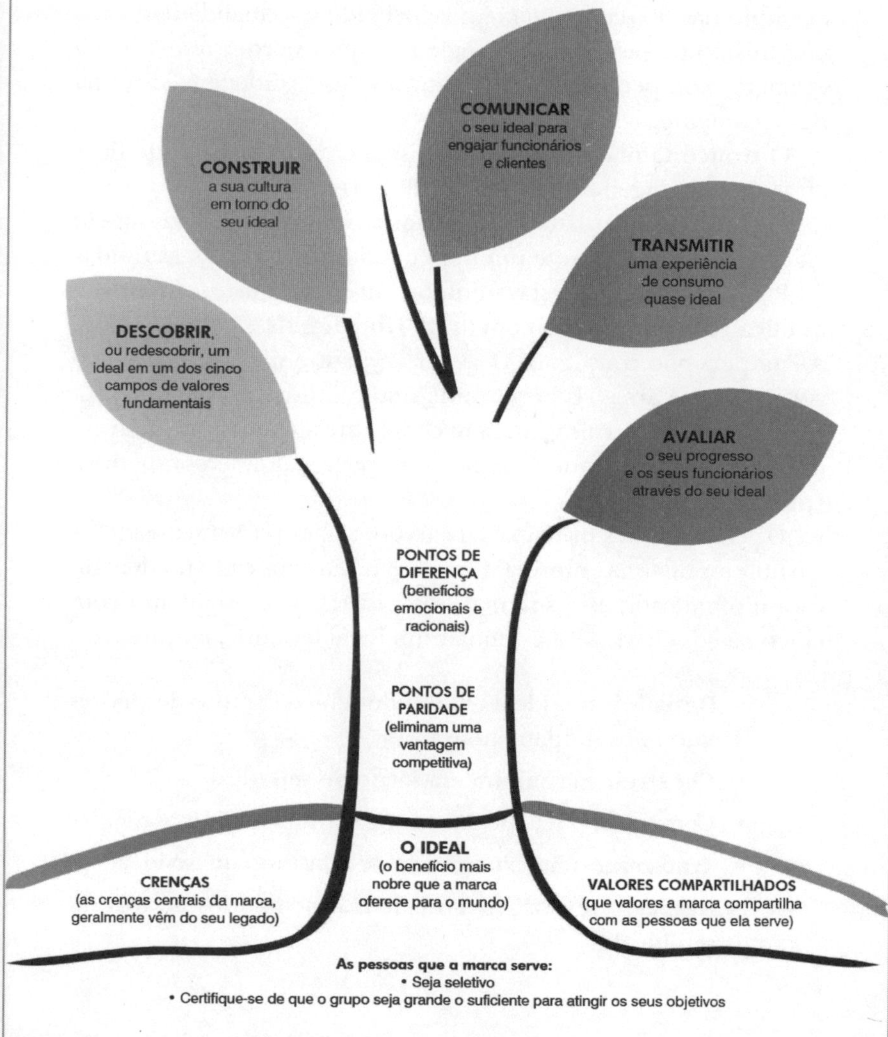

■ ■ ■

O tronco da árvore ilustra as principais maneiras pelas quais uma empresa obtém vantagem competitiva, seus pontos de diferença essenciais com os seus adversários. Para a Google, pegando um exemplo das 50 da Stengel, é a velocidade e a qualidade de seu mecanismo de pesquisa. A Google não quer perder nunca a sua vantagem competitiva. Ela inova através desta vantagem e a avalia rigorosamente.

O tronco também ilustra onde uma empresa não pode ficar atrás da concorrência, os pontos de paridade, que são o preço de entrada de uma categoria, ou que neutralizam a vantagem da concorrente. Durante um tempo, na década de 90, as fraldas da Pampers, da P&G, estavam deficientes em ajuste, conforto e estética em comparação com as da Huggies, da Kimberly-Clark. A Pampers não conseguiria crescer enquanto não alcançasse paridade nessas áreas. É importante que um líder escolha não somente onde construir vantagem competitiva (pontos de diferença), mas também onde é importante ter igualdade competitiva (pontos de paridade).

Os cinco galhos principais da árvore são as partes semeadoras e frutíferas de uma empresa. Como eu havia explicado no final do capítulo anterior, esse sistema de atividade de crescimento com cinco passos-chave para estimular um ideal leva uma empresa a:

- **Descobrir** um ideal em um dos cinco campos de valores humanos fundamentais
- **Construir** sua cultura em torno do seu ideal
- **Comunicar** o seu ideal para engajar funcionários e clientes
- **Transmitir** uma experiência de consumo quase ideal
- **Avaliar** o seu progresso e seus funcionários através do seu ideal

A qualidade orgânica da Árvore do Ideal é muito mais do que uma metáfora. Ela identifica implicitamente todos aqueles que são importantes para o futuro da empresa e os seus relacionamentos. Suas raízes, tronco, galhos e folhas capturam o fluxo dinâmico de todos os elementos que devem trabalhar em harmonia para que uma empresa floresça, tanto aqueles que são internos a uma empresa (e, por conta disso, são praticamente invisíveis para os clientes), quanto os que são ou se tornam externos a ela, como estratégias de comunicação, produtos e serviços.

Por fim, a Árvore do Ideal situa a empresa geograficamente em um ecossistema de mercado de clientes, funcionários e concorrentes.

"Bem", já posso ouvir você perguntando, "isso tudo é muito elegante, mas como é que funciona no mundo real?".

Acho que você vai achar a saga da Method, uma espécie de Davi entre vários Golias, uma história esclarecedora e inspiradora que traz a metáfora da árvore para a realidade.

Method: Deixando um Pouco Louco

Desde a sua estreia inusitada, com o lançamento em 2001 dos seus primeiros produtos, uma linha de limpadores de superfície, a Method, sediada em São Francisco, vem atingindo um crescimento de vendas anual de dois dígitos e tem sido uma inovadora das regras do jogo em uma categoria madura e altamente competitiva. A Method é pequena em comparação às gigantes, como P&G, Unilever, Clorox e Reckitt Benckiser, mas graças aos produtos ecológicos, que funcionam tão bem, ou até melhor, que os tradicionais, a Method alcançou um índice de crescimento que teve um impacto fora do comum em toda a indústria de produtos de limpeza para o lar.

A Method surgiu no meu radar em 2003, quando eu me juntei à equipe da P&G em uma de suas reuniões rotineiras dedicada à conta da Target, na sede da empresa, em Mineápolis, com o diretor de marketing daquela época, Michael Francis, e sua equipe.

Michael e eu costumávamos comparar observações e servíamos de cobaias um ao outro, e, nesta ocasião, andamos juntos por uma das lojas da Target de Minnesota. Quando passamos por um display do sabonete líquido para as mãos da Method, eu perguntei ao Michael como ele estava se saindo. A Method era tão recente que eu pensava que fosse uma das marcas próprias da Target.

Michael falou que eles iam muito bem. Ele me contou como os cofundadores da Method, Eric Ryan e Adam Lowry lhe pediram na cara de pau não apenas para lançarem um produto novo, mas para exporem os produtos de acordo com a filosofia única da Method. Eles disseram que a Target fora a sua primeira escolha como uma parceira nacional no universo de consumo varejista. Não só isso, confessaram que também haviam abordado Karim Rashid, um designer industrial renomado mundialmente com um punhado de clientes VIP, e o persuadiram a desenhar o frasco de seu detergente com divisão de rendimentos, já que eles não podiam pagar nada pelo serviço, muito menos o valor que ele cobrava normalmente. A ideia era dar à embalagem um design único como o próprio produto, uma fórmula derivada de plantas que era melhor do que a de detergentes líquidos convencionais na experiência total de consumidor.

"Esses caras têm *cojones*, né?", Michael me perguntou, e eu concordava completamente. Impressionada pela intensidade da crença dos cofundadores da Method na necessidade e oportunidade para o "ecológico que limpa mesmo", algo que Michael achava que estava bem em alta, assim como o seu zelo empresarial e seu faro de marketing, a equipe de Michael concordou em recebê-los em uma reunião.

Eric e Adam sabiam que tinham que cobrir todas as dúvidas possíveis. Chegaram trazendo não apenas o protótipo de detergente de cozinha de Karim Rashid como também os impressionantes resultados de venda, até então regionais, que a Method estava obtendo na Califórnia e estados vizinhos. Eles posicionaram o design e os números de venda em uma visão convincente de seu ideal de marca. Os compradores da Target gostaram do que viram, e aquilo, como Michael me disse, "foi o começo de um lindo relacionamento".

Esses caras da Method devem ter alguma coisa de especial, eu pensei. Quando voltei para o meu escritório em Cincinnati, alertei o departamento de fusão e compra da P&G para o potencial desta nova empresa de rápido crescimento. No final das contas, a P&G acabou direcionando o seu departamento de fusão e compra essencialmente para grandes marcas nas categorias de beleza e higiene. Mas, daquele momento em diante, eu continuei a acompanhar a Method, especialmente porque Eric e Adam dividiam a mesma convicção de que os ideais são o fator mais importante no sucesso de uma empresa. Eu estava fascinado para aprender como eles se apoderavam do poder dos ideais desde que eles começaram a falar sobre como iniciaram a Method.

O mantra da Method é "Deixar um pouco louco". Quando você conhece a galera da Method, a loucura começa com os títulos doidos nos seus cartões de visita. Por exemplo, o cofundador Eric Ryan, agora arquiteto de marca, é conhecido como o "arroz de festa". Matthew Loyd, o vice-presidente de experiência de marca, é o "sabichão das marcas". E Michele Hall, a gerente geral de tecidos, era a "Lavadeira". Irônicas e sérias, as descrições de trabalho exemplificavam como a Method abordava o trabalho árduo de construir uma grande empresa com informalidade e descontração, que são ingredientes essenciais para a colaboração intensa necessária para construir uma empresa dinâmica.

Mas não tome as árvores por florestas. Muitos observadores veem a loucura na Method, Zappos, Innocent, e em outras empresas inusitadas e de rápido crescimento e pensam consigo mesmos, "Nossa empresa não é assim. Não conseguimos ser assim" ou "Ah, é só agir deliberadamente que nem doidos que vamos atrair os clientes".

Sim e não, para ambos os casos. O que se deve copiar não é somente a loucura específica de uma empresa como a Method, mas o que se encontra no centro do seu comportamento. Eu posso garantir perfeitamente que você não terá sucesso permanente se os seus funcionários não curtem interagir entre si. Então, não tente imitar o jeito como a Method encoraja a descontração, se isto não for verdadeiro ao que você representa. Mas não deixe que isto impeça você de encorajar descontração a seu próprio modo. Sem ela, sua empresa não alcançará as alturas.

Passo-chave Número 1:
Descobrindo o Ideal da Method

O primeiro galho da Árvore do Ideal é descobrir o seu ideal de marca em uma das cinco áreas de valores humanos fundamentais. Desenvolver esse galho significa, na verdade, trabalhar na base da árvore, na conexão entre as suas crenças e os valores fundamentais dos seus clientes ou clientes em perspectiva.

Eric Ryan e Adam Lowry deram seu primeiro passo em direção a criação da Method quando se depararam com a tarefa de limpar a casa na área da baía de São Francisco, que eles dividiam com mais três amigos.

A casa estava imunda como só cinco mocinhos recém-formados e saídos de casas de fraternidade poderiam deixar. Mas não era apenas a sujeira e a bagunça que deixavam a tarefa desagradável. Eram também os produtos de limpeza com ingredientes fortemente tóxicos que faziam necessário o uso de luvas de borracha para manejá-los de forma segura e não podiam ser deixados abertos com crianças pequenas e animais por perto. Eric, que trabalhava com comercialização de produtos embalados, e Adam, que trabalhava com questões ambientais de ciência para o Instituto Carnegie, gostariam que existissem produtos de limpeza eficientes que não fossem tóxicos.

Quando foram ao supermercado local, para ver se tal produto existia, encontraram prateleiras cheias de produtos de várias marcas bem reconhecidas e outras novas, ecoconscientes. Os dois grupos, disse Eric, tinham os seus "segredinhos". As marcas renomadas faziam um bom trabalho de remover sujeiras fáceis e difíceis, mas eram "cheias de coisas tóxicas que, após o uso, deixavam um estrago em nosso corpo, corrente sanguínea e no meio ambiente". O problema com os produtos ecoconscientes era que eles não limpavam muito bem. Eles descobriram que "se for eco, é uma eca" era uma piada comum entre vendedores e fabricantes.

Não deve ser nenhuma surpresa que dois rapazes de 20 e poucos anos não ficassem muito animados em ter que fazer faxina. Para dizer a verdade, até hoje eles não são. Mas eles ficaram entusiasmados com a ideia de criar produtos de limpeza melhores, e de oferecer às pessoas uma excelente experiência ao usá-los. Eles sentiam que essa "grande ideia" poderia ser a base de uma filosofia que seria a âncora para futuros funcionários e também futuros clientes que eles viriam a ter.

Quando Eric e Adam começaram a sua empresa, eles tinham clara noção de que o seu objetivo não era criar um produto ou serviço, mas tornar realidade um ideal transformacional. Eles queriam articular um ideal ao qual as pessoas pudessem se unir em volta. "Como seres humanos", dizia Eric, "todos nós queremos fazer parte de algo maior de quem e do que nós somos. Quando você articula um ideal e cria uma causa, isso dá às pessoas, inclusive a mim, a habilidade de fazer muito mais. Você fica muito mais disposto a sair da cama e ir para o trabalho quando faz algo que beneficie a vida das pessoas. É simplesmente muito mais gratificante e você produz muito mais porque você faz parte de algo maior. Todos — fundadores, funcionários, parceiros que trabalham conosco e consumidores — acham motivante o fato de existir um ideal e uma missão em comum.".

O que Eric e Adam estão dizendo sobre um ideal para motivar melhores desempenhos não se trata de um discurso habitual com definições fracas que as pessoas costumavam ouvir sobre missões e valores. É a expressão individual de como o ideal da Method faz com que as pessoas tragam tudo de si diariamente para o trabalho, com toda a sua paixão, criatividade e energia pessoal. Para Eric, isso significava "transferir a minha paixão pelo design para o contexto da empresa", e para Adam, "a minha paixão pelo ambientalismo".

O ideal de Eric e Adam é audacioso: ser um catalisador em uma revolução feliz e saudável do lar, que melhore a saúde humana. Se encaixa perfeitamente no campo de ideais que impactam a sociedade, juntamente com a área de estimular alegria, transformando uma tarefa entediante em algo realmente agradável.

O meio para o ideal de uma revolução feliz e saudável do lar era "todos contra a sujeira", um movimento de revolucionários que reúne aqueles que trabalham dentro da empresa com os consumidores que se tornaram defensores fervorosos da Method e de seus produtos. Isso dá aos funcionários da Method um foco em comum para as suas ações e a habilidade de fazer coisas que a concorrência não consegue ou não quer fazer.

Por definição, uma revolução envolve mudanças radicais. Como uma recém-chegada na categoria de produtos de limpeza para o lar, a Method tinha que se distinguir dos adversários dominantes na indústria. Mesmo com recursos ilimitados ela não conseguiria se diferenciar imitando as detentoras de grande market share, como P&G, Clorox e Unilever.

Imitar seria impossível por causa dos recursos bem limitados com os quais Eric e Adam tinham para começar. Eles gastaram todas as suas economias, usaram todo o limite de seus cartões de crédito e solicitaram investimentos de membros da família antes de finalmente garantir a primeira rodada de financiamento de capital privado.

Além disso, apesar de terem objetivos financeiros elevados — eles tinham o alvo inicial descarado de construir uma empresa bilionária — Eric e Adam não queriam se tornar apenas mais uma grande empresa. Em vez disso, eles organizaram seus pensamentos e criaram produtos de qualidade que poderiam expandir no mercado de massa. O objetivo deles não era dominar por volume, mas abalar o mercado de forma exemplar, e eventualmente estimular e construir toda uma categoria para produtos de limpeza ecológicos de alta qualidade que realmente funcionassem.

No começo, eles trabalharam bem sem ajuda nenhuma, misturando fórmulas de limpeza em jarras de cerveja com a ajuda de alguns especialistas em fórmula. Eric e Adam continuaram a correr atrás de um produto com atributos de mercado únicos, um produto feito de ingredientes totalmente seguros, oriundos de plantas naturais, e que funcionasse tão bem, ou ainda melhor, do que os detergentes convencionais. Seu sucesso revelador foi uma linha de limpadores de superfícies. Eles conseguiram dar um jeito de colocar o produto em algumas poucas lojas de alto escalão na área da Baía de São Francisco e, depois disso, em cadeias de mercado que atuavam na região da Califórnia e outros estados a oeste. O sucesso com esses revendedores locais e regionais permitiu que Eric e Adam começassem a expandir a linha de produtos da Method para incluir detergentes para a louça e outros produtos de limpeza.

Foi quando eles abordaram na cara de pau, primeiramente, Karim Rashid e, logo em seguida, Michael Francis, como já vimos. O ideal da Target, resumido no slogan "Espere mais e pague menos", exemplificado por parcerias com designers famosos, como Michael Graves e Missoni, era, de fato, o encaixe perfeito para a Method e sua garrafa projetada por Karim Rashid. A Target fez uma experiência com a Method em 90 de suas lojas em todo os Estados Unidos, e nenhuma delas, Target ou Method, se arrependeu.

O comportamento de espírito independente da Method tornou-se parte do método operacional da companhia enquanto ela crescia. Joshua Handy, diretor sênior de design industrial da Method (também conhecido como "inventor"), diz que todos entram na companhia ou por sua missão ambiental ou por sua missão social. Juntos, os funcionários da Method se empenhavam para mudar o discurso com produtos rompentes cada vez mais nas categorias de limpeza do lar e higiene pessoal.

"Inovação rompente é o objetivo pelo qual lutamos em nossos melhores dias. Grandes empresas falam de economia de escala. Nós queremos fazer da categoria algo diferente, para mostrar que todo o dinheiro que as grandes empresas gastam é um desperdício.".

A Method conecta seu ideal com o desejo de fazer o que a concorrência não consegue ou não quer fazer, através de uma organização bem horizontal. Um exemplo de como o ideal da Method penetra em toda a empresa é a sua frota de caminhões a biodiesel. Mais de 70% dos produtos da Method na América do Norte são enviados via biodiesel, mais do que em qualquer outra companhia, com a meta de chegar aos 100%.

Ninguém de cima falou "Ei, nós deveríamos fazer isso". Tudo começou com a equipe operacional percebendo a oportunidade e tomando a iniciativa de agir. A mudança para caminhões a biodiesel não foi detectada no radar de Eric Ryan até que a equipe operacional pedira ao grupo de Ryan para criar alguns desenhos para os caminhões, pois eles também tiveram a excelente ideia de que deveriam usar a lateral dos caminhões para contar a história do biodiesel. "Demais", Eric respondeu. "O time de operações terá caminhões funcionando a biodiesel, e ainda por cima estarão criando uma ótima história de marketing.".

Eric Ryan conta essa história, junto da primeira ligação de emergência que a Method recebeu de um consumidor, quando palestra para grupos de novos funcionários. "O número do meu celular ficava na embalagem do produto e aquela primeira ligação veio de uma mãe apavorada, cujo filho simplesmente bebera nosso desinfetante para banheiro. Ela estava com o atendimento toxicológico na outra linha e estava tentando descobrir o que continha no desinfetante. Foi tão bom poder dizer 'Fique calma. Não tem nada nele que lhe fará mal. Apenas faça o seu filho beber um copo cheio d'água.'. Histórias como esta são a razão do 'todos contra a sujeira' ser tão influente com consumidores e funcionários".

Escutar as pessoas falando sobre uma companhia de detergentes usando palavras como "*adoro*" e "*experiência incrível*" só pode acontecer quando uma empresa vive o seu ideal diariamente, começando com a sua própria cultura organizacional.

Passo-chave Número 2: Construindo a Cultura da Method em Torno de seu Ideal

Construir uma cultura organizacional que se alinhe com o seu ideal é o passo-chave número 2 para estimular o poder dos ideais.

O centro da cultura organizacional é como você lida com questões da área de recursos humanos. Se você não contratar, treinar, interagir com, gerenciar, promover e recompensar os seus funcionários baseado no seu ideal, você nunca trará o ideal para a realidade dos consumidores. Eric Ryan acredita que "uma contratação ruim é tóxica. Se você quer crescer, tudo começa com quem você traz para fazer parte do seu time. E a maneira mais rápida de estragar as coisas é trazer as pessoas erradas. É por isso que levamos a contratação super a sério aqui.".

Empresas movidas a ideais compreendem que a cultura organizacional cria ou quebra uma empresa. É claro que centenas de livros e milhares de consultores enfatizam a importância de uma cultura organizacional, e que líderes empresariais comumente concordam que acertar na concepção da cultura é a parte mais difícil de seu trabalho. O que as empresas movidas a ideais sabem é que as outras não sabem que este acerto deriva da perseguição de seus ideais. Se a Method quisesse crescer, tinha que se carimbar de fora — para "nos marcarmos como nós mesmos".

Eu já fiz parte e conheci empresas que são recrutadoras magníficas. Mas com toda a minha experiência, a Method estabelece um novo patamar. A porcentagem de tempo que as equipes seniores da Method gastam para recrutar e contratar é assustadora. Isso é uma vantagem competitiva. A maioria dos líderes seniores gasta muito pouco tempo na hora de recrutar, contratar e delega as tarefas bem para baixo da escala de gerência. Nada é mais crucial para realizar o ideal de uma empresa do que os seus funcionários.

Quando uma vaga tem que ser preenchida, alguém é designado como gerente de contratação. O gerente de contratação, então, monta uma equipe de entrevista multifuncional de sete a dez pessoas. Cada candidato, portanto, tem de passar por uma média de sete a dez entrevistas, com pessoas de todas as áreas da empresa que recebem o candidato individualmente e em grupo, e não apenas com uma ou duas pessoas do departamento da vaga do emprego. Após todas essas entrevistas, uma pequena lista de um a três candidatos retorna para outra entrevista, na qual eles recebem uma tarefa de casa para resolver um desafio atual de negócios da Method por duas perspectivas: estratégica e tática. Para complementar, cada candidato deve responder à pergunta "Como você vai ajudar a deixar a Method louca?" na semana em que eles retornarem. A decisão final de qual pessoa trazer a bordo depende 50% do conjunto de habilidades e 50% da adaptação à cultura.

A tarefa realizada em casa é a maneira rápida da Method ter uma amostra de como as pessoas pensam e trabalham, e qual será a química com eles em uma verdadeira situação de trabalho. Tudo o que a Method faz, seja na área de desenvolvimento de produto, vendas, marketing, operações, ou experiência de marca, é realizado através de protótipos rápidos. "Design thinking" é a palavra do momento no mundo dos negócios para estes protótipos intensos, que se baseiam na frequente interação e profunda compreensão do consumidor, e a Method estudou praticantes reconhecidos de *design thinking*, como as premiadas agências de design IDEO e Apple.

A minha experiência na P&G, e também como consultor e pesquisador, é que empresas movidas por ideais são excepcionalmente boas em fazer rápidos protótipos ou *design thinking*. Quanto mais um ideal for construído dentro da estrutura de uma organização e entrelaçado no tecido de interação de seus funcionários, mais fácil será de se engajar em uma inovação colaborativa e mais rápido você poderá acelerar o processo.

A intenção da tarefa de casa para os candidatos ao emprego é encontrar pessoas que possam trabalhar colaborativamente, dentro de e paralelamente a funções, nesse sistema. Dessa forma, quando o candidato se apresenta à equipe toda de entrevista, trata-se de um problema real da empresa que gera um diálogo dinâmico e desafiador. É como se o candidato já fizesse parte da Method.

O primeiro teste, obviamente, é observar como um candidato responde ao ser requisitado a fazer uma tarefa em casa. As pessoas ficam naturalmente entusiasmadas na hora de fazer uma entrevista de emprego, mas a tarefa em casa é um jeito bom e rápido de testar a sua preparação para fazer parte da cultura da Method. Um candidato a CEO (isso mesmo, *todos* passam pela triagem da empresa) resistiu, perguntando "Por que eu tenho que fazer isso?". Aquilo era um cartão vermelho na certa.

Durante os 45 minutos perante a equipe de entrevista, os candidatos podem se apresentar da maneira que preferirem. Com PowerPoint, dança interpretativa — a equipe simplesmente quer saber como os candidatos lidam, sozinhos e em grupo, com a solução de problemas.

A tarefa de casa exige que os candidatos entrem mais a fundo na categoria e avaliem a posição atual da Method ou falta de posição, e o cenário da concorrência. Eles precisam encontrar a oportunidade de uma revolução — para o ideal da Method de catalizar uma revolução feliz e saudável do lar — e mostrar o que eles fariam com a empresa se eles entrassem para a Method. É uma experiência intensa. Mas a terceira questão — como o candidato vai continuar a deixar a Method louca — é frequentemente o gancho decisivo. As pessoas têm que demonstrar o quanto elas estão dispostas a se abrirem e se revelarem.

Dá para aprender muita coisa sobre as pessoas através dessas tarefas. Elas são indicadoras de sucesso bem melhores do que as entrevistas. Um talento verdadeiro não se esconde nessas tarefas de casa, e uma pessoa que só aparenta ser boa no papel ou apenas sabe falar bem, também não. Às vezes, os piores candidatos são aqueles que se saem melhor nas entrevistas tradicionais, e, para a Method, isso ocorre porque eles já fizeram muitas entrevistas.

A interação dos entrevistadores com os candidatos durante as suas apresentações torna a decisão de contratação óbvia. Então, quando uma oferta é feita, não há ansiedade para saber se a escolha certa foi feita. Erros acontecem, mas o índice de sucesso, desde que a Method começou a usar esse processo, é de 95%.

Isso dificulta ainda mais para os gerentes de contratação escolhidos, mas também os ajuda a eliminar essa pressão, apoiando o processo de entrevistas intensamente longo e desgastante. Se um candidato à vaga não se dá bem na tarefa de casa, um gerente de contratação — normalmente um que ainda nunca tenha assumido essa posição antes —, às vezes, se desculpa por fazer outras pessoas, como Eric Ryan, perderem tempo. Mas a reação de Ryan é "Por que? Eu digo ao gerente de contratação 'Isso foi ótimo. Nós apenas desviamos de uma bala. Aquela pessoa parecia maravilhosa nas entrevistas'. Economizamos dinheiro ao não contratar a pessoa errada. E também economizamos no salário inicial, caso haja dois finalistas com experiências variadas e a tarefa de casa mostre que a pessoa com menos experiência possui mais talento. Sempre aposte no talento. E ainda ganhamos várias consultorias de graça.".

Os melhores candidatos não veem o demorado processo de contratação da Method como um penoso trajeto cheio de obstáculos, mas como uma chance de ter a certeza de que eles encontraram o lugar certo para trabalhar. A gerente de tecidos Michele "Lavadeira" Hall estava na Method por apenas dois anos quando dividiu comigo a sua perspectiva como recente contratada e membro da equipe de entrevistadores, observando que "deixar a Method louca trata-se, na verdade, de trazer a sua personalidade autêntica para o trabalho todo dia".

Praticar uma "Methodologia" louca em uma empresa nova, com apenas alguns funcionários, é uma coisa. Outra, bem diferente, é sustentá-la enquanto a empresa cresce e acrescenta milhares de outros empregados. A diretora financeira Andrea Freedman, "Moça das Finanças Contra a Sujeira", ajudou a estabelecer algumas das práticas de contratação e valores culturais da Method e se autodenomina "a mãe do nosso programa de pessoal e ambiente", o apelido da Method para o RH. Ela se recorda, "Quando a Method tinha cerca de 40 funcionários, começamos a ouvir comentários de que eles gostariam que nós falássemos mais sobre desenvolvimento de carreira e estratégia da companhia. De repente, caiu a ficha de que precisávamos de um departamento de RH. Mas aquilo nos dava arrepios, porque o RH obriga tipicamente as pessoas a colorir dentro da linha, e esse não é o nosso jeito de fazer as coisas.".

Então, a questão se tornou "Será que Podemos 'Methodizar' o RH?". Andrea e outros entrevistaram pessoas em locais com a reputação de terem boas culturas, entre eles, Apple, Pixar e Innocent. A Method chamava o RH de "programa de pessoal e ambiente", pegando o nome emprestado da Innocent, a companhia britânica de alimentos e bebidas saudáveis. Tinha um caimento perfeito demais com o ideal deles para a Method não usá-lo.

A primeira coisa assimilada dessas conversas era continuar a focar no recrutamento das melhores pessoas possíveis para a Method. Faça isso perfeitamente e praticamente todo o resto funcionará sozinho.

Recrutar é, de fato, a fórmula mágica. Trata-se de como contratar as pessoas em quem você pode confiar na empresa. Isso é articular claramente os seus valores, para que, quando as pessoas entrarem a bordo, elas se conectem aos seus valores desde o início. Traga as pessoas para dentro da conversa desde o primeiro dia e garanta que seja uma via de dois lados, onde você é um ótimo ouvinte.

Parece algo trivial. Mas é algo com o que muitas organizações se atrapalham, especialmente quando elas crescem. Era mais fácil, diz Andrea, quando a Method era menor e conseguia se comunicar simplesmente "gritando um com o outro dentro da mesma sala".

A Method também constrói a sua cultura através do compromisso com a transparência, começando com a publicação dos ingredientes do produto "num estalar de dedos", no site da companhia. Complementarmente a isso, existe bastante informação compartilhada com funcionários sobre a saúde financeira da companhia e o que a equipe de liderança está cogitando. O nível de transparência financeira pode induzir ansiedade, diz Josh Handy, então, "trabalhamos muito com as pessoas sobre como pensar no que estamos passando para elas, de uma forma em que elas não se preocupem demais com a parte financeira que tem muitos altos e baixos".

A transparência nos problemas da empresa se estende à disposição das baias do escritório da Method, com os fundadores e a equipe de líderes seniores sentados misturados com todos os outros funcionários. As paredes ficam repletas de esboços, maquetes, cronogramas de projetos, rascunhos, slogans, e recursos visuais de todos os tipos — mais protótipos rápidos. Nas palavras de Josh, "Deixar as coisas visíveis e explícitas permite que diferentes tipos de conversas ocorram mais rapidamente do que em uma organização formal. Então, há uma transparência colaborativa nos projetos em desenvolvimento".

A transparência na Method leva a uma crítica direta e franca, o que pode chocar os novatos. Os calouros da Method, especialmente aqueles que vêm migrados de organizações mais sérias, "não estão habituados a esse tipo de franqueza com essa velocidade", diz Josh Handy, socando seus punhos um no outro, para enfatizar. "Eu sempre digo aos novatos que o negócio aqui é acelerado e instável. É difícil ser contratado para a Method, e as pessoas ficam entusiasmadas quando começam. Os primeiros dias são incríveis, eles se divertem. Mas, com seis semanas, eles atingem o fundo do poço. Eu os vejo sair do banheiro com os olhos vermelhos de choro, ou os escuto ao telefone com os amigos, sussurrando 'Que diabos eu fiz vindo pra cá?'".

Duas coisas ajudam os recém-contratados a encontrar o seu chão na cultura da Method. A primeira, observa Josh, "Porque o nosso intenso processo de contratação significa que quase sempre existe um encaixe para os novos funcionários, eles geralmente descobrem que tudo depende deles. Eles rastejam de seus buracos e se levantam para acompanhar o ritmo de todos os outros. Nós incentivamos muito os funcionários para que eles pensem por si só e arranjem uma maneira de se ajustar na organização. E, uma vez que fazem esta transição, eles ficam bem.".

A segunda, os líderes da Method decidiram que precisavam usar o máximo de energia na adaptação dos novos funcionários, assim como eles usaram na hora de contratá-los. Eric diz, "Nos concentrávamos tanto em contratar as pessoas certas, mas quando elas começavam, nós apenas as jogávamos na piscina. Com algumas semanas de trabalho, as pessoas que vinham de organizações mais tradicionais estavam passando por um choque de cultura e ficando 'corporativamente saudosas'. Percebemos que tínhamos que dar a eles algum suporte enquanto eles se ajustassem a trabalhar aqui". Durante 2011, a Method começou um programa envolvente para novos contratados, que começa com um presente de boas vindas, entregue em suas casas, e que continuava com um plano personalizado de dois meses. Eric resume a lição que eles e seus colegas aprenderam: "Fazendo uma seleção minuciosa a fim de recrutar pessoas certas não significa que elas irão instantaneamente se aclimatar a uma cultura única. Você tem que trabalhar no processo de adaptação com o mesmo afinco.".

Passo-chave Número 3: Comunicando o Ideal da Method

O terceiro ramo da Árvore do Ideal, o terceiro passo-chave para estimular o seu ideal, é comunicá-lo de maneira honesta e convincente, tanto dentro quanto fora da empresa. A história do seu ideal de marca é a história de quem você aspira ser como empresa, e cada parte da empresa deve expressar isto de maneira unificada e que seja verdadeira a tais aspirações.

Todos da Method falam muito sobre contar histórias, e particularmente interessante para eles é uma história unificada sobre o ideal de uma revolução feliz e saudável do lar e sua ligação com a inovação da categoria e a experiência de consumidor.

O "Sabichão das Marcas", Matthew Loyd, enfatizou como a Method introduziu "uma categoria de pouco interesse que não trazia uma boa narrativa atrelada e injetou uma conversa realmente inspiradora.". Muitas companhias mandam o papo de terem um diálogo com os clientes e consumidores, mas apenas algumas realmente seguem a fundo essa ideia. Para a Method começar e manter uma conversa inspiradora com clientes varejistas e consumidores, teve que falar honestamente, se manter fiel ao seu ideal, e estar aberta para aprender com os comentários e críticas externos. Ela teve que vivenciar o seu ideal de trazer funcionários e não funcionários como membros iguais do "todos contra a sujeira".

Um dos casos mais importantes, de acordo com Loyd, veio do que ele caracterizou como um erro que gerou "um aprendizado incrível". A Method não consegue competir em gastos de publicidade com as gigantes, por isso, ela utiliza a "mídia grátis", em vez da "mídia paga". Em novembro de 2009, postou um vídeo chamado "Bolhas Brilhantes" ("Shiny Suds") no site do YouTube e do peopleagainsdirty.com.

O vídeo faz a paródia de um comercial de televisão feito para um dos produtos de uma grande concorrente. O vídeo da Method traz graciosas bolhas de sabão dizendo coisas animadas para uma mãe de família que limpa alegremente o banheiro da sua casa com um produto fictício chamado Bolhas Brilhantes. As bolhas fofinhas cantam o tema de fazer um "trabalho Borbulhástico". Na manhã seguinte, a mãe anuncia para a família que o café da manhã está quase pronto, antes de entrar no banheiro para tomar um banho.

Só que as bolhas de sabão continuam por lá. As bolhinhas fofinhas do dia anterior tornaram-se agora debochadas e safadinhas, informando serem resíduos químicos tóxicos do desinfetante. Elas observam a mãe com desejo enquanto ela toma seu banho, e dizem coisas como "Use a bucha. Bucha! Bucha! Bucha!" (Uma bucha, para quem não sabe, é um tipo de esponja de banho).

Ao final, aparecia um texto com os dizeres "Você tem o direito de saber quais substâncias químicas o seu desinfetante contém. Apoie a Campanha de Rotulação dos Produtos de Limpeza para o Lar". A última coisa vista na tela era o nome e a logo da Method, e o site peopleagainstdirty.com, todos sobrepostos na cortina do chuveiro com a mãe constrangida atrás.

O vídeo foi um sucesso tremendo, atingindo um milhão de visitantes em uma semana. E muitos dos comentários traziam a expressão que a Method buscava um pouco de choque, mas com curiosidade e diversão.

A Method viu o vídeo como uma extensão de uma de suas primeiras imagens do "todos contra a sujeira", que mostrava um casal atraente limpando sua casa pelados porque não precisavam se proteger dos produtos de limpeza com macacões ou luvas de borracha. Mas, sem perceber, a Method passou dos limites com "Bolhas Brilhantes". Alguns consumidores reagiram negativamente à parte debochada e safadinha do vídeo.

Quando se faz algo provocativo, é de se esperar que algumas pessoas amem a ideia e outras, não. Enquanto Matthew e o resto da liderança da Method monitoravam cuidadosamente a reação na comunidade do "todos contra a sujeira", eles ficaram satisfeitos ao ver que ela era geralmente positiva, como esperavam. O que eles não esperavam era a dimensão da insatisfação e tormento que o vídeo evocaria em uma pequena minoria de pessoas.

Igualmente surpreendente, entretanto, e confirmando o conceito da comunidade do "todos contra a sujeira", foi que aqueles que se sentiram ofendidos não disseminaram sua raiva contra a Method como um monstro corporativo. Em vez disso, eles perguntaram sinceramente, "Por quê? Por que vocês fariam isso? Por que fariam uma escolha dessas?".

Matthew diz, "Eles estavam intensamente envolvidos com a Method. Aquilo era muito forte para mim, pois pareceu bem diferente do que eu tinha vivenciado quando trabalhei em outras empresas, onde o consumidor diria apenas, 'Eu nunca mais comprarei seus produtos'. Em vez disso, as pessoas ligaram e mandaram e-mails com perguntas sinceras. Elas queriam uma resposta do porquê.".

A Method reconheceu ter ultrapassado um limite importante e rapidamente retirou o vídeo. Era muito forte e carregava muitas conotações não intencionais. O objetivo do vídeo era fazer uma sátira dos argumentos do produto de uma empresa adversária. Não havia nada errado nisso. Mas não satirize a concorrência com um vídeo que faça com que algumas pessoas pensem que você está desrespeitando a mãe inocente que você está tentando conquistar para se unir à sua revolução feliz e saudável do lar.

Foi o ideal de marca da Method que permitiu que se tomasse rapidamente a medida empresarial correta e retirasse o vídeo. Como Eric Ryan resumiu o incidente, "Quando decidimos retirar o vídeo, foi uma decisão bem rápida e fácil, pois nossa marca não deveria jamais prejudicar alguém. É por isso que os valores são tão importantes. Eles conduzem você a tomar a decisão certa."

Espero que não pareça que eu estou falando demais, pois sou um verdadeiro fã da conduta da Method durante toda a situação. Ela mostra a sua coragem e criatividade empresarial, e a força de seu ideal. Graças a ele, eles puderam explicar a situação para as pessoas e dizer "estamos no processo de aprendizagem. Tentamos ser provocativos. Faz parte de quem nós somos e do que fazemos. Mas nem sempre acertamos. Obrigado pela paciência e por nos ajudar a consertar os nossos erros.".

Aquela foi a primeira vez, diz Matthew, que ele realmente compreendeu quão forte era o sentimento de pertencimento das pessoas ao "todos contra a sujeira" e quanta afeição elas empregavam à Method. "Isso nos dá força para iniciar uma revolução na categoria, em vez de apenas alcançar números. Isso nos dá a oportunidade de fomentar algo muito maior."

A Method continua sendo ousada e provocante em suas mensagens, mas aprendeu a calibrar isso para manter uma expressão rebelde-comportada condizente com seu ideal. Por exemplo, quando a Method lançou um novo amaciante para roupas de alta concentração, no começo da metade de 2010, uma análise de um possível rótulo comercial levou Michele Hall a exclamar "Isto é bizarramente concentrado!".

A reação imediata de seus colegas, contou Matthew Loyd, foi, "Ei, por que não podemos dizer isso no rótulo? Nosso mantra é fazer o que a concorrência não consegue ou não quer fazer. Nosso ideal não fala com todos. A maioria das marcas quer falar com todo mundo, mas isso pode ser uma ambição perigosa. Perguntamos: como podemos falar unicamente com a nossa comunidade do 'todos contra a sujeira'?".

Por causa da palavra *bizarramente,* a Method recebeu e-mails e ligações de algumas pessoas chateadas, mas soube com mais frequência, de pessoas que adoraram. E muitos novos consumidores se juntaram à comunidade do "todos contra a sujeira" depois de se intrigarem com a expressão *bizarramente* nos rótulos da Method. O pessoal da empresa ainda estava discutindo se era a coisa certa a fazer quando Jay Leno pegou e colocou o plano em ação. Aquilo, disse Matthew, "nos confirmou que estávamos fazendo o tipo de trabalho que deveríamos fazer". A mídia positiva que a Method conseguiu dessa forma incluiu o meio mais importante de todos, o boca a boca, entre a comunidade do "todos contra a sujeira".

A estratégia da Method de se comunicar com os consumidores tem um paralelo na maneira em que dialoga com os clientes varejistas. Assim como a Method não é para todos os consumidores, o vice-presidente de vendas — ou "doutor das vendas" —, George Shumny, enfatiza que também não é para todos os revendedores. A companhia leva o posicionamento dos produtos da Method no patamar de alta qualidade do mercado de massa muito a sério e não quer estar em qualquer lugar. É assim que George conta para um consumidor varejista em prospectiva uma história de ideal de marca que, aliás, abrange tudo o que um revendedor experiente procura: "Eu vou lhe contar uma história de uma marca nova que pode lhe oferecer diferenciação, crescimento de vendas na categoria, e aprimoramento de imagem para você como revendedor. Esta é uma marca que traz sustentabilidade ambiental à prateleira e qualidade para a massa. Isso lhe interessaria?".

Os quatro pilares dessa história fizeram da Method um atrativo para muitos revendedores, mas eles teriam que estar dispostos a se unir à Method, quebrando as regras honradas pelo tempo da categoria de varejo. George explica: "Pedimos aos revendedores que façam muitas coisas diferentes, e alguns revendedores diziam que não funcionaria para eles. Como uma marca de estilo de vida de excelência, a Method mescla categorias. Quando você diz aos revendedores que quer colocar sabonete para as mãos na mesma prateleira dos detergentes, isso afeta o territorialismo nas lojas e mexe com toda uma política de espaço. Quem, no varejo, ganha crédito pela venda?

"É uma venda conceitual desafiadora. Mas quando nos mantemos firmes a ela, é uma trajetória de crescimento. A Target é, ainda hoje, a nossa parceira número um. Sem entrar em nenhum dos seus concorrentes diretos, como Walmart, expandimos enormemente a marca do lado de fora da Target, sem tirar o seu crescimento de vendas.

"Como dizemos para os revendedores, a Method não canibaliza as vendas dentro das suas lojas. Eu dizia, 'A Method vai aumentar o seu lucro na categoria e fará isso de forma que passe a mensagem para os compradores de que você trabalha com produtos de qualidade e sustentáveis. Você não vai perder nada com isso'. E não perdiam. É uma situação onde todos ganhavam."

Shumny acrescenta que problemas surgem somente quando a Method, propositada ou involuntariamente, desvia-se de seu ideal, quando foge às suas próprias regras para seguir as do revendedor ou as tradicionais da categoria. Quando a Method é fiel a si e não fica em função de velocidade e números, ela se sai melhor, de acordo com Shumny.

Ele cita uma experiência com a Costco, que possui consumidores bem similares aos da Target em questões demográficas e psicográficas: mulheres de ensino superior com renda familiar por volta dos US$100 mil. A Method percebeu que devia trabalhar com a Costco. E o sentimento era mútuo.

Mas o formato da Costco é "cada item a seu preço" e a Method penou para que isso se adequasse ao seu modelo "caseiro" de merchandising, exibindo todos os seus produtos em diferentes categorias em um mesmo lugar. Eles decidiram experimentar um produto, o sabonete carro-chefe, em tamanho família. A Method fez uma linda embalagem família da versão icônica da garrafa da Method. A Costco amou.

A Costco teve uma ideia de por quanto deveria vender para atingir as suas taxas de retorno e prazos. Era um preço incrivelmente baixo, mas a Method concordou. Entretanto, quando a Costco colocou o produto nas prateleiras, não atingiu as metas e a velocidade das vendas. A reação deles foi reduzir ainda mais o preço. Mas aquilo também não funcionou.

Ela retirou um dos concorrentes da Method para deixar os seus produtos. Mas precisava que a Method trabalhasse da forma convencional, e eles não podiam fazer isso. Como Shumny observa, "é preciso disciplina e investimento dos dois lados, tanto do vendedor quanto do nosso, para se manter fiel à história da Method e fazer isso ressoar para os consumidores. Se só existe um tipo de produto na loja, ou se os produtos estão em prateleiras em diferentes seções, junto com os produtos concorrentes, a grande ideia começa a diminuir.

"Temos que ser completamente honestos com os revendedores em cada estágio do processo. É uma pena que não demos certo na Costco. Mas é melhor não estar lá do que estar e desapontar a eles, nossos outros sócios e, principalmente, o consumidor. Acredito que um dia entraremos para ficar na Costco. Mas precisamos descobrir como contar nossa história por lá.".

Quando os revendedores escutam a apresentação da Method, observa George, eles dizem uniformemente, "Nossa, é uma história ótima. Como você vai passar essa história para o meu comprador? Que tipo de propaganda você faz?". Eles também ficam uniformemente espantados quando a Method lhes responde que não faz quase nenhum tipo de propaganda convencional. Shumny conta aos revendedores que a Method possui quatro pilares para o consumidor na loja — o design e a beleza da embalagem; fragrância de qualidade (sem limão, lima, laranja, pinho, ou essências industriais); eficácia; e sustentabilidade — e isso é amplamente transmitido através do marketing dentro das lojas e do boca a boca.

Quem maneja essas quatro alavancas igualmente é a mágica dos consumidores por trás da Method. Quando faz decisões internamente, ela apoia todas as iniciativas que abrangem cada pilar.

A Method se destaca nos corredores das lojas, com todos os seus produtos agrupados em um só lugar, em vez de estarem espalhados em diferentes categorias. A maneira como os produtos aparentam e cheiram é imediatamente percebida. Uma vez que os consumidores compram e usam o produto, e percebem que funciona bem, então se dão conta de outro benefício: que a Method é ecológica. Quando as pessoas confirmam todos os quatro pilares, diz Shumny, "aí conquistamos a sua lealdade e apoio no 'todos contra a sujeira'".

A voz diferenciada da Method vem através de gráficos inovadores e impressos em matérias de revistas e jornais que contam a história do "todos contra a sujeira". Por exemplo, a Method trabalhou com a agência publicitária TBWA para desintoxicar uma casa inteira com seus produtos e depois registrar a experiência e o seu resultado em um panfleto memorável com várias páginas.

Aquela voz também estava nos mostruários, como veremos abaixo, quando a Method precisou educar seus consumidores sobre um produto que eles jamais tinham visto ou exigido: um detergente bem concentrado para lavar roupas, totalmente ecológico.

Passo-chave Número 4: Como a Method Transmite uma Experiência Quase-Ideal

O quarto galho da Árvore do Ideal é a experiência do cliente. Quanto mais essa experiência traz o ideal para a realidade, mais apoio e lealdade uma empresa consegue de seus consumidores.

O Projeto Farol foi o nome para o lançamento da Method de um novo detergente de roupas, 8 vezes mais ultraconcentrado. A Method já havia tido um pouco de sucesso (e desencadeado um comportamento de plágio de outras gigantes de produtos para lavar roupa, como observado mais adiante) com um detergente de roupas oito vezes mais concentrado. Mas, apresentar o seu produto oito vezes mais concentrado, em janeiro de 2010, era uma chance para a Method revolucionar a categoria de uma maneira completa. O Projeto Farol baseava seu trabalho na crença da Method de usar ingredientes de origem natural e ser o mais sustentável possível.

A líder da equipe do projeto, Michele Hall, ex comerciante da Clorox, disse que a equipe queria levar a tarefa de lavar roupa para um outro nível e trazer mudança "expondo os segredinhos sujos de lavar roupa, como o uso excessivo por parte dos consumidores e ingredientes sintéticos e tóxicos, feitos de petróleo". Essas, diz Michele, eram coisas boas para o lucro dos fabricantes, mas não para os consumidores, suas roupas, seus orçamentos, ou suas máquinas de lavar.".

A equipe se reunira em torno da ideia de que eles podiam criar o produto que queriam, algo que o consumidor "nem imaginava que queria ou precisava". Aceitando o risco, disse Michele, "nos libertamos como uma equipe. Acabamos nos focando em três coisas: ótima eficácia e essência para o consumidor; um forte benefício ambiental, por causa da nossa missão central em torno de uma revolução feliz e saudável e eliminar o fator de ter que arrastar um produto pesado e oferecer uma boa ergonomia, o que levou à criação de um bombeador. Então inventamos a ideia de dar ao consumidor a possibilidade de dosar através de cinco jatos, e tornar a tarefa de lavar roupa uma experiência limpa e nada bagunçada."

Foi necessário cada pedaço da companhia e de sua cultura para fazer isso acontecer. Foi, disse Eric Ryan, "uma ótima história de colaboração, partindo de uma ideiazinha minúscula para obter o compromisso de todos. E adoramos o fato de ser o detergente de roupas mais ecológico do mundo e uma experiência radicalmente diferente e mais positiva para o consumidor. Nenhum departamento em específico foi o único responsável para que isso acontecesse. Foi a fórmula, a embalagem, o despejamento, as dores de cabeça operacionais, e o aspecto financeiro de ser forte e flexível o suficiente para essa execução, durante a pior fase da recessão.

Até agora, o novo detergente tem tido um bom desempenho no mercado. "Estamos indo muito bem na Target e em outro lugares onde somos conhecidos", diz Michele. Em locais onde a Method não é conhecida, a companhia tem "muita história para contar" e precisa continuar a aumentar a conscientização dos consumidores sobre a companhia e seus produtos.

Michele resumiu a experiência do Projeto Farol retomando o ideal da Method e "deixando louco": "a missão revolucionária nos liberta para sermos inovadores. Muito da nossa inovação se originou de outras áreas: nossos funcionários de embalagem, design industrial, formulações, e da criação em uma mesma sala, tentando resolver problemas como "qual deveria ser a capacidade da bombona para fornecer a dose ideal para o consumidor?". Foi tão divertido olhar de fora e ver a equipe polinizando e tentando criar uma experiência mais revolucionária."

O compromisso da Method de transmitir uma experiência de consumidor extraordinária se estende a tratar o design como um ativo estratégico. Eu fiquei intrigado ao aprender que a primeira coisa que isso aponta, de acordo com o chefe de design da Method, é a sua cultura, e não o formato da garrafa ou outra embalagem.

"Nossa maior inovação de design", dizia Josh Handy, "é o modo como trabalhamos um com o outro em nossa cultura. Essa é a nossa verdadeira vantagem competitiva".

Josh ainda continua, "trazemos para a mesa um ponto de vista em design moderno e minimalista. Tentamos mantê-lo o mais simples, bonito e escultural possível. No entanto, é fácil desaparecer por um caminho de levar apenas a estética em consideração e deixar o consumidor de lado. Também é fácil apenas se deixar levar operacionalmente e fazer garrafas feias que passam rápido pela linha de produção". Handy diz que o papel dele como diretor de design é pesar a influência das áreas de operações, marketing, a cadeia de fornecimento, o lado dos negócios, e a experiência de revendedores e consumidores, e massageá-los juntos. "Trata-se de ter uma discussão sobre design no nível certo para garantir que estamos transmitindo todos os nossos quatro pilares. É isso que o design significa para nós".

Enquanto Handy insiste que o design não é apenas estética, ele reconhece que a estética é o cavalo de Troia da Method. "Se a garrafa é bonita, iremos seduzir mais pessoas para experimentar um produto ecológico", diz Josh.

A perspectiva de Handy me lembra a Apple. Os produtos da Apple são lindos e funcionam lindamente, mas, como disse Jonathan Ive, vice-presidente sênior de design industrial da Apple, não é sobre a aparência estilosa do produto, como a maioria das concorrentes da Apple parecem crer.

Como eu já havia notado, empresas movidas por ideais tendem a ter uma vantagem em design thinking e realização de protótipos. Acredito que isso ocorra porque os seus ideais de melhorar a vida das pessoas os ajudam a compreender o design no sentido mais amplo, que a Apple e a Method compreendem, como tudo o que contribui para a experiência de comprar e usar um produto ou serviço.

Passo-chave Número 5:
Como a Method Avalia o seu Progresso e os seus Funcionários Através de seu Ideal

Medir o que importa, o quinto galho da Árvore do Ideal e o quinto passo-chave para estimular um ideal, é uma das verdades mais simples, porém complicadas, no centro do sucesso de uma empresa. Entretanto, onde muitos tropeçam é na hora de focar separadamente nas medidas financeiras. Eles ignoram, ou perdem de vista, as medidas vitais do compromisso dos funcionários e consumidores com a empresa, as coisas que decisivamente determinam a sua saúde financeira continuam. Empresas movidas por um ideal crescem mais do que o resto precisamente porque um ideal de melhorar a vida das pessoas funciona como um GPS para calcular progresso em direção a objetivos de longo prazo.

Mensurar é o teste para saber se uma empresa realmente faz o que diz, assim como faz o que faz, em relação a ter um propósito, ou ideal, maior. A Method faz o que diz. Por exemplo, a autêntica história que George Shumny conta para os revendedores inclui o fato de que "a Method jamais será a líder de volume na categoria. Essa não é nem a nossa aspiração". Portanto, "unidades por loja por semana não podem ser a nossa métrica". Em vez disso, a Method mede o sucesso de suas parcerias de varejo alinhado ao seu ideal, em termos de diferenciação dos parceiros revendedores de suas concorrentes, aprimorando sua imagem, aumentando as suas vendas na categoria, e entregando "margens de vendas de varejo 25% a 35% melhores na categoria".

Como diretora financeira, Andrea Freedman mantém um olhar rigoroso nas finanças. Como a "Moça das Finanças Contra a Sujeira", ela vê o seu papel de maneira peculiar: uma contadora de histórias. "Eu conto a nossa história financeira com uma paixão por nosso ideal", diz Andrea. Ela vê a Method como um barco pequeno que navega por altos e baixos na maré turbulenta de sua categoria, e mantém as pessoas motivadas, garantindo a elas que a Method está no caminho para alcançar as suas metas.

Tudo o que a Method faz, diz Freedman, "deveria ser o suficiente para responder quatro perguntas com sim. Tem estilo? Tem substância? Cria defensores? Alcança os nossos obstáculos de margem bruta?"

Essas são as maneiras da Method de perguntar o quanto compreende as pessoas mais importantes para o seu futuro, o que ela representa na visão deles, o que ela quer representar, e o quanto está trazendo tudo isso para a realidade. O estilo e a substância de seus produtos, a probabilidade de que essas coisas transformem consumidores em defensores, e de que esses produtos irão atingir os alvos de margem bruta indo todos diretamente para a viabilidade da revolução feliz e saudável do lar da Method.

Os melhores produtos da Method, diz Andrea, abrangem todos os quatro pilares. "O teste de colocar todos a bordo de um ponto de vista financeiro é fazer com que eles compreendam os principais condutores financeiros do sucesso na empresa. Nós contamos como fazemos dinheiro e como isso se equilibra com os nossos outros objetivos".

Pelos primeiros oito anos de sua existência, a Method cresceu no que Andrea descreveu como "maneiras granulosas e oportunistas". Um novo grande cliente de varejo ou o lançamento de um novo produto "produziam crescimento de dois e três dígitos". Mais recentemente, a Method teve que aprender como continuar a inovar enquanto crescia a sua base de negócios. Um fórum-chave para isso é uma reunião semanal de "conselho de produto", onde as quatro perguntas de Andrea sobre estilo, substância, apoio e margem bruta ganham maior proporção. "É uma negociação", diz Andrea. "você fica numa reunião de conselho de produto, falando 'esse produto é tão sexy, mas está cinco pontos abaixo da nossa margem limite. O que faremos? Será que existe uma solução para melhorar essa margem? Quanto tempo vai demorar?' Se eu fosse rigorosa com margem o tempo inteiro, nós perderíamos grandes oportunidades. Mas enquanto continuamos a criar a base de nossa empresa, isso se torna o nosso amortecedor para continuar a inovar.".

Um passo que promoveu o equilíbrio de inovação e crescimento da base da Method foi a sua decisão de se concentrar em vender mais para esses defensores passionais, do que se concentrar em uma proposta de marketing extremamente cara para novos consumidores. O objetivo é que a totalidade dos produtos de limpeza que cada pessoa compra seja refletida cada vez mais nos mostradores do produto da linha completa "Method home", nas prateleiras dos parceiros varejistas.

Dessa maneira, a Method aumenta a sua parcela de limpeza para o lar e a participação no orçamento do consumidor sem sacrificar margem de lucro. Igualmente importante, também aumenta sua quota de confiança e apoio. Por fim, a melhor maneira de ampliar uma base de consumidor é através do boca a boca, e é aí que a Method investe a sua energia, criatividade e outros recursos.

Além de fazer regular frequentemente as suas quatro perguntas-chave sobre ter estilo, ter substância, criar um apoio, e alcançar os limites de margem brutos, a Method possui uma tabela de uma página, mensal, e outra mais longa, trimestral. Ambas as tabelas incorporam medidas financeiras, quantitativas e qualitativas. A tabela mensal enfoca na construção de conscientização do consumidor, desenvolvendo a nova linha de produto, e obtendo um entendimento prévio das tendências de negócios. A enquete trimestral "tem uma seção sobre funcionários e ambiente com perguntas como 'Você tem recebido a avaliação do seu gerente nos últimos dois meses?' e 'Você compreende como o seu trabalho contribui para a nossa estratégia?'"

Avaliações individuais de funcionários visam o mesmo equilíbrio, copiando o método usado no processo de recrutamento, baseado 50% em habilidades e a outra metade em adequação na cultura. "Quando passamos a avaliação para os funcionários", diz Andrea, "usamos a mesma linguagem de valores que utilizamos na hora de contratá-los e adaptá-los".

A Method é uma das companhias em ascensão que passaram a medir um resultado final triplo de impactos financeiros, ambiental e social. É uma corporação de benefícios, uma das empresas de consórcio que avaliam sucesso dessa maneira. Para a Method, isso não é uma questão de altruísmo separada do negócio principal, mas é mais uma maneira de combinar todas as medidas principais que determinarão a viabilidade em longo prazo da companhia. Como coloca Michele Hall, a Method só será financeiramente bem sucedida na medida que também tiver um impacto social e ambiental positivo, influenciando os consumidores a optarem por produtos ecológicos.

Um dos indicadores mais significantes do sucesso financeiro, social e ambiental da Method é a dimensão com que outras companhias copiam os seus produtos naturais e seguros, além de outras inovações. Eric Ryan disse, "a maneira que eu avalio isso é buscando onde nós impulsionamos a indústria como um todo. Temos uma tremenda lista onde somos os primeiros, e fazemos as pessoas da indústria agirem mais rápido. Meu exemplo favorito é quando o pessoal de produtos para lavar roupas da Unilever nos contou que conseguiram aprovação da diretoria para lançar a linha All Small and Mighty (Totalmente Pequeno e Poderoso) por causa do nosso sucesso com nosso detergente de roupas triplamente concentrado. Será que eles eventualmente teriam feito isso? Com certeza. Mas provavelmente não chegariam lá tão cedo.".

Um número que todos os líderes seniores da Method ficam de olho é o de conscientização dos consumidores. É uma excelente ideia para identificar medidas quantitativas que também podem ser representantes de um progresso qualitativo através do seu ideal, algo que eu terei mais a dizer no capítulo 10. Para a Method, essa medida quantitativa é a conscientização do consumidor. Quando os consumidores se tornam mais conscientes da marca, a Method percebe que uma porcentagem significativa se torna membro apaixonado e apoiador do "todos contra a sujeira". Mas, em termos de conscientização do consumidor, a história da Method ainda se encontra em seu estágio inicial; como diz Andrea Freedman, "é por isso que um dos melhores barômetros para nós é construir e medir a conscientização".

A Method ainda tem um longo caminho a percorrer para alcançar a meta de US$1 bilhão em vendas, que Eric Ryan e Adam Lowry impuseram como seu objetivo financeiro. Mas concentrar a sua empresa em torno de um ideal de melhorar a vida das pessoas já os adiantou um bom pedaço, e bem rápido. De acordo com a paixão pelo ideal da Method que eu vi dentro de toda a companhia, eu aposto que eles vão conseguir bater a meta deles, e ainda mais um pouco.

A Method é um exemplo inspirador em muitos sentidos, mas esses são os passos que eu tomei como lições essenciais para qualquer empresa, em qualquer indústria, organizados em torno dos cinco galhos da Árvore do Ideal:

- **Passo-chave Número 1: Descobrir um Ideal em um dos Cinco Campos de Valores Humanos Fundamentais**

  A Method nos ensina a nunca sermos complacentes com o nosso ideal de marca. Essa companhia tem sido movida por ideais desde que fora fundada, no campo dos ideais de impactar a sociedade, mas continua a explorar como eles podem fazer melhor, baseados em uma compreensão mais aprofundada de seu ideal.

- **Passo-chave Número 2: Construir a sua Cultura em Torno do seu Ideal**

  A Method nos mostra que o que realmente importa são as pessoas por trás da marca. Muitas companhias falam o mesmo; o jeito que a Method traz isso para a realidade é simplesmente fantástico. Eles encorajam todos a "trazer um pouco de si para o trabalho", para que a personalidade individual de cada um possa contribuir com o ideal da marca. O indicador mais forte da maneira que eles se focam nos seus funcionários é o processo de recrutamento movido pelo ideal. A porcentagem de tempo que a equipe sênior se dedica recrutando e adaptando é a melhor que eu já vi. E eles cometem pouquíssimos erros com quem trazem para a cultura. Eles consideram que uma contratação ruim pode ser tóxica.

  A Method sempre procura aprender fora de sua categoria. Quando eu cheguei na Method e entrei no saguão da empresa, tinha uma "aula" em andamento. O professor era Dan Germain, diretor de comunicação da Innocent, que por si só já é uma história fantástica de ideal de marca, missão, e desempenho destacável. Dan estava no meio de uma aula de redação para vários funcionários da Method e aquele era o ápice de uma semana que ele tinha passado na Method aprendendo com eles e dividindo sua experiência para ajudá-los a serem melhores. Você lerá mais sobre a Innocent no capítulo 8.

- **Passo-chave Número 3: Comunicar o seu Ideal para Estimular Funcionários e Clientes**

  A Method sabe como vencer com histórias persuasivas e de reforço mútuo para todos na cadeia de valores, desde parceiros na área de vendas até os consumidores finais. A Method vende a revendedores de varejo, como muitas outras empresas. Eu tive o prazer de conversar com o "doutor das vendas", George Shumny, e ele fez uma encenação comigo, onde eu era o cliente e ele, o vendedor. Sua história abordava tudo o que um consumidor procura — diferenciação, melhoria de imagem, crescimento de margem e colaboração.

  Todos da Method são contadores de histórias tendo a diretora financeira como chefe dos contadores de história. Existem poucos diretores financeiros que se veem como chefes dos contadores de história, mas Andrea Freedman — "Moça das Finanças do Todos Contra a Sujeira" — tende a ver o seu trabalho como manter tudo em perspectiva e garantir que a visão de todos esteja no horizonte. Andrea se vê como a pessoa que continua a contar a história sobre o que a marca significa, o que é sucesso e como eles estão progredindo através disso, em termos de pequeno, médio e longo prazo.

- **Passo-chave Número 4: Transmitir uma Experiência de Cliente Quase-ideal**

  A Method encanta os consumidores e se diferencia apenas fazendo o que a concorrência não consegue ou não quer fazer. A Method se foca essencialmente em diferenciação em uma categoria que anteriormente tinha pouquíssimas marcas altamente diferenciadas. Os líderes da Method se diferenciam em seu ideal, design, fragrância, sustentabilidade e eficácia. E eles equilibram isso muito bem para os seus consumidores finais. Muito parecido com Steve Jobs que, como CEO, não entrava para uma categoria em que ele não pudesse romper, a Method nunca faz algo que a concorrência já tenha feito, ou provavelmente vai fazer.

- **Passo-chave Número 5: Avaliar o seu Progresso e os seus Funcionários Através do seu Ideal**

  A Method é clara e consistente com todos no que importa. A sua clareza nos quatro critérios-chave para qualquer iniciativa — estilo, substância, apoio e margem — mantêm a companhia aumentando as vendas e o lucro e atraindo consumidores ao seu ideal especial.

A Method é um exemplo magnífico de todo o quadro da Árvore do Ideal retratada na realidade em uma empresa. Seus resultados comprovam o poder desse quadro: os market shares da Method, enquanto esse livro ia para produção, estiveram altos o tempo todo e o seu índice de crescimento anual de dois dígitos se estendia em sua segunda década.

Mas eu tenho que dizer que um dos aspectos mais impressionantes da minha pesquisa para este livro foi que qualquer uma das empresas destacadas nos aprofundamentos que se seguirão, também poderia servir para ilustrar todo o sistema de crescimento movido por um ideal. Como veremos, o que caracteriza todas as companhias estudadas é excelência consistente em todos os passos-chave para estimular um ideal. No que se segue, entretanto, eu destacarei um galho da árvore de cada vez, para promover um entendimento mais claro de seu papel na hora de gerar e manter um alto crescimento.

Então vamos prosseguir para o primeiro galho da Árvore do Ideal: descobrir um ideal em um dos cinco campos de valores humanos fundamentais.

PARTE II

Os Cinco Passos-Chave

4

Passo-Chave Número 1

Descobrir um Ideal em um dos Cinco Campos de Valores Humanos Fundamentais

Onde os seus talentos e as necessidades do mundo se cruzam, aí está a sua vocação
— Aristóteles

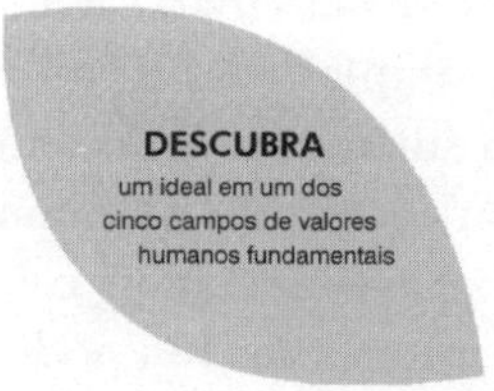

Qualquer empresa no mundo tem um ideal gerador de crescimento em potencial. Você descobre um ideal para uma empresa encontrando uma ligação entre a sua razão principal de existir, as crenças centrais de seus funcionários, o que inclui a liderança sênior, e os valores fundamentais dos clientes.

A maioria das empresas articula uma visão (onde elas querem chegar), uma estratégia (quais escolhas elas estão fazendo) e uma definição de em quais negócios elas se inserem e o que estão tentando alcançar. O problema é que a maioria não articulou — nem ativou — essas coisas em termos de um ideal de melhoria de vida (por que a empresa existe, de fato) que gere crescimento, inspirando funcionários e parceiros importantes de negócios a inovarem e atuarem em alto nível, em todas as áreas da empresa.

A descoberta ou redescoberta do ideal começa no relacionamento que uma empresa e seus clientes desenvolveram ao longo do tempo e como isso reflete as aspirações humanas em um dos cinco campos de valores humanos fundamentais. Construir relacionamentos mais próximos com os clientes e ganhar uma compreensão holística a respeito deles lhe dirá onde procurar pelo seu ideal, onde você poderá identificar melhor o propósito maior que é a razão fundamental de existir da sua empresa e o benefício mais nobre que você pode oferecer ao mundo.

O Que Nós Podemos nos Tornar?

A Pizza Hut, parte da Yum! Brands, Inc. e a maior adversária na categoria de pizza de US$37 bilhões nos Estados Unidos, perdeu contato com o seu ideal, mas depois fez um esforço concentrado para redescobri-lo e voltar a estimulá-lo.

A Pizza Hut foi concebida em 1958, por dois irmãos universitários, Frank e Dan Carney. Eles pegaram US$600 emprestados de sua mãe, compraram equipamentos usados e abriram a primeira Pizza Hut em um tumultuado cruzamento em sua cidade natal Wichita, no Kansas. O ideal deles era puro, simples e edificante: oferecer um lugar onde as pessoas pudessem curtir momentos em família e entre amigos. Décadas antes da Starbucks, eles queriam oferecer um ambiente que aproximasse as pessoas para construir relacionamentos. Eles perceberam que uma pizza saborosa poderia ter um grande papel na construção de relacionamentos, porque a pizza, dentre todas as outras, é a comida mais sociável. E a Pizza Hut cresceu imensamente baseada no ideal de marca da visão dos irmãos Carney.

Avançando para o final da década de 2000, onde a Pizza Hut, agora com 7,2 mil locações pelos Estados Unidos, se via atolada, com seu market share encolhendo, vendas enfraquecendo e tráfego diminuindo, tudo isso agravado pela grande crise. O gerente geral da Pizza Hut, Brian Niccol, resumira isso bem: "Tínhamos nos colocado em uma vala".

Pesquisas com consumidores mostraram que a proposta de valor da Pizza Hut estava bem distante da visão dos clientes. Os consumidores achavam que os preços eram muito altos e que havia melhores opções em outros lugares. Mas esses eram efeitos colaterais, e não a causa principal do problema. Eu comecei a fazer consultoria para a Pizza Hut em 2009, e a grande questão que eu continuava a perguntá-los desde o início era "Por que funcionários corporativos e de franquias querem trabalhar na Pizza Hut? Vocês oferecem algum benefício mais nobre para o mundo? Ele é bem articulado? Vocês têm um plano para ativá-lo?". A resposta era... Silêncio.

Juntamente com o CEO da Yum! Brands, David Novak, e outros líderes seniores, Brian Niccol e sua equipe de liderança começaram a fazer essas perguntas sobre si mesmos e outros dentro da organização da Pizza Hut, e um padrão interessante surgiu. Quando eles perguntavam a funcionários corporativos e aos franqueados e seus funcionários o que os motivava e os fazia se sentir bem quando iam trabalhar, continuavam a ouvir as mesmas coisas: entregar pizza para uma família que está curtindo sua noite semanal de filmes juntos, uma galera vendo um evento de esportes, ou pessoas aproveitando juntas outros tipos de momentos do dia a dia; dar a uma mãe trabalhadora uma noite fora da cozinha; ou interagir com grupos de membros de família e amigos quando eles fossem comer no restaurante.

A Pizza Hut também se voltou ao seu legado. Brian Niccol e seus colegas rapidamente perceberam que seus funcionários, muitos dos quais sabiam muito pouco ou até nada sobre os irmãos Carney, estavam propagando a sua visão de fundação. Essa percepção trouxe um senso animador do potencial da empresa para ganhar novamente aquele foco e, então, renovar seu crescimento.

Depois de reflexões e análises, eles começaram a agir, começando com a liderança assumindo novamente um compromisso com o seu legado e a recolocação enfática da empresa no ideal de marca dos irmãos Carney. Isso mandou uma mensagem importante para todos os funcionários corporativos e das franquias de que os líderes da Pizza Hut compartilhavam a sua crença sobre o que tornava a empresa especial. A equipe de Brian Niccol também se aproveitou dos pensamentos e sentimentos de funcionários, franqueados e clientes para coletar ideias que melhorassem a habilidade da empresa de trazer o ideal para a realidade de maneira revigorante e convincente. Isso, em troca, levou à simplificação do menu e do preço, e na melhoria do visual e do conforto de seus restaurantes.

Como parte disso, a Pizza Hut fez vários vídeos de seus funcionários falando sobre seu trabalho enquanto preparavam, serviam e entregavam pizza de verdade. Revendo esses vídeos, eles viram que a melhor campanha publicitária que eles poderiam criar reuniria funcionários reais falando entusiasmadamente sobre as suas funções ou comentando sobre a satisfação e a alegria que eles tiravam de seu trabalho.

Para voltar a atrair os clientes que haviam se desencantado com a marca, a Pizza Hut fez uma promoção de preços baixos ousada (qualquer pizza, de qualquer sabor, por US$10). Para persuadir esses clientes a continuar retornando aos restaurantes e pedir pizza em domicílio depois que a promoção acabasse, no entanto, a Pizza Hut estava confiando no ideal de possibilitar conexões sociais, que ela tinha redescoberto e voltado a estimular.

Por volta do começo de 2011, dentro de 14 meses após a nossa discussão sobre o seu ideal, a Pizza Hut era uma empresa diferente. Tráfego e vendas estavam na casa dos dois dígitos e o número de demissões de funcionários de franquias ficaram baixos o tempo todo.

Hoje, a Pizza Hut está mais em contato do que nunca com a essência de seu legado, seu ideal de marca, e suas crenças — mantidas por funcionários atuais, como também pelos fundadores, os irmãos Carney — sobre o valor inerente e o objetivo principal desse ideal. É assim que Brian Niccol e sua equipe articulam o ideal de marca da Pizza Hut, em 2012: "Nós acreditamos que o mundo seria um lugar melhor se pudéssemos investir mais tempo nos relacionamentos que são importantes para nós, e nós existimos para permitir e apoiar isso".

Durante toda a minha carreira, eu voltei para o legado de cada empresa com a qual eu me envolvi. O que eu via constantemente era que um grande passo para um líder em um trabalho novo é simplesmente pedir que os funcionários "olhem para a nossa história e quem somos hoje, e vejam o que podemos aprender sobre quem nós podemos nos tornar e o que podemos fazer em seguida".

Como gerente de marca da pasta de amendoim Jif, eu não estava pensando conscientemente sobre as crenças centrais das pessoas que trabalhavam dentro da empresa, os valores fundamentais que compartilhávamos com os clientes, ou em descobrir um ideal que expressasse essas crenças e valores. Mas eu sabia lá no fundo que, se pudéssemos entender melhor o que era importante para as mães com crianças pequenas, isso seria bom para os negócios. Eu sabia intuitivamente que ao realizar coisas que fizessem as mães gostarem da Jif, faria com que os funcionários da Jif ficassem felizes consigo mesmos e os ajudaria a gostar ainda mais de seu trabalho — não somente a equipe de marketing, mas todos, desde a área de finanças até o pessoal da produção. O poder do ideal se estendeu também à equipe da nossa agência publicitária, que ficou inspirada para fazer um extraordinário trabalho criativo.

Uma empresa nunca perde o seu legado, assim como um organismo vivo também não perde o seu DNA original. E, como o DNA, o legado não é estático, nem imutável. Os líderes, funcionários e clientes de uma empresa — juntamente com o ambiente de fora — influenciam e modificam constantemente o seu legado contínuo. A história da sua empresa e a evolução de seu DNA cultural e evolucional, com o tempo, lhe darão pistas essenciais para descobrir e desenvolver o seu ideal. Joey Reiman, CEO da firma de consultoria BrightHouse, que trabalha com companhias para descobrir o seu propósito maior, resume isso ao dizer "Quando fico sabendo de uma empresa que quer retroceder, eu fico muito animado".

As Quatro Perguntas

No capítulo 2, eu descrevi as quatro perguntas críticas que empresários artistas continuam a fazer a si mesmos e a seus funcionários. Não importa qual seja o seu nível de responsabilidade, você pode usar essas quatro perguntas simples para obter percepções estratégicas como aquelas que eu fui bem sortudo de adquirir com a Jif e outras marcas do portfólio da P&G.

- Como compreendemos melhor as pessoas mais importantes para o nosso futuro?
- O que nós e a nossa marca representamos?
- O que nós queremos representar?
- Como estamos trazendo as respostas dessas perguntas para a realidade?

Essas perguntas atingem o centro de como o relacionamento com o cliente está se desenvolvendo com o tempo e, portanto, qual é o seu potencial de crescimento. Elas utilizam o seu legado e DNA organizacional como uma grande ajuda. Elas mostram o quanto já percorreu e o quanto ainda tem que percorrer para alcançar os seus objetivos atuais e futuros. Elas fornecem a melhor maneira possível para fazer uma análise de lacunas, e oferecem ferramentas relevantes para centrar uma empresa em torno de seu ideal.

É preciso coragem, disciplina e honestidade para fazer essas perguntas e agir de acordo com as respostas. Fazer isso lhe permite definir e desenvolver uma diferença convincente da concorrência aos olhos do consumidor — e a reforçá-la.

Grandes empresas e grandes líderes empresariais acolhem essas perguntas. Sabem que é insensato ignorá-las ou tentar respondê-las com meras vontades. Suas respostas devem conectar as crenças centrais dos seus funcionários e os valores fundamentais de seus clientes de maneira verdadeira e significativa.

Aquelas que têm mais problemas para responder essas perguntas costumam ter líderes que se orgulham em administrar organizações “realísticas”, movidas por números. Ironicamente, esses líderes simplesmente não são realísticos o bastante para reconhecer o crescimento altamente lucrativo que cascateiam de cima a baixo quando se serve a um ideal de melhorar a vida das pessoas.

Números apenas não podem ser a sua estrela-guia. É muito fácil jogar com eles, consciente ou inconscientemente. Como o primeiro ministro inglês Benjamin Disraeli e o autor americano Mark Twain, ambos do século XIX, são famosos por dizer: existem as "mentiras, as mentiras sagradas e as estatísticas". Enfoque a sua visão em um ideal, no entanto, poderá segui-lo em direção a um crescimento de alto lucro de cima a baixo.

Uma das empresas mais antigas das 50 de Stengel é a Jack Daniel's Tennessee Whiskey, fundada em 1866. É também um dos exemplos mais fortes de como descobrir e manter um ideal de forma relevante e como fonte inspiradora de crescimento. O ideal por trás da empresa é praticamente o mesmo desde sua origem: a Jack Daniel's existe para celebrar e evocar orgulho em autenticidade, independência e integridade pessoais. Ao fazer isso, incorpora a personalidade independente de seu fundador e evoca o orgulho ávido de seus leais consumidores.

Durante sete gerações de gestões, com a expansão da empresa para 135 países e criada para se tornar a maior marca de uísque do mundo, com casos de US$10 milhões em vendas, se manteve fiel ao seu ideal de fundação, enquanto continuava a achar maneiras criativas de expressar esse ideal. Vamos agora explorar como a Jack Daniel's se saiu quase impecavelmente através de seu ideal, ao longo de sua história.

O Uísque que Todos Pedem pelo Nome

A imagem do Jack Daniel's, o uísque com o característico rótulo preto e branco na também característica garrafa quadrada, está inextricavelmente ligada ao caráter distinto de Jack Daniel, o fundador e primeiro destilador mestre da marca. Um homem fisicamente diminuto, de apenas 1,57m de altura, Jack Daniel dedicou sua personalidade exagerada para o ideal de fazer um uísque que, graças à filtragem de carvão e outros fatores, ele pudesse ter orgulho em vender e outros tivessem orgulho de beber — a um custo alto.

Jack Daniel nunca comprometeu a sua receita com a qualidade de alto custo do uísque. Para os fãs leais da marca, ele é um ícone do espírito independente americano e dos valores de independência universais, sendo ele mesmo e representando algo autêntico.

Desde o começo, Jack Daniel avançou seu negócio através de uma liderança de marca astuta. Ele tinha vários concorrentes ao redor de Lynchburg que destilavam uísque filtrado por carvão vegetal. Ele queria que o seu uísque fosse e representasse algo especial. Então, usava apenas a água pura e sem ferro da nascente de sua propriedade e os melhores grãos, adoçava seu uísque filtrando-o em três metros de carvão vegetal de bordo, trocando o carvão com maior frequência para produzir um uísque melhor e mais consistente. Jack gostava de dizer "a cada dia que o fizermos, o faremos da melhor maneira possível".

Antes de sua morte, em 1911, Jack Daniel passou seu negócio de uísque para o sobrinho Lem Motlow, que há muito já trabalhava com ele. Depois que Lem Motlow morreu, em 1947, seus filhos aumentaram as vendas com a primeira propaganda nacional da marca, e depois venderam a empresa, em 1956, para a companhia familiar Brown-Forman, como a melhor opção para manter o legado e a qualidade enquanto expandisse. Sob a posse da Brown-Forman, e com o envolvimento contínuo de membros da família Motlow, a Jack Daniel's passou por uma série de brilhantes inovações que preservaram e estenderam a riqueza de sua experiência de marca, ao mesmo tempo em que nunca se desviou de seu ideal santificado.

Até a década de 1950, as vendas da Jack Daniel's cresciam praticamente apenas pelo boca a boca, impulsionadas pela atenção ocasional da mídia e por anúncios regionais esporádicos. Em

1951, a Fortune publicou um artigo sobre a Jack Daniel's que fazia uma crônica de seu crescimento e de seu atrativo para figuras tão excepcionais, como o vencedor do prêmio Nobel de 1950, William Faulkner, o primeiro ministro britânico Winston Churchill, e o diretor hollywoodiano John Huston, que obteve sucesso na época com o filme Uma Aventura na África. Um artigo similar, em 1954, na True, uma das revistas mais populares da época, colocou uma ênfase ainda maior ao fato de ser a bebida favorita das celebridades, como Frank Sinatra, Jackie Gleason e Ava Gardner. Sinatra chamou a Jack Daniel's de "néctar dos deuses", e, às vezes, usava um blazer com um adesivo de um "country club da Jack Daniel's" fictício.

"O primeiro anúncio moderno da Jack Daniel's", diz Nelson Eddy, historiador da marca, "feito antes da família Motlow vender o negócio para a Brown-Forman, era um pequeno anúncio em preto e branco simplesmente indicando às pessoas que lessem um artigo da revista". O que é especialmente interessante sobre o começo da publicidade da Jack Daniel's nacionalmente, nos anos 50, é que a demanda naquele tempo era superior ao fornecimento. "Até a metade de 1970, era tudo sob medida. Os representantes de vendas literalmente entravam nos estabelecimentos e falavam quantas garrafas ou engradados eles poderiam comprar".

Em situações como essa, Nelson continuou, "quando outras companhias paravam um pouco de anunciar, a Jack Daniel's anunciava mais. Aqueles anúncios carregavam a mensagem 'nós preferimos pedir a sua paciência do que o seu perdão'. Eles gastavam dinheiro com anúncios para dizer às pessoas que não davam conta. O que eles queriam dizer, na verdade, era que, assim como Jack Daniel e Lem Motlow, eles não iriam comprometer a qualidade do produto para atender a demanda, de forma que os consumidores podiam ter a certeza de que, quando recebessem o produto, seria um legítimo Jack Daniel's".

Essa abordagem seguiu um plano de marketing de página inteira, em 1955, esboçado a pedido de Art Hancock, o primeiro diretor de marketing da marca, e Winton Smith, o primeiro diretor de vendas nacionais, que visionavam um futuro baseado no legado que Jack Daniel e Lem Motlow deixaram. O plano de página inteira, diz Nelson, "retratava a Jack Daniel's como autêntica, feita por pessoas de verdade, em um lugar remoto". Seus anúncios se distinguem não apenas pelo que dizem, mas também pelo que apresentam, evocando uma experiência de marca de qualidade que é única no mercado.

Eddy observa que "se você reparar nos anúncios de uísque daquele tempo, eles são todos de uma página inteira, coloridos, com uma garrafa grande e bonita, e um homem de smoking ou posando perto de um carro de luxo, algo que aludia à ostentação. Bem, pois então, chega essa marca distribuindo anúncios pequenos com fotografias em preto e branco desse pessoal em Lynchburg, no Tennessee, que não usava smoking. Apareciam com as roupas de trabalho que usavam diariamente para fazer o uísque".

Essa abordagem incongruente de vender uma marca de qualidade — o plano de marketing de página inteira incluía evitar descontos no preço — foi de encontro a céticos ao longo do caminho, que não compreendiam os valores universais que ela evocava. "Quando entrou no mercado do Reino Unido, no começo dos anos 80", disse Eddy, "houve uma resistência aos pequenos anúncios em preto e branco, mostrando o pessoal de Lynchburg, no Tennessee. Eles diziam 'isso pode funcionar nos Estados Unidos, mas não aqui'. E adivinhe só? Funcionou!". Hoje, o Reino Unido é o segundo mercado mais forte da Jack Daniel's.

Embora essa decisão possa parecer agora fácil e inteligente em retrospecto, tenho certeza de que foi angustiante. Trabalhei com diversas marcas mundiais na P&G onde essa discussão ocorria em cada novo país em que expandíamos. Existe uma tensão constante entre o ideal de marca e o incentivo de deixar a marca mais local, mais em contato com hábitos, práticas e culturas específicas de cada país. Como outras das melhores empresas do Estudo Stengel, a Jack Daniel's mostra que, se você trabalha um ideal de marca em um nível fundamental de estimular alegria, criar vínculos, inspirar interesse, impactar a sociedade ou (no seu próprio caso) evocar orgulho, o que o torna especial, único e interessante provavelmente irá refletir onde quer que você exponha a sua marca.

Desde aquele plano de marketing de página inteira, tem existido um foco peculiar na hora de contar sobre a cultura e lenda da Jack Daniel's. As histórias usam Lynchburg e seus cidadãos, mas a moral da história não é Lynchburg. São aquelas mensagens universais sobre o orgulho de ser independente, fazer o seu próprio destino no mundo e representar algo autêntico.

Quando a Jack Daniel's funcionava sob medida, na metade dos anos 50, a destilaria de Jack Daniel começou a receber cartas de pessoas perguntando quando e como elas poderiam comprar o uísque da Jack Daniel's em suas cidades. O pessoal de vendas e marketing da Jack Daniel's escrevia de volta de forma simpática o quanto eles sentiam por desapontá-los e o quanto eles valorizavam o seu amor pelo uísque. Eles desejavam poder fabricar mais, mas não podiam, porque isso afetaria a qualidade.

Em 1956, Winton Smith e Art Hancock formaram a Associação de Escudeiros de Tennessee que continua a funcionar até hoje. Cada membro da associação ganha um título de "duas polegadas quadradas do terreno da destilaria" e recebe regularmente cartas sobre o que acontece em Lynchburg. Nelson me contou "Não falamos sobre a Jack Daniel's. Falamos sobre a cidade".

O papel especial de Lynchburg na experiência de marca da Jack Daniel's levou à abertura oficial da destilaria de Jack Daniel para o público, com a construção de seu primeiro centro turístico, no começo dos anos 60. Hoje, mais de 200 mil pessoas visitam a destilaria a cada ano, sendo mais de 15% vindas de fora dos Estados Unidos.

Enquanto a Jack Daniel's se mantinha disponível apenas com distribuição sob medida, durante os anos 70, a cultura popular continuou a associá-la com a independência suprema. O personagem principal do anti-herói do filme O Indomado, de 1963, de Paul Newman, só bebia Jack Daniel's, e roqueiros dos anos 60 e 70 foram cativados por ele, da mesma forma que Frank Sinatra. Provavelmente nenhuma celebridade foi mais fotografada perto de, ou segurando, uma garrafa de Jack Daniel's do que as estrelas do rock Keith Richards e Slash.

O padrão não mostra nenhum sinal de enfraquecimento. A música mais tocada em 2010, "Tik Tok", da cantora de rap Ke$ha, inclui um verso onde ela diz escovar seus dentes com Jack Daniel's. Nelson Eddy diz "Até hoje, quando os roteiristas de Hollywood querem uma maneira de deixar implícito que um personagem é alguém relevante, eles o colocam segurando um Jack Daniel's".

A Jack Daniel's conseguiu tornar positivo o fato de vender sob medida, mas não queria frustrar uma grande clientela para sempre. O desafio era aumentar o fornecimento de um produto artesanal. A maneira como eles solucionaram o problema, no final dos anos 70, comprova a força do ideal da Jack Daniel's em todo o seu negócio. Em um período de vários meses, a Brown-Forman expandiu a destilaria já existente e construiu instalações maiores no mesmo local, enquanto os empregados da destilaria continuavam a trabalhar a céu-aberto, pisando em passadiços de madeira temporários, construídos ao redor da destilaria.

O resultado tornou o seu antigo modelo de décadas de fornecimento restrito imediatamente obsoleto. "A Jack Daniel's passou", explica Eddy, "de uma marca que não era fabricada o suficiente para um nível onde a demanda estava sendo atendida. A situação mudara do estilo primário do boca a boca, que levava a marca a crescer bem lentamente, até o alcance inédito de uma capacidade de crescimento em níveis sem precedentes".

A Jack Daniel's se transformara, então, em uma marca global, praticamente triplicando as suas vendas, de 1973 a 1986. Para manter esse crescimento, a empresa investiu mais em sua propaganda original centrada em Lynchburg, que continuava a repercutir entre os consumidores. Ela também começou a se empenhar de maneira ativa com a cultura popular, através de patrocínios que incorporassem o seu ideal. O, agora conhecido, campeonato de churrasco da Jack Daniel's já existia desde os anos 80. Em 1995, a Jack Daniel's se tornou patrocinadora consecutiva do Professional Bull Riders, Inc. Esse relacionamento combinava muito bem com a personalidade independente e autêntica da Jack Daniel's, porque agora, a bem sucedida turnê dos Professional Bull Riders tinha se formado apenas três anos antes por 20 peões que se desfiliaram da Associação Profissional de Caubóis de Rodeio. Cada peão colocava US$1 mil, e a aposta original de US$20 mil se tornou maior, prosperando o negócio. Na década de 2000, a Jack Daniel's começou a patrocinar equipes de automobilismo nos Estados Unidos e na Austrália.

Mais recentemente, a empresa aderiu às ferramentas digitais para representar e fortalecer a sua experiência de marca no mundo online. A marca tem mais de 2,2 milhões, e com amigos no Facebook, a maior quantidade de fãs de qualquer tipo no ramo global. Se você tirar uma foto na destilaria da Jack Daniel's, como todos que tiram no tour gratuito da destilaria, você pode fazer o download grátis da foto no site JackDaniels.com. E, se não puder ir até Lynchburg, no Tenessee, você pode fazer um tour virtual online com comentários de um dos três guias turísticos de sua escolha.

A equipe da Jack Daniel's está sempre buscando por inspirações para planos de crescimento no seu ideal. Eles estão entre os melhores que eu já vi em gerar crescimento através de pura inovação comercial — ideias que aumentam as vendas sem mudar o produto (falarei mais sobre inovação comercial no capítulo 9). Em setembro de 2010, eles começaram uma campanha para estabelecer um feriado nacional nos Estados Unidos, em homenagem ao aniversário de Jack. A campanha incluía uma turnê de ônibus, de Lynchburg a Washington, D.C., coletando assinaturas durante o caminho para se apresentar ao Congresso. A campanha adicionou 200 mil amigos no Facebook. E, no dia 4 de julho de 2011, a Jack Daniel's lançou uma iniciativa multimídia gigante para celebrar o espírito independente americano. Meu pôster favorito dessa campanha dizia "cinquenta e seis homens assinaram a Declaração da Independência, mas apenas um a colocou em uma garrafa".

A Jack Daniel's evoluiu com muito menos proliferação de produtos do que a maioria das marcas. O Old No. 7 continua a ser, de longe, a maior parte de seu negócio global. Guiada por seu ideal, a gestão da Jack Daniel's introduziu novos produtos ao longo dos anos para manter a relevância de sua marca e de seu ideal. Cada novo produto emana do ideal, e a maioria deriva, na verdade, do uísque especial de Lynchburg.

Nos anos 80, a empresa apresentou o Gentleman Jack, um uísque mais fraco e suave, o primeiro uísque novo da destilaria em cem anos. Em 1997, a Jack Daniel's apresentou com sucesso o Single Barret Select, equivalente ao uísque escocês de puro malte. Ele pode ser comprado por garrafa ou por barril, que corresponde a cerca de 250 garrafas, e é especialmente envasilhado para o consumidor. Compradores de barris inteiros têm seus nomes acrescentados na exibição da Single Barrel Society, na destilaria da Jack Daniel's, e a experiência inclui a opção de escolher pessoalmente um barril com a ajuda do atual mestre de destilaria, o sétimo na história da marca, ou de um dos provadores mestres da Jack Daniel's.

O final da década de 2000 trouxe duas grandes iniciativas: os Country Cocktails da Jack Daniel's, uma variedade de bebidas que levavam malte, e a expansão global dos coquetéis prontos que continham Jack Daniel's com refrigerante de cola, cola diet ou de gengibre. Em 2011, a marca apresentou o Jack Daniel's Tennessee Honey Whiskey.

O Tennessee Honey é uma das iniciativas mais ousadas da Jack Daniel's dentro dos últimos 25 anos, e uma das mais arriscadas também. Mas os líderes atuais da empresa compreendem o imperativo que produziu este livro e que está por baixo do valor de um ideal de marca: permitir que uma empresa continue a crescer em alinhamento com os valores humanos fundamentais que o ideal expressa.

"Quando você tem um ícone como a Jack Daniel's, você tem que expandi-lo", diz Kris Sirchio, diretor de marketing da Brown-Forman — especialmente quando o mercado passar a mudar através de você.

Se quiser ter domínio de market share em qualquer categoria, você precisa ser o dominante desde o início com os clientes. A Jack Daniel's tem sido, há tempos, a favorita dominante dos jovens que começavam a consumir a categoria de uísque, mas o gosto dos bebedores de uísque mais jovens está evoluindo, e a categoria de uísques com sabores está crescendo rápido. "Mas quando você pensa em Jack Daniel's", aponta Kris Sirchio, "é preciso perguntar 'Como Jack lançaria um sabor'?".

Kris e seus colegas, incluindo a gerente de marca Jennifer Powell, começaram com o seu ideal de marca de afirmar a independência e autenticidade de cada pessoa. O posicionamento e o plano de marketing introdutório do produto tinham que ser o "Jack".

A inspiração para o posicionamento veio da Arnold Worldwide, a agência de publicidade da Jack Daniel's. Eles o capturaram na frase "Um pouquinho de mel, um poucão de Jack". O produto com sabor tinha que se destacar e ser autêntico.

"É o uísque do rótulo preto, Old No 7", diz Kris Sirchio, "em sua forma mais pura. Tem sabor, mas puxa vida, é tudo aquilo. Uma das decisões-chave que tivemos que tomar foi manter o produto consistente à marca".

O marketing também tinha que transmitir que esse novo uísque com sabor era verdadeiro ao ideal da história da Jack Daniel's. Tinha que incorporar o estilo de Jack. E, de fato, incorporou: em anúncios glamourosos, mostravam o apicultor da Jack Daniel's, ele, vestido de preto, enquanto todos os outros apicultores usavam branco.

E, apesar da Jack Daniel's representar independência e personalidade própria, também retrata a amizade. Então, as redes sociais estavam "tagueando" o Jack Daniel's Tennessee Honey no Twitter. Com dois meses de divulgação, o Tennessee Honey tinha quase 500 mil amigos no Facebook, a adesão mais rápida de fãs na categoria de bebida alcoólica.

Em todas as novas variedades de produtos, a Jack Daniel's escutou e levou em conta a contribuição de seus consumidores: descobrindo como eles gostam de beber Jack Daniel's, e obtendo um conhecimento mais profundo da posição que a marca ocupa na mente e no coração dos consumidores. As pessoas que trabalham na Jack Daniel's sabem que, se oferecerem algo que não seja verdadeiro à experiência original, os consumidores irão rejeitar. Cada inovação em um produto também deve ser uma expressão da marca inicial.

A Jack Daniel's não conseguiria obter tamanho sucesso sem o comprometimento fervoroso dos seus próprios funcionários com a experiência de marca. As pessoas de Lynchburg, onde geração atrás de geração das mesmas famílias produziam o uísque, são o elemento mais importante no controle da qualidade. As pessoas querem fazer um bom trabalho porque estão preservando um emprego para seus filhos e netos. "Nós temos controle de qualidade científico", diz Nelson Eddy, "mas não existe controle de qualidade melhor do que o orgulho".

Assim como a marca americana se transformou em uma marca global, também a equipe de marketing da Jack Daniel's passou de um pequeno número de pessoas para uma organização de marketing global. Para ter a certeza de que os funcionários ao redor do mundo compreendem a experiência de marca através de uma visão interna, a Jack Daniel's os leva a Lynchburg, no Tennessee, em pequenos grupos, para uma experiência chamada Acampamento Jack. Durante vários dias, os participantes aprendem de perto sobre a lenda e a cultura da Jack Daniel's, e até trabalham por um dia na destilaria.

Em um mundo onde as teleconferências substituem reuniões físicas, orçamentos de viagens são reduzidos e cortes com treinamento são feitos, a gestão da Jack Daniel's continua a investir em levar as pessoas até Lynchburg para passarem pela experiência emocional e física do ideal da Jack Daniel's. Isto se estende até mesmo à gestão sênior da matriz Brown-Forman; Kris Sirchio esteve recentemente no Acampamento Jack para que ele também pudesse compreender a fundo o ideal da Jack Daniel's.

Ele diz "quando fui para o acampamento havia funcionários da Jack Daniel's da Alemanha, Austrália, República Tcheca e dos Estados Unidos. Ouvimos histórias de pessoas que fizeram parte da Jack Daniel's por décadas e décadas, sete funcionários que tinham mais de 200 anos de experiência com a marca".

O objetivo do Acampamento Jack é garantir que todos que o frequentam nunca deixem de compreender a autenticidade absoluta da marca — que, um século após a morte de seu fundador, o uísque que carrega o seu nome ainda é feito da mesma maneira, pelas mesmas pessoas. Em relação a isso, Kris me conta que uma das partes mais especiais do acampamento é a concessão de apelidos aos participantes, em uma cerimônia que ocorre em Barbecue Hill, local onde acontece o campeonato de churrasco anual, Jack Daniel's Invitational. Como símbolo de amizade, os apelidos são, na verdade, uma história abreviada, e entrelaçam os próprios formandos do Acampamento Jack na cultura do ideal da marca. Afinal de contas, o nome completo e correto de Jack Daniel era Jasper Newton Daniel, mas seus amigos o apelidaram de "Jack". Ainda bem — dá para imaginar Keith Richards bebendo um "Jasper Daniel's"?

Redescobrindo um Ideal

Eu tenho uma experiência pessoal que ilustra o poder de aceleração empresarial de um ideal baseado em um dos cinco campos de valores humanos fundamentais.

Foi no ano de 1991, com a marca Crisco da P&G, de gordura vegetal. Eu fui encarregado pela gestão sênior da P&G de mudar a situação de sua fama ruim. Embora não soubesse disso conscientemente, na época, eu precisava encaixar a Crisco precisamente na área de estimular alegria.

A Crisco era uma marca do patrimônio da P&G, fundada em 1911, e sempre fora um enorme centro de lucro. Apesar de a empresa continuar grande e rentável, havia um número de tendências preocupantes em seu desempenho e perspectivas, começando com a desordem na organização da Crisco.

O CEO da P&G daquela época, Ed Artzt, ficara muito chateado com o que tinha acontecido com a marca e estava absolutamente determinado a consertar a situação durante a sua gestão. Embora a Crisco já não fosse nem de perto tão financeiramente importante quanto uma vez fora, Ed sentia que o estrago a uma marca de patrimônio da P&G era vergonhoso e que os problemas na Crisco tinham que ser corrigidos pelo bem da companhia toda.

Minha abordagem na Crisco foi a mesma usada na Jif. Fiz as perguntas básicas que eu sabia instintivamente que seriam a chave para uma solução. Andei por toda a organização e perguntei sobre os consumidores que eram mais importantes para o futuro da empresa e como o seu comportamento estava mudando; o que tinha feito a Crisco tão bem sucedida por tanto tempo e o que estava impedindo o nosso sucesso atual e futuro e como poderíamos resolver essas questões da melhor forma.

A P&G apresentou a Crisco, em 1911, como uma substituta saudável para o cozimento com banha de porco. Seu uso principal ainda é como ingrediente para cozinhar, apesar de atualmente ter se tornado um substituto para a manteiga. Dentre as inovações de marketing da P&G para fazer da Crisco uma palavra ligada à casa, durante décadas, distribuía livros de receita que a caracterizaram como ingrediente para bolos, tortas e outras receitas.

Infelizmente, os consumidores dos anos 90 estavam cada vez menos dispostos a aceitar a Crisco como um alimento saudável. E a P&G estava realizando um trabalho fraco em comunicar aquela parte da história da Crisco; não estávamos mostrando aos consumidores que ela continha, de fato, nutrientes mais apropriados e saudáveis do que a manteiga. Ed Artzt queixava-se que tínhamos estragado tudo e que havíamos transformado uma "marca viva" em uma "marca morta". "Nós nos transformamos", disse ele, "em banha".

Igualmente importante, apesar do número de mães donas de casa que faziam bolos e tortas a partir do zero estar diminuindo, nosso marketing continuou focado naquelas consumidoras e naquelas receitas. As mães trabalhadoras de 1990 queriam preparar pratos saudáveis e gostosos para as suas famílias. Mas elas só tinham tempo para coisas simples e rápidas, como biscoitos, brownies e muffins, nada de bolos elaborados e tortas a partir do zero.

Admitir que a Crisco e seus consumidores estavam se distanciando nos permitiu construir uma ponte e acabar com esse espaço. Reposicionamos a Crisco como uma escolha mais saudável em oposição à manteiga, para preparar gostosuras rápidas de fazer no meio da vida atarefada das mamães trabalhadoras. Fizemos uma embalagem mais conveniente em forma de bastão, ao invés de latas grandes. Colocamos receitas de biscoitos, brownies e muffins nas embalagens. Criamos anúncios que comparavam biscoitos de chocolate feito com Crisco e com manteiga. E a empresa e seus funcionários progrediram a passos largos novamente.

Em retrospectiva, o que eu e minha equipe fizemos foi atualizar o antigo ideal da Crisco de ajudar as mulheres a reunir suas famílias através de seus pratos favoritos. Estávamos trabalhando, eu diria hoje em dia, precisamente no campo dos ideais de estimular alegria, com um toque de criar vínculos.

Existiram outros aspectos para tornar a Crisco uma empresa saudável novamente. Mas todos eles dependiam da redescoberta do ideal original da empresa, graças à melhor compreensão das pessoas que eram mais importantes para o futuro da empresa, o que passamos a representar, na visão delas, e o que poderíamos representar — e, então, trazer essa compreensão profunda para a realidade, junto com os funcionários, clientes varejistas e consumidores.

Enquanto você começa a sua jornada para seguir uma estratégia baseada em um ideal de marca na sua própria empresa, o passo-chave número 1, descobrir um ideal em um dos cinco campos de valores humanos fundamentais é a sua principal prioridade. É aqui que você deve começar. Acabamos de ver três exemplos de empresas — Pizza Hut, Jack Daniel's e Crisco — que descobriram, ou redescobriram, seus ideais, e então aceleraram o ritmo quando ativaram esses ideais.

Aqui vai o meu simples conselho para você aplicar o aprendizado desses três casos:

- **Manifeste o seu Ideal.** Explicitamente: anote-o, juntamente com a lógica por trás dele. Compartilhe-o. Colha informações de pessoas que você respeita, e depois aperfeiçoe o ideal e a lógica por trás dele. O ideal da Jack Daniel's é explícito; é o centro do plano de marketing de página inteira de 1955 que até hoje impulsiona o crescimento da empresa. A Pizza Hut tornou o seu ideal explícito depois de uma desacelerada nos negócios que os fez rever a sua história, enquanto também olhavam além, pensando no tipo de empresa que eles gostariam de ser. Como inspiração, releia as definições de ideal das 50 de Stengel no apêndice. A sua própria definição de ideal deve ser única para o legado de sua empresa e sua cultura organizacional, mas as definições de ideal de marca das empresas que cresceram notoriamente durante a década de 2000 são um excelente lugar pra começar.
- **Garanta que o seu ideal esteja entre um dos cinco campos de valores humanos fundamentais: estimular alegria, criar vínculos, inspirar interesse, evocar orgulho e impactar a sociedade.** Uma descoberta-chave do Estudo Stengel é que o ideal deve estar dominantemente em um desses campos de ideal, com, talvez, uma ênfase secundária em outro campo. O ideal da Pizza Hut — "Acreditamos que o mundo seria um lugar melhor se pudéssemos investir mais nos relacionamentos que são importantes para nós, e existimos para possibilitar e apoiar isso" — é claramente sobre criar vínculos, mas tem uma ênfase secundária em estimular alegria.

- **Transforme alguém da sua organização no seu empresário artista, o responsável pelo ideal pelas ações, sistemas e comportamentos que emanam dele.** Essa pessoa pode ser o CEO, ou alguém de confiança com liberdade e autoridade para tomar decisões que direcionem a organização de acordo. Sem um empresário artista que conscientize todos de que são responsáveis pelo seu ideal de marca, ele não terá o mesmo impacto que poderia ter. O empresário artista da Pizza Hut é Brian Niccol. Na Jack Daniel's, é o CEO Paul Varga. Na Method, é o seu cofundador Eric Ryan. Ao longo do livro, veremos vários exemplos de empresários artistas trazendo ideais de marca para a realidade em suas empresas.
- **Avalie regularmente a força de seu ideal na sua organização.** Você precisa se assegurar de que o ideal continua forte e relevante, de tempos em tempos. Eu gosto de seguir os seguintes critérios com meus clientes para ter certeza de que o ideal esteja claro para todos os envolvidos:

    - O seu ideal é consistente com o seu legado e DNA cultural?
    - O seu ideal está ativamente impactando vidas?
    - Existe comprometimento de liderança com o seu ideal, e este comprometimento inspira funcionários e clientes?
    - O seu ideal está desovando inovações contínuas, diversas e que melhorem o crescimento na sua organização?

    Eu já testei esses critérios pragmáticos milhares de vezes com clientes em situações reais, e eles funcionam. Se você não pode responder sim a essas questões, talvez deva desenvolver o seu ideal. Trataremos disso no último capítulo, "Continue".

De todas as 50 de Stengel, a que eu acho que exemplifica de maneira mais clara como descobrir e redescobrir um ideal de empresa pode ajudar a gerar um crescimento alto e contínuo, não poderia ter um nome mais apropriado: Discovery Channel, o carro-chefe da Discovery Communications. O fundador da Discovery, John Hendricks, enraizou a empresa profundamente na área de crescimento de inspirar interesse, e ele e seus colegas têm mantido o ideal de sua marca — satisfazer a curiosidade — atual e relevante há quase três décadas. Todos nós podemos aprender bastante com a Discovery e outras marcas de mídia de seu portfólio, e o próximo capítulo descreve o que eu descobri na minha visita minuciosa por lá.

5

O Negócio Eterno da Discovery

Satisfazer a Curiosidade

DESCUBRA
um ideal em um dos cinco campos dos valores humanos fundamentais

Eu fiquei chocado com o fato da Discovery Communications ser a única empresa do meio de comunicação nas 50 melhores do Estudo Stengel. Depois, pensei na quantidade de vezes que minha esposa, Kathleen, eu e nossos filhos já assistimos a Discovery Channel durante os anos. Não importava em que lugar no mundo estivéssemos morando, sabíamos que sempre poderíamos achar algo divertido e que valesse a pena para assistir na Discovery.

Ávido para aprender exatamente como a Discovery estava se diferenciando das emissoras de transmissão aberta e outras de TV a cabo, eu entrei em contato com Joe Abruzzese, presidente de vendas publicitárias da Discovery nos Estados Unidos. Joe e eu fazíamos negócios regularmente quando eu era da P&G e ele trabalhava com a venda de anúncios na CBS. "Jim", ele disse, "satisfazer a curiosidade não é apenas a essência da Discovery Channel, o carro-chefe da emissora, mas tudo que nós fazemos."

A trajetória da Discovery, originada de uma visão empresarial da mente do fundador e presidente de conselho, John Hendricks, para se tornar a maior companhia de mídia não ficcional do planeta, demonstra que descobrir o seu ideal não é algo que você faz uma vez só e pronto. É um processo contínuo que você deve desempenhar corretamente não apenas durante a decolagem e o crescimento inicial, mas em cada fase da evolução da empresa. E que se torna especialmente importante durante inevitáveis períodos de estresse. Isso inclui vezes em que a empresa tropeça, como acontece com todas, e vezes em que a empresa está em ascensão, e você e seus funcionários correm o risco de se tornarem complacentes.

Abruzzese continuou sua explicação sobre as raízes do ideal da Discovery: "Na verdade, ele surgiu há 25 anos, quando John Hendricks percebeu um vazio. A visão de John era que a Discovery poderia ser um lugar na mente das pessoas, um modo de deixá-las melhor física, mental e emocionalmente.

A primeira vez que John Hendricks teve a ideia de fazer um canal de documentários para a televisão foi em 1975, o ano em que a HBO expandiu sua base inicial em Nova York e na Pensilvânia, e adquiriu alcance nacional. John disse "Aquilo me fez pensar, caramba, talvez exista um potencial em ter canais bem simples que abordem grandes categorias. O que eu, particularmente, mais gostava de assistir eram documentários sobre ciência, natureza e história, e eu me perguntava por que aquilo não ficava disponível o tempo todo". Em 1979, a ESPN nasceu, e, em 1980, Ted Turner criou a CNN como um canal de notícias 24 horas por dia. A MTV fez a mesma coisa em 1981, e o Warner Channel, em 1982. "Por volta de 1982, eu estava obcecado com a ideia de que um canal de documentários daria certo, e fiquei abismado ao saber que, sete anos após o lançamento da HBO nacionalmente, ainda não existia nenhum. Se ninguém iria criá-lo, eu o faria".

Na verdade, alguém já havia criado. O Learning Channel, que a Discovery viria a comprar em 1991, havia sido lançado em 1981, como um fruto da emissora Appalachian Community Service Network, fundada em 1972. Mas era uma coisa chata. Ainda não preenchia a oportunidade que Hendricks via para programas não ficcionais com excelentes valores de produção, drama e humor. Seus modelos eram minisséries como Civilização, de Kenneth Clark, América, de Alistair Cooke, A Ascensão do Homem, de Jacob Bronowski, Conexões, de James Burke, A Vida na Terra, de David Attenborough, e Cosmos, de Carl Sagan.

Intuitivamente, Hendricks sabia que não estava sozinho como telespectador. Ele sustentou sua intuição através de uma pesquisa de audiência em programas de documentário na PBS e emissoras de televisão comerciais. Na época, Hendricks trabalhava em período integral angariando fundos para a Universidade de Maryland. Mostrando o seu espírito empresarial crescente, John abandonou a universidade para começar uma empresa de consultoria em tempo integral chamada American Association of University Consultants. Para atrair novas empresas, ele publicou boletins informativos em várias áreas acadêmicas, como na parte de financiamento do Periódico da Disciplina de Química.

Em 1982, Hendricks caiu de cabeça em uma missão de lançar um canal de documentário televisivo que fosse bem mais além dos resultados mirrados do Learning Channel. Ele escolheu o nome Cable Educational Network (Rede Educacional a Cabo), um nome que ele adotou apenas temporariamente, para guardar lugar, e saiu atrás de arrecadar dinheiro.

Era uma venda difícil. Por um motivo: o fraquíssimo desempenho do Learning Channel, que não ficava muito atrás do nível de vídeos escolares instrutivos. Muitos investidores em potencial achavam difícil imaginar a possibilidade de um canal de documentário atrair grandes audiências de maneira consistente.

No voo para Maryland, onde morava, de uma viagem feita em dezembro de 1983, para tentar recrutar uma operadora de sistema a cabo, na Flórida, Hendricks sabia que o nome temporário para o seu empreendimento tinha que mudar. Seus amigos reforçavam que ele tinha que achar algo mais interessante, e mais fiel à sua visão própria. Ele rabiscou alguns nomes possíveis e, ao final do voo, ele os limitou em quatro: Horizon, Vista, Explore e Discovery. No final da semana, ele sabia que a escolha era Discovery. "Como qualquer espécie, adoramos enigmas", John me contou. "A curiosidade impulsiona o nosso avanço.".

Por volta da metade do ano seguinte, Hendricks levantou US$5 milhões, o suficiente para lançar a Discovery humildemente. O pioneiro de TV a cabo, John Malone, e a Advance Publications, editora de vários jornais e das revistas Condé Nast, como a The New Yorker, eram alguns de seus apoiadores. Mas nenhuma das redes de televisão, grupos de emissoras, ou produtoras, como a Time-Life Films, quiseram participar. A Time-Life Films se esquivou mesmo tendo coproduzido e/ou distribuído séries de documentários de sucesso, como A Ascensão do Homem. Sua experiência mais recente com programas do tipo a série sobre artes A Magia da Dança (1979) e O Choque do Novo (1982), foi um grande fracasso. Quanto à mídia relacionada, acho que a Time-Life Books poderia ter encontrado US$5 milhões em seu orçamento. Mas, como eu mencionara antes, seus líderes nunca se preocuparam em como expandir as capacidades de sua organização com info-entretenimento não ficcional, além de vender coleções de livros de vários volumes enviadas por correio.

Hendricks reconta ironicamente como ele falhou em convencer os poderosos do ramo televisivo a investir, reparando que eles também dispensaram oportunidades de se envolver desde o começo com todos os outros canais a cabo principiantes. Uma década depois, com o aumento dos rendimentos da televisão a cabo, as emissoras de transmissão aberta tiveram que pagar caro para ingressar na indústria que esnobaram.

John estava determinado a jamais repetir o mesmo erro. "Eu testemunhei as emissoras de transmissão aberta e estações se tornando cada vez mais fechadas em relação ao seu modelo empresarial e tecnologia da época", ele me contou. "Quando inauguramos, em 1985, eu disse a todos 'Não vamos ficar dizendo que estamos no ramo de TV a cabo'. Eu não queria que nós nos limitássemos".

Um dos eternos benefícios de centrar sua empresa em torno de um ideal é que isso apresenta constantemente novas oportunidades. Melhorar a vida das pessoas e conectá-las com seus valores fundamentais nunca se tornará obsoleto, e sempre haverá novas formas de expressar o seu ideal. Porém, até mesmo o produto, serviço, modelo empresarial, ou plataforma tecnológica mais bem sucedido, pode se tornar uma armadilha sufocante.

Quanto melhor você compreende as pessoas mais importantes para o futuro da sua empresa, mais pode representar algo fundamentalmente importante na visão delas, e mais perto poderá se tornar uma parte indispensável em suas vidas. Quanto menos as compreende, menos representa e estará mais perto de se tornar obsoleto.

Indispensável ou obsoleto? É uma escolha complicada que todas as empresas enfrentam diariamente. A tarefa da Discovery de se tornar indispensável através da eterna busca de achar novas maneiras de satisfazer a curiosidade está refletida na crença de Hendricks de que "estamos todos em uma missão aqui. Se as pessoas estão um pouco mais instruídas sobre si mesmas, sobre os outros e o planeta, isso é bom". Clark Bunting, um dos mais recentes contratados da Discovery, e atual gerente geral do Discovery Channel, destaca como a Discovery tenta sempre refletir o pensamento de Hendricks de que "os telespectadores são mais espertos do que as pessoas pensam. Nós jamais dizemos a eles sobre o que pensar. Dizemos 'Aqui estão algumas coisas para você refletir'".

Na hora de pensar a programação para qualquer um dos 13 canais da Discovery, Hendricks, o CEO, David Zaslav, o diretor de operações, Peter Liguori, e os diferentes diretores gerais dos canais, faziam quatro perguntas. É a versão da Discovery para as quatro perguntas básicas:

- Satisfaz a curiosidade?
- Tem qualidade?
- Cria uma conexão emocional com o telespectador?
- Leva o espectador até a próxima pergunta?

De uma forma ou de outra, toda grande empresa busca pelo mesmo esclarecimento. Como compreendemos melhor as pessoas mais importantes para o nosso futuro? O que nós e a nossa marca representamos? O que queremos representar? Como estamos trazendo as respostas dessas perguntas para a realidade?

A habilidade da Discovery em criar uma conexão emocional com os telespectadores depende da profunda compreensão não somente sobre eles, mas sobre todos aqueles que são importantes para o futuro da empresa: funcionários, parceiros de produção, operadoras de sistema a cabo e anunciantes. A Discovery torna essa compreensão real através de uma programação de qualidade que satisfaz e estimula a curiosidade. E, em retorno, a conexão emocional que a Discovery desenvolve com seus telespectadores aumenta o seu duplo fluxo de rendimento, de operadoras de sistema de TV a cabo e anunciantes.

Por que "Representar Alguma Coisa" Leva ao Crescimento?

O crescimento da Discovery convencera John Hendricks do poder de ser "uma empresa que representa alguma coisa" na visão de todos os que são importantes para o futuro da empresa. Além dos funcionários, para a Discovery, esse grupo inclui anunciantes, operadoras de sistemas de TV a cabo e telespectadores. "Se você consegue se identificar em melhorar a condição humana, esta é um ótima posição para se estar como empresa. Se os seus funcionários ficam entusiasmados com o seu produto, isso se reflete em seu trabalho e na reação do telespectador. Eu digo aos nossos funcionários 'Esse negócio pode ser eterno'. Porque nós somos atraentes para algo presente no centro da natureza humana: a sua curiosidade e paixão por ouvir histórias".

Concentrar-se no ideal de satisfazer a curiosidade e buscar constantemente novas maneiras de apresentá-la, tem gerado um crescimento extraordinário para o Discovery Channel. Em seu lançamento, em junho de 1985, ele foi disponibilizado para 156 mil lares. Até o final daquele ano, atingiu sete milhões. Seu crescimento, desde então, tem sido uma reta contínua. Em 2011, teve 100 milhões de assinantes nos Estados Unidos, e quase 300 milhões a mais no resto do mundo.

Além disso, o ideal e as novas maneiras de expressá-lo expandiram a Discovery Communications para 13 emissoras lucrativas, entre elas, Animal Planet, Investigation Discovery e TLC, como a Discovery renomeara o Learning Channel, em 1998. Juntas, as emissoras da Discovery somavam 1,5 bilhões de assinantes no mundo todo, em 2011. Os dois fluxos de receita da companhia, de taxas de operadoras de sistema a cabo e de anúncios, cresceram consequentemente, e em 2011, totalizavam mais de US$4 bilhões.

E a história não acaba aí. A Discovery também estabeleceu vantajosas extensões online para as suas emissoras de TV a cabo. E, durante as minhas conversas com Hendricks, o CEO, David Zaslav, e seus colegas, eles dividiram a sua alegria por terem encontrado maneiras de fazer a Discovery "criar vida nos iPads e outros aparelhos celulares", nas palavras de Hendricks.

É importante reconhecer como eles chegaram lá, como eu lhes explicarei. Mas você não deve perder de vista o fato de que, às vezes, eles tropeçam no meio do caminho. Errar faz parte da vida, e nenhuma empresa está imune a isso. Mas empresas cujos líderes conseguem apresentar um ideal de melhorar a vida das pessoas — e não perdê-lo de vista sob pressão — têm uma chance muito maior de sobreviver a situações difíceis e de superar a concorrência, de acordo com as mudanças de mercado. Esclarecer o ideal da sua empresa regularmente e encontrar maneiras atualizadas de apresentá-lo interna e externamente irão ajudá-lo a tomar decisões melhores e a ser mais ágil.

Quando erros sérios e consequências imprevisíveis ocorrem — e eles sempre ocorrem — a melhor solução que você pode arranjar é retroceder ao seu ideal. Se você descascar as camadas das suas práticas atuais na empresa, de forma que consiga obter um olhar mais claro do ideal, então ficará apto para apresentá-lo a outros de uma maneira atual. Isso permite uma direção valiosa para correções instantâneas e desvios rápidos. É como conferir a sua bússola, sextante ou GPS, ou dar uma nova reajustada na sua estrela-guia.

Dois exemplos da Discovery demonstram essa necessidade de jamais ser complacente com o ideal da sua empresa, mesmo quando tudo aparentar estar muito bem.

Um deles ocorreu na metade dos anos 90, durante uma das fases de maior crescimento da Discovery, quando eles estavam desenvolvendo os planos para um canal focado em história. Essa iniciativa era pessoalmente importante para Hendricks, como bacharel em História pela faculdade, e trazia um grande potencial. Mas as distrações e desafios de gerenciar um crescimento explosivo fizeram a Discovery perder o compasso. Antes que soubessem, a A&E havia ficado um passo a frente, lançando o History Channel (agora renomeado apenas como History), em primeiro de janeiro de 1995. "Quando o History Channel cortou a nossa dianteira no mercado", diz John, "nós aprendemos que tínhamos que ser mais vigilantes em relação a quais outros canais possam existir que também satisfaçam a curiosidade".

Dez anos depois, o sucesso levou a Discovery a uma importante encruzilhada. Após estabelecer o Animal Planet como um canal a cabo com uma programação variada sobre a natureza, eles trocaram o conjunto de programas no carro-chefe do Discovery Channel para acrescentar programas como American Chopper, que levava os telespectadores para dentro da cultura dos motociclistas e os apresentava a uma oficina de motocicletas customizadas de família, administrada pelo mecânico Paul Teutel Sr. e seus filhos, Paul Jr. e Michael. O American Chopper por si só se adequava aos parâmetros do Discovery Channel, com cada episódio combinando uma história técnica sobre conserto e aprimoramento com a dinâmica intensa da família Teutel. Mas o sucesso do programa incitou programas de reality que começaram a retirar o foco original da Discovery em natureza, ciência, tecnologia e história.

"Editorial e criativamente", diz Bunting, "as pessoas diziam com toda a razão que éramos uma TV tatuagem. A audiência era ótima. E o rendimento com os anúncios, maravilhosos. Conquistamos uma boa quantidade de novos telespectadores, grupos de homens jovens, entre 18 a 34 anos, que não tínhamos antes, e que estavam comprando produtos como jamais havíamos visto no nosso conjunto de propagandas. Estávamos obtendo 3 pontos — naquela época 3 pontos era um número bastante alto — contra o Monday Night Football, desbancando a ESPN. Para qualquer padrão de índices, é uma excelente noite. Para a maioria das métricas de sucesso, para a maior parte dos padrões televisivos, seria o motivo para comemorações e estourar rolhas de champanhe. Mas aquilo era demais, em muitos níveis. Começou a comprometer a marca. Afinal, o que nós representávamos? Eu tinha números, mas aquilo não era a gente.".

A visão de John Hendricks daquela situação era que, em 2004 e 2005, "a essência fundamental do Discovery Channel começou a se esvair. Nós negligenciamos a ciência, a natureza e a história. Pelo fato de termos criado o Animal Planet, algumas pessoas pensaram internamente que o Discovery Channel não precisava fazer programas sobre natureza. Deveríamos ter nos mantido fiéis a essência do Discovery de apresentarmos os melhores documentários sobre ciência, natureza e história.".

Além de suas ressalvas pessoais sobre o conjunto de programação da emissora carro-chefe, Hendricks e Bunting perceberam uma tendência preocupante na, até então, audiência extremamente positiva. Pesquisas qualitativas e quantitativas indicavam que os principais e tradicionais telespectadores do Discovery Channel, em especial pais, mães e seus filhos, estavam assistindo a emissora com menos frequência. Hendricks, Bunting e seus colegas logo concluíram que estavam em perigo de abandonar a sua receita duradoura para o sucesso em troca de retornos em curto prazo.

Hendricks e sua equipe começaram a se mexer para consertar a mudança na marca da Discovery, através do enfoque em grandes especiais sobre missões. O primeiro deles foi Planeta Terra, dividido em 11 partes e coproduzido pela BBC. A narração original era de David Attenborough, o antigo chefe da unidade de História Natural da emissora britânica, e narrador frequente de suas importantes programações. A Discovery já havia usado a narração de Attenborough em três séries anteriores sobre natureza que tinha produzido com a BBC, e também viria a utilizar suas narrações em futuras séries sobre natureza. Mas para o trabalho de restabelecer a essência fundamental da Discovery como empresa, Hendricks e Bunting decidiram contratar Sigourney Weaver para narrar Planeta Terra.

Mudar a narração não era uma decisão trivial. Aquilo assinalou aos funcionários, à comunidade de criação e à indústria televisiva como um todo que a Discovery Communications estava reafirmando a sua identidade como produtora e precursora da melhor programação não ficcional, e não apenas como distribuidora.

Planeta Terra foi lindamente produzido. Junto com outros programas sobre ciência, natureza e história, o Discovery Channel se reposicionou com sucesso ao voltar a satisfazer a curiosidade. Mas isso não significava ficar sem sal, ou simplesmente deixar o canal como ele fora antes de se tornar a TV tatuagem. Reposicionar o Discovery Channel em torno de seu ideal também exigia atualizar este ideal. Planeta Terra fez a sua parte, inovando na tecnologia dos filmes e vídeos e apresentando o mundo natural de uma maneira nunca antes possível.

Continuar séries como Pesca Mortal também criou inovação na área tecnológica, e juntamente com os novos reality shows, como À Prova de Tudo e, mais recentemente, American Loggers, o Discovery Channel, de maneira geral, se tornou muito mais energético e ousado do que antes de ser reconhecido como a TV tatuagem.

A Discovery Communications também realizou uma mudança no TLC, de uma ênfase concentrada em programas de melhorias para o lar, para as multifacetas dos lares e da vida em família, incluindo diferentes tipos de famílias e de situações matrimoniais e familiares. Este enfoque criou programas populares e de longas temporadas sobre famílias com muitos filhos (19 e Mais; Kate + 8), negócios de família (Cake Boss; O Vestido Ideal, com a participação de jovens noivas na escolha de seu vestido de casamento), famílias cujos membros têm nanismo (Gente Pequena; Mundo Grande; O Pequeno Casal), e mães trabalhadoras e jovens casais comprando sua primeira casa (Meu Primeiro Lar).

"A TLC", diz Peter Liguori, "se empenha para satisfazer a eterna curiosidade dos seres humanos em relação a uma questão: 'O amor realmente conquista tudo?' Mais frequente do que não, a resposta na TLC é sim, mas um sim realista, com famílias dando o seu melhor em circunstâncias difíceis".

Com essa estratégia de programação, a TLC se tornou um bom lugar para apresentar a mistura estrondosa da dinâmica da família com a criação de motocicletas customizadas do American Chopper. Mais recentemente, depois de mais ajustes no rol de programas de ambos os canais, American Chopper foi retirado do ar na TLC e recolocado no Discovery Channel, mas agora é um programa como outro qualquer do conjunto da programação, e não o condutor dominante do canal. Em vez de liderar um bloco da programação da TV tatuagem, o American Chopper agora assume o seu papel, ajudando a manter um segmento de audiência importante, telespectadores homens com curiosidade infinita sobre tecnologia, comprometidos com o Discovery Channel. "É uma questão de grau de importância", diz Clark Bunting, "você pode fazer programas como esse, mas não pode apresentá-los de manhã, de tarde e de noite.".

Essencialmente, para todos os aspectos incomuns de algumas das famílias que aparecem no TLC, a emissora consegue apresentá-los de maneira respeitosa e sem julgamentos, que mostra o que elas têm em comum com famílias de todos os cantos do mundo. Peter me disse, "A questão dessas famílias é que elas podem não se parecer com você nem comigo, mas elas funcionam ao seu modo".

Eu mesmo fico intrigado com isso quando vejo um dos programas de assinatura da TLC. Enquanto outros canais de reality, em televisão aberta ou a cabo, muitas vezes acabam se tornando um show de aberrações, a TLC e outras emissoras da Discovery conseguiram criar laços de comunidade entre eles, as pessoas que aparecem nos programas e seus telespectadores. Isso transformou as emissoras da Discovery Channel em bens essenciais para as operadoras de sistema a cabo. E também tornou as emissoras da Discovery ambientes altamente desejáveis para anunciantes populares e de grande porte, entre eles, Apple, GM, HP, Intel, P&G, Mercedes-Benz e Lexus.

Grandes Empresas Sabem Quando Dizer Não

Mesmo antes de decidir se afastar da ideia de TV tatuagem, os líderes da Discovery recusaram uma oportunidade de produzir o que eles achavam que pudesse se tornar, e que, de fato, se tornou, um programa de sucesso. Bunting tinha um jantar de negócios em Las Vegas com Frank e Lorenzo Fertitta, donos do Ultimate Fighting Championship, que o atraíram com um programa que levaria os espectadores a assistir de camarote a vida dos lutadores, enquanto eles treinassem.

"Eles disseram, 'essa é uma grande ideia. Por que vocês não botam em prática?'", relembra Clark. "E eu disse 'eu não posso exibir o UFC. Por mais que seja uma ideia fantástica, e por mais que possa ser um sucesso — e eu tenho certeza de que será — esse não é um programa que eu possa fazer'".

O programa dos irmãos Fertitta, The Ultimate Fighter, logo se tornou um enorme sucesso na Spike TV. Mas nunca teria se adequado ao estilo da Discovery de satisfazer a curiosidade dos espectadores sobre as maravilhas do mundo. Resumindo a decisão da Discovery sobre o programa, Clark Bunting disse, "Grandes marcas dizem não".

Deixe-me explicar em termos mais gerais. Grandes empresas fazem grandes escolhas. E quando elas cometem erros inevitáveis, de tempos em tempos, elas os reconhecem e os corrigem rapidamente.

Líderes empresariais enfrentam questões difíceis de sim ou não, diariamente. A conexão com a apresentação do ideal da sua empresa é que você deve ter em sua cultura organizacional e em todas as suas equipes (mais disso no próximo capítulo) o compromisso de nunca ceder ao limite crítico de sua categoria. Você precisa estar sempre plantando sementes para novos negócios e elas têm que ser as sementes certas. Voltar a se comprometer regularmente com o seu ideal em novas maneiras ajuda você a atingir o limite crítico e a desenvolver novos negócios significantes ali. Quanto melhor você compreende como o seu ideal se relaciona com os valores fundamentais e as aspirações das pessoas, mais noção você tem de para onde direcionar o próximo passo da sua empresa.

Algumas vezes, os líderes devem dizer não para propostas que poderiam recompensá-los financeiramente, porque podem existir muitos riscos colaterais em jogo. A P&G sempre disse não na hora de contratar produtores para marcas próprias, mesmo quando alguns concorrentes diziam sim. Quando eu trabalhava na P&G, essa questão surgia praticamente toda semana. Claro, poderia ajudar na área financeira. Mas era também uma rampa escorregadia. O que fazer quando se tem uma nova tecnologia? Obviamente, se você está produzindo marcas próprias, alguém vai querer, e você não conseguirá comercializá-las de maneira exclusiva, ao contrário de como gostaria. Quanto mais você lucra com a produção separada de marcas próprias, mais terá um grupo importante de clientes que não compartilha as mesmas questões que você pleiteia de uma forma geral. Então, dizíamos não para acordos de marca própria, todas as vezes.

Da mesma forma, a P&G sempre disse não na hora de comprar espaços inteiros nas prateleiras e de pagar pela distribuição. Em mercados emergentes, em particular, existiam algumas tentações diárias para se fazer aquilo.

Uma das decisões mais difíceis que a minha equipe da P&G e eu tivemos que tomar foi em quais ambientes fazer propaganda. Quando olhávamos para os itinerários das emissoras de televisão a cabo, uma grande parcela deles era de programas onde nós não nos encaixaríamos. Sentimos que esses tipos de ambiente não abraçavam os valores mais importantes da P&G. Não achávamos que eles atraíam as audiências que seriam mais lucrativas para criarmos uma afinidade em longo prazo, assim como a Discovery achou que a TV tatuagem não seria um ambiente consistente para eles de forma duradoura.

Não é nenhuma coincidência que, enquanto a Discovery crescia, a publicidade da P&G também crescia por todas as emissoras. Ao longo dos anos — exceto pela fase da TV tatuagem! — as empresas movidas por ideais da Discovery se tornaram ambientes cada vez melhores para a P&G anunciar.

Revelando o ideal da sua empresa, ou tornando-o conhecido de uma nova forma, é uma atividade empresarial permanente que irá acelerar o processo de crescimento. Seu impacto é profundo tanto nos funcionários quanto nos consumidores.

Para os líderes da Discovery Communications, apresentar o ideal abrangente da companhia de satisfazer a curiosidade, e os ideais complementares de cada emissora da Discovery, há muito tempo comprovou o seu valor de servir como um motor de crescimento. Peter Liguori resume os desafios e oportunidades futuros como a continuação do desenvolvimento da "coragem criativa" da Discovery e sua habilidade de produzir "programação vanguardista", uma programação inovadora baseada em "investigar as necessidades emocionais fundamentais dos telespectadores, assim como as racionais". Cada vez que a Discovery assim o faz, isso tem um impacto positivo nos funcionários, bem como nos telespectadores; faz com que "o nosso pessoal fique empolgado com o próximo passo, então ninguém descansa sobre os louros".

Para conduzir esse processo, Liguori formou um "conselho criativo" de executivos seniores das equipes de produção e marketing da Discovery. O objetivo era impulsionar a habilidade das emissoras globais da Discovery de fabricar mais das suas próprias programações e faiscar o seu brilho produtivo umas nas outras.

Dois exemplos recentes de coragem criativa na Discovery são 4 Mulheres e 1 Marido, sobre uma família poligâmica de Utah, e O Alasca de Sarah Palin, ambos programas lançados no TLC. Liguori lembra que ambos levantaram controvérsias antes de irem ao ar, complementando "você, obviamente, quer que as pessoas sejam atraídas de alguma maneira. Mas você não quer que elas sejam atraídas só porque está fazendo algo que as faça olhar. Você tem que ter algum motivo mais significativo de porquê estar apresentando aquele programa. Esses dois programas são tão perfeitos para o TLC pelo fato dos maiores sucessos do canal virem de explorar a parte específica da vida através dos olhos de uma família". Independente do que os espectadores pudessem pensar sobre poligamia, Peter previu que eles se identificariam com um ou mais dos personagens de 4 Mulheres e 1 Marido. Da mesma maneira, O Alasca de Sarah Palin é "uma família vivendo em uma parte extrema da América que ainda não fora muito explorada".

Em termos de coragem criativa, Peter adicionou, “Esses são programas onde nós avançamos um pouco, e aqui as pessoas tiveram que sair de suas zonas de conforto. Eu acho que elas ficaram satisfeitas com os resultados criativos.”.

Além desses programas, que foram oferecidos à TLC por produtores de fora, Peter Liguori destacou um projeto extraordinariamente ambicioso que John Hendricks já iniciou e irá inspecionar pessoalmente. Com início em 2011, e se estendendo por, no mínimo, 60 episódios nos próximos cinco anos, o Discovery Channel levará ao ar Curiosidade: As Perguntas da Vida.

Descrevendo a premissa de séries de uma hora de duração, John Hendricks me disse “Isso retoma a pergunta de Aristóteles ‘O que é justiça?’. Retoma o sentimento de Sócrates de que, se você pudesse responder algumas questões essenciais, teria uma vida melhor. Nós ainda nos fazemos as mesmas perguntas sobre a vida, a consciência, o tempo, e por aí vai, mas temos novas versões delas. Como, o que é inteligência artificial? O que pode ser?”.

Clark Bunting toca praticamente na mesma tecla quando diz “Ainda existem mistérios. Existem coisas que ainda não vimos ou não podemos explicar. Eu sou como Ahab quando se trata da lula gigante. Essa ideia de busca é o que todos nós aqui compartilhamos com os nossos telespectadores”.

Quando falei com o CEO da Discovery, David Zaslav, sobre como o ideal de satisfazer a curiosidade gerava e direcionava o crescimento da companhia, ele me disse, “O grande lance da curiosidade é que ela é universal. Isso permitiu que a Discovery expandisse além dos gêneros centrais que ela aborda. Eu tento relembrar os nossos funcionários de que a Discovery é diferente das outras companhias de mídia. Nós temos uma missão clara e definida, satisfazer a curiosidade, e apenas temos que nos perguntar sobre o que nós e nossos telespectadores temos curiosidade em cada um dos novos gêneros em que nos encaixamos”.

David também apontou a importância de "permitir que os funcionários inovem e tentem a sorte", assim como John Hendricks havia feito originalmente quando começou a Discovery e estava continuando a fazer com Curiosidade: As Perguntas da Vida. Eu aproveitei a oportunidade para perguntar a David sobre as suas duas próprias tentativas à sorte como CEO, até então: parcerias para criar a emissora Oprah Winfrey Network (OWN), com Oprah Winfrey, e um canal infantil, Hub, com a produtora de programação infantil e fabricante de brinquedos Hasbro.

Tanto a OWN quanto o Hub foram lançados em 2011, e nenhum dos dois foi um sucesso imediato. Os críticos metralhavam especialmente o baixo índice de audiência da OWN, mas ele não era realmente uma surpresa, tendo em vista que a própria Oprah ainda estava gravando a última temporada de seu fervoroso talkshow e ainda não estava inteiramente envolvida com a nova emissora. Reconhecendo francamente que a programação da OWN ainda não refletia o seu ideal de marca pessoal de esperança, aspirações, e autodescobrimento, Oprah observou secamente que uma boa parte de sua audiência já existente ainda nem sabia onde encontrar a OWN na lista de canais de seus provedores de TV a cabo.

O inesperado foi que ambos, Hub e OWN, deslancharam com começos sólidos ao atrair novas comunidades de telespectadores. E ambos se adaptaram bem na esfera de satisfazer a curiosidade: sobre o mundo em geral, para as crianças que assistiam Hub, e sobre como as pessoas poderiam viver da melhor maneira possível — uma das frases da Oprah — no OWN.

Espero que agora você compreenda porque eu acho que a Discovery exemplifica tão lindamente o poder de encontrar um ideal viável dentro dos cinco campos dos valores humanos fundamentais. Se enraizando solidamente no campo de inspirar interesse, a

Discovery continua a construir o “negócio eterno” que John Hendricks visionara quando a criou.

Espero que esteja começando a ver as maneiras como você pode apresentar um ideal de marca tão poderoso quanto este na sua própria empresa. Mas, após ter descoberto o ideal de marca, você deve focar a sua empresa em torno dele, e terá que solucionar o problema mais difícil em relação ao crescimento: acertar na sua cultura. Esse é o nosso próximo tema.

6

Passo-Chave Número 2

Construir a sua Cultura em Torno de seu Ideal

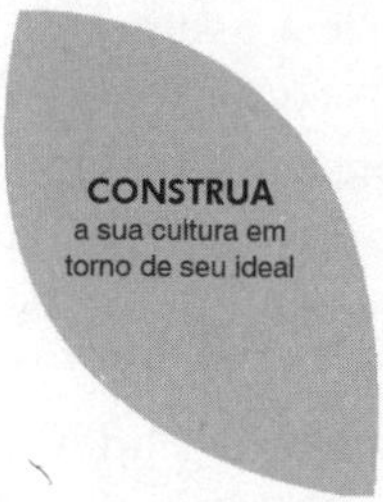

"Uma equipe, um sonho".

Eu adoro a ideia expressa nesta simples frase. Kevin Roberts, CEO mundial da Saatchi & Saatchi, martelava-a o tempo todo no meu ouvido durante o período em que trabalhei com ele como diretor de marketing global da P&G. Vivenciando esse princípio, Kevin e a Saatchi tiveram um impacto extraordinário na P&G, na primeira década de 2000. A Saatchi & Saatchi era a nossa maior agência de publicidade, e eles ajudaram a definir o ideal de algumas das marcas mais importantes da P&G: Pampers, Tide e Olay, para nomear algumas. Depois, criaram propagandas que geravam conscientização, experiências e lealdade.

Kevin reuniu a Saatchi & Saatchi em torno de um ideal maior de "criar ideias ousadas para ajudar as marcas", e quadruplicou o valor de sua agência. Ele também inventou o termo lovemarks, para marcas que estimulavam amor nas pessoas. As lovemarks se tornaram o mantra da agência e a diferenciava de sua concorrência.

A comprovação do Estudo Stengel é que nada constrói um nível maior de confiança, e o grande trabalho em equipe que a acompanha, os propósitos comuns e vínculos emocionais que um ideal de melhoria de vida cria. Em longo prazo, a colaboração inspirada por um ideal sempre tem maior importância do que ordem e controle ou regra, através do medo e da manipulação. O ideal é a energia que realmente mantém uma equipe trabalhando a todo vapor.

Isso funciona com qualquer equipe, e é um princípio orientador crucial para gerentes em qualquer nível. John Smale, CEO da P&G, entre 1981 a 1990, me disse uma vez, "O trabalho de gestão sênior é manter a empresa através de um investimento contínuo nas pessoas". Isso aponta para a importância primordial de se acertar na cultura de uma organização. Mas, mesmo que só tenha poucas pessoas trabalhando para você ou que esteja assumindo o seu primeiro papel de líder como chefe de um pequeno projeto, você tem que consertar a equipe. Você não conseguirá atingir metas significantes na sua empresa sozinho. Por outro lado, nada acelerará mais a sua carreira do que conseguir pessoas que trabalhem juntas e com entusiasmo.

A minha carreira, assim como a da maioria dos grandes líderes empresariais que eu conheço, se desdobrou mais do que nunca em construir níveis altos de confiança e unir pessoas em uma causa comum. Meu amigo Fabrizio Freda saiu da P&G em 2008 para se tornar presidente e diretor de operações da Estée Lauder. Muitos questionaram a escolha. Fabrício fora presidente da Pringles, da P&G, uma empresa bem menor que a Estée Lauder e, obviamente, em uma categoria de negócios bem diferente.

Contratar Fabrício acabou sendo uma escolha inspiradora. A companhia Estée Lauder triplicou o preço de suas ações desde que ele fora nomeado CEO, em julho de 2009. A companhia de US$9 bilhões aumentou as vendas quase três vezes mais do que os índices da prestigiosa categoria mundial de beleza, graças, em parte, a como Fabrizio utilizou as suas habilidades para energizar e inspirar as pessoas a trabalharem em direção a uma estratégia em comum, com objetivos compartilhados e um propósito, ou ideal, comum. Sua organização acelerou o crescimento de todas as marcas, inclusive das maiores, como Clinique, Estée Lauder e MAC, com inovações localmente relevantes, enquanto eles se focavam em melhorar dramaticamente o serviço e a experiência de loja de cada marca.

As introspecções deste livro em várias empresas das 50 de Stengel apresentam o mesmo padrão de trabalho. Apesar de bons líderes terem naturalmente os seus estilos individuais próprios, todos eles praticam comportamentos semelhantes quando se trata da cultura de uma organização ou de uma equipe. Todos têm o dom de incitar o potencial das pessoas. Eles exigem padrões altos de comportamento para trazer o ideal para a realidade, mas eles organizam as capacidades para chegar lá.

Ao longo dos anos, eu ficava tomando nota das práticas de cultura e de trabalho em equipe dos líderes que eu admirava e que já tinha visto trabalhar bem em situações diversas. Enquanto reconto dois trabalhos divisores de águas na minha carreira, eu os entrelaçarei na narrativa. A mais poderosa dentre essas práticas para construir uma cultura centrada em um ideal é ser claro e explícito sobre qual é o seu ideal e o que você representa.

Represente Alguma Coisa

A sua organização não conseguirá se mover na direção certa se as pessoas não compreenderem em quê você acredita. Para obter impacto positivo máximo, as suas crenças precisam ser consistentes com o seu ideal de marca, e o ideal deve tratar de valores humanos fundamentais se quiser gerar crescimento. Meu amigo Roy Spence, cofundador da GSD&M, a agência publicitária que ajudou a expandir a Walmart e a Southwest Airlines, gosta de dizer "It's not what you sell, it's what you stand for" ("Não é o que você vende, é o que você representa"), o que também é o título de seu best-seller.

Um dos maiores benefícios práticos de trazer um ideal para a realidade na sua empresa é como ele ajuda você a ser um líder com um foco estratégico e claro. Se você não se esforçar para alcançar algo melhor e se agarrar a isso de maneira persistente, seus funcionários ficarão distraídos e seus programas se tornarão meramente táticos. A estratégia (o que fazer) deve sempre preceder a tática (como fazer), e um ideal ajuda você a manter a sua organização focada primeiramente na estratégia, evitando que ela empaque nas questões táticas. Confusão tática e estagnação sempre refletem e se originam de problemas no esclarecimento de uma estratégia efetiva.

Tornar seu ideal cristalino abre novas possibilidades estratégicas e novas oportunidades de abrir vantagem competitiva. Este certamente foi o caso da Method, da Jack Daniel's e da Discovery, como já vimos. Sem uma estratégia focada em um ideal na Jif, as nossas táticas errariam o alvo, e eu duvido que tivéssemos visto o crescimento recorde que alcançamos. Da mesma forma, na Crisco, meu trabalho seguinte à Jif, eu conheci uma organização temerosa, agarrada a um posicionamento obsoleto, até que visionamos uma nova maneira de agradar os consumidores e melhorar suas vidas.

Você tem que apresentar o seu ideal para sua equipe interna, assim como para um domínio mais amplo. Para ganhar aceitação e apoio nas mudanças que estávamos fazendo na Jif e na Crisco —, muitas das quais se perderam com os ajustes da P&G, na época —, eu também tinha que mostrar para os meus chefes e colegas internos o que eu representava, — e jamais hesitar. E tinha que mostrar isso também para agências publicitárias parceiras, clientes varejistas e, principalmente, para os consumidores, através da nossa propaganda e do nosso marketing. Quando alcançar cargos de gerenciamento mais altos e as suas responsabilidades se ampliarem, você deve apresentar o seu ideal de uma maneira ainda mais ampla, para unidades e funções da empresa e cada vez mais para parceiros, grupos de clientes e consumidores, e investidores do lado de fora. Todos eles querem saber o que você representa e em que direção está trabalhando, e querem vê-lo expressar isso através de tudo o que você faz. E, em 1993, mais ou menos na metade da minha carreira na P&G, eu certamente tive a oportunidade de colocar na mesa aquilo que eu representava.

Pouca coisa em uma empresa vai bem quando sua cultura é falha. Mas quando ela está correta, alinhada com um ideal de melhorar a vida das pessoas, a empresa flutua, assim como eu descobri durante o meu período como diretor de marketing da subsidiária de cosméticos da P&G, a Noxell.

Minha Vida como um "Espião de Cincinnati"

Em 1989, a P&G trouxe a Noxell de Baltimore, cidade de origem da Noxzema, Cover Girl e uma marca bem nova chamada Clarion. Dois anos depois, a P&G comprou a Max Factor e a incorporou no portfólio da Noxell. Em um custo total de aproximadamente US$2,5 bilhões, essas aquisições foram feitas pelo "valor cheio", como diria o pessoal de fusão e aquisição, e a P&G precisava vê-las crescer.

A Cover Girl era a líder na categoria de mercado de massa de cosméticos de alta qualidade que ela mesma criou com o seu lançamento, em 1960, com uma vantagem substancial em market share em relação a empresa segunda colocada, a Maybelline. Mas as linhas de tendência eram preocupantes. George Lloyd Bunting, filho do fundador e presidente da Noxell, visionou o propósito, ou ideal, da Cover Girl como ajudar meninas adolescentes e mulheres jovens a se sentirem mais confiantes, saudáveis e radiantes através do seu posicionamento "limpo, fresco e natural". Mas a marca se desviou de seu ideal. E a Clarion nunca ganhara tração desde o seu lançamento, em 1986. Minha missão, se eu decidisse aceitá-la, era criar um choque de cultura persistente entre a P&G e a organização de marketing da Cover Girl e da Clarion e fazer algumas mudanças. Nos quatro anos desde a aquisição, em 1989, vários executivos da P&G tentaram resolver este conflito e falharam.

Eu estava, na época, com uma tarefa difícil na Crisco, e minha esposa Kathleen e eu esperávamos que seguindo os padrões usuais da P&G, eu conseguisse outro emprego de gestão de marca em Cincinnati pelos próximos dois ou três anos. Tínhamos acabado de começar a remodelar a nossa casa de estilo vintage de 1920, no bairro de Mount Lookout, em Cincinnati, e nos encontramos em uma situação familiar para muitos proprietários de casas: a fase inicial do trabalho apresentara problemas muito maiores, que nem nós ou os engenheiros havíamos previsto, como por exemplo, nenhuma base no chão da cozinha e o fato do projeto ter triplicado em custos e em complexidade.

Desenrolar aquilo ia ser um aborrecimento, e o trabalho na Noxell era outro que estava se tornando uma série de oportunidades de carreira de alto risco e boa recompensa. Qualquer líder em ascensão quer tarefas assim. São com elas que você tem a oportunidade de crescer. Mas realmente fazem você parar e pensar antes de dizer sim.

Kathleen e eu decidimos aceitar o desafio da Noxell. Então, bem cedo em uma manhã de domingo, eu comecei a viagem de um dia até Baltimore, enquanto Kathleen ficava para trás, em Cincinnati, com nossos dois filhos pequenos para resolver as coisas com o empreiteiro, o pessoal do frete, o corretor que venderia a casa e os milhares de detalhes que vinham com a mudança.

Esse ainda era o tempo da ditadura das máquinas na P&G e, durante a viagem de nove horas, eu enchi 15 minutos de cada lado das minifitas cassetes com anotações para dar um desfecho nas pontas soltas do meu trabalho antigo e organizar as expectativas do novo, com a minha equipe e as agências de publicidade que trabalhariam conosco. Eu gravei várias fitas até estacionar em um hotel, minha casa pelos próximos vários meses, perto das instalações da Noxell em um parque industrial. Estava escuro e eu não conseguia ver os prédios da Noxell, que incluíam dois escritórios e uma fábrica. Mas podia sentir o seu cheiro.

Pairando em todo lugar, havia o irreconhecível cheiro de medicamento da Nexzema. Não era um cheiro ruim, para falar a verdade, mas eles ficaram nas minhas narinas 24 horas por dia, até o dia em que Kathleen e as crianças puderam, enfim, se juntar a mim e nos mudamos para uma casa em uma cidade vizinha da capital de Baltimore.

Devido à cultura de trabalhar cedo da P&G e à minha própria ansiedade para começar as coisas, eu dirigi o curto caminho até a Noxell, chegando por volta das 7h30 da manhã, com as minhas fitas ditatoriais em uma caixinha, no assento do passageiro. Minha nova secretária, que já havia trabalhado para vários dos meus antecessores nos últimos quatro anos, chegou às 8h45. Apresentamo-nos e batemos um papo rápido, mas eu não pude deixar de notar o distanciamento dela. Seria o nervosismo normal de conhecer o novo chefe somado ao fato de ela ter tido tantos chefes em um curto período de tempo, ou seria também um desconforto com outro intruso da P&G? Eu afastei o pensamento por um momento, apontei para a caixa de fitas aberta na minha mesa e perguntei se ela poderia transcrevê-las logo.

"Eu não datilografo", ela disse.

"Ah", eu falei, "teria uma outra pessoa aqui que pudesse transcrevê-las, ou poderíamos usar um estagiário ou pedir que alguém levasse o serviço para ser feito em outro lugar?"

"Acho que consigo alguém", ela respondeu, olhando de maneira duvidosa para as fitas. Depois se animou um pouco e disse "O gerente geral deixou um recado na sexta, de que estaria aqui cedo hoje e que gostaria de vê-lo em seu escritório assim que você se ajeitasse".

O gerente geral era um homem que começara na P&G na área de produção e, depois, fora transferido para o marketing, pois era o melhor caminho para chegar à gestão sênior. Ele tinha uma reputação de ser um cara bem simpático, mas não havíamos conversado nem cinco minutos quando ele me disse com um sorriso, "Eu acho que você é um espião de Cincinnati". Ele continuou a sorrir por um momento, meio que para disfarçar o seu comentário zombeteiro, só um pouquinho de diversão, sem maldade, com o novato. Mas eu senti um grau de suspeita que ainda não havia experimentado até então em minha carreira.

Oh-oh, pensei. A P&G tinha me enviado para fazer algumas mudanças na organização do marketing, claro, mas eu não era nenhum espião, mesmo tendo sonhado durante a infância ser como James Bond. E, para o bem de Pete, a GM e eu deveríamos estar no mesmo time. Mas, pelo visto, ele deveria estar alucinado de desconfiança com o cheiro de Noxzema, porque defendia com unhas e dentes a criação de uma "terceira cultura" que não era nem da P&G, nem da Noxell, mas uma síntese das duas. Quando uma companhia compra outra, é claro que você quer impulsionar os pontos fortes e as melhores práticas existentes. Mas a não ser que você queira administrar a companhia adquirida como um empreendimento à parte, uma das culturas precisa se adaptar ao novo complexo. Caso contrário, você enfrentará conflitos internos.

Quando eu retornei para a minha nova sala, eram 9h30 da manhã. Sem contar com as secretárias e o pessoal das entregas, não havia mais ninguém.

"Onde estão todos?", perguntei.

"Estão na sessão de fotos para a nova campanha da Niki Taylor", disse a minha secretária. A supermodelo Niki Taylor havia se tornado a modelo promocional mais nova da Cover Girl, no ano anterior.

Aquilo me deixou confuso. A P&G tinha uma regra estipulada há anos sobre o pessoal da gestão de marca participar de sessões de foto e de filmagens. Para a P&G, era uma responsabilidade da agência publicitária produzir e entregar uma excelente propaganda. O motivo específico para a regra era que ela garantia um julgamento mais objetivo dos líderes de marca da P&G sobre a qualidade e efetividade da arte final da propaganda.

"Onde é a sessão?", perguntei.

"Em Santorini".

O quê? Minha cabeça estava a mil, pensando em quanto estaria custando para ter 20 funcionários de marketing em uma sessão de fotos, nas ilhas gregas de Santorini. Quando os meus novos colegas retornaram para o escritório, no final daquela semana, eu ralhei com eles a respeito de terem ido para a sessão de fotos.

Aquilo foi um erro.

Todas as suas ações como um líder são símbolos do que você representa e dos seus valores. E você deve procurar maneiras de influenciar pró-ativamente a cultura. Sim, a Cover Girl, e a Noxell como um todo, precisavam se tornar parte da cultura da P&G. Mas eu deveria ter respeitado mais a cultura já existente deles, e ter reconhecido que aquilo era algo que eles precisavam preservar. Interagir de perto com a agência de publicidade deles, fotógrafos e maquiadores durante as sessões era parte de como o pessoal da Cover Girl acompanhava o que estava acontecendo na categoria de beleza.

Aprendi uma dura lição. Com certeza, eu havia feito algo simbólico para a minha nova equipe, mas era a coisa errada a ser feita naquele nosso relacionamento tão recente.

Ao mesmo tempo, no entanto, as pessoas da Cover Girl tinham ficado muito apegadas à sua antiga agência publicitária e focadas demais na competição de imagem com marcas de prestígio. A empresa tinha se desviado do ideal maior — ajudar meninas adolescentes e mulheres jovens a se sentirem mais confiantes — que George Bunting havia estabelecido.

Graças a este ideal, a Cover Girl tinha realmente dominado o campo de ideais de estimular alegria, no que se tratava de mercado de massa de cosméticos, durante a maior parte de sua história. Mas, quando perderam de vista o seu ideal, a equipe da Cover Girl perdera contato com os consumidores. Aquilo era evidente nas novas propagandas, que haviam abandonado a abordagem de demonstração de produto presente nos melhores anos de crescimento da empresa. A equipe da Cover Girl afirmava que as consumidoras estavam entediadas com demonstração de produtos e que a propaganda de beleza já "estava em outra". Mas a verdade era que as consumidoras não estavam entediadas com eles, quem estava era a equipe. E estava também complacente e descansando em seus louros.

Eu tinha que descobrir como fazer essa equipe agir de forma mais exigente consigo mesma, e teria que bancar um pouco do policial malvado para fazer isso. Teria que estabelecer meus padrões no alto, mas de uma maneira que fosse aceita pela cultura da Noxell.

Uma cultura vencedora é uma cultura exigente. Eu aprendi que para construir uma cultura vencedora, é vital escolher algumas áreas críticas para atingir seus objetivos na empresa, como, por exemplo, as iniciativas que você aprova, quem você promove, e com quais concorrentes e companhias você faz benchmarking. Você tem que deixar claro na sua própria cabeça quais são os seus padrões e como eles servem ao ideal da empresa, e então começar a comunicá-los através de suas palavras e ações. Quase sempre você irá se surpreender com quão positivamente a sua organização responde.

Eu tinha que pisar em ovos diariamente, mostrando como os métodos da P&G podiam ajudar a Cover Girl a se inspirar e se guiar pelas consumidoras, mas sem sair atropelando uma organização que era extremamente egocêntrica, supersensível e altamente desconfiada de mim. Era como estar no Vaticano há quatro séculos atrás, como Dan Brown descreve em *O Código Da Vinci.* Eu não sabia quem iria me esfaquear pelas costas, começando pelos meus colegas e chegando até a gerência.

O antigo estilo de vida da liderança da Noxell tinha uma visão 180 graus diferente da de qualquer outra unidade da P&G. Ele incluía apartamentos em Nova York, pagos pela empresa. Periodicamente, os líderes de marca da Noxell pegavam o primeiro trem da manhã de segunda-feira para Nova York, ficavam lá a semana inteira fazendo comparações de tendências de beleza e passavam o resto do tempo com seus amiguinhos da agência de publicidade, e depois pegavam o último trem de sexta-feira à noite de volta a Baltimore.

Você está captando o ar da cultura regada a martínis da série de TV Mad Men? Temo o que está bem perto da realidade por trás dessas semanas em Nova York da Noxell.

Meu chefe direto não era o gerente geral, mas um executivo da Noxell que tinha subido com suas classificações. Ele reconheceu a necessidade de muitas das mudanças que eu estava forçando, mas, pelas minhas costas, ele sussurrava para o pessoal da agência de publicidade e os outros "Não se preocupe com o que Stengel está dizendo e fazendo. Nada de muito importante vai mudar por aqui.".

Foi um trabalho difícil, mas foi ótimo para o meu crescimento como líder. Trabalhou com partes minhas que nunca haviam sido trabalhadas antes. Quando eu fui para a Jif, ela era uma empresa saudável que não percebia o quanto poderia crescer, mas todos foram receptivos em aprender como chegar lá. A Crisco era disfuncional, mas o pessoal da empresa ficara grato por terem novos líderes que queriam fortalecê-los, e eles também abraçaram as novas oportunidades que surgiam do enfoque em melhorar a vida de consumidores e clientes. A equipe da Cover Girl me pisava de salto alto, e muitos deles usavam stilettos — uma palavra italiana que, como Dan Brown menciona bem, originalmente era usada para descrever punhais, e não sapatos!

Então eu tinha que ser durão com o pessoal da Cover Girl em relação aos seus desempenhos pessoais e aos da empresa. Eu também tinha que ser firme com a agência de publicidade, que me via como um forasteiro que ameaçava roubar o dinheiro de suas vacas. Mas eu não queria separar a Cover Girl da sua agência, pois sentia que eles eram capazes de fazer coisas excelentes. Então, além disso, eu teria que levar todos eles em uma jornada comigo.

A tarefa que me designaram era trazer a abordagem da P&G da construção de marcas para o marketing subsidiário da Noxell e melhorar os resultados. Eu queria fazer aquilo com sucesso. Mas também queria fazer algo mais. Apesar de ser apenas um diretor de marketing na época, um nível abaixo do gerente geral, eu queria que o meu legado na Noxell fosse que as marcas com as quais eu trabalhasse se tornassem tão fortes, competitivas, criativas e lucrativas quanto qualquer outra do portfólio da P&G. Queria infundir nas marcas da Noxell um significado mais profundo, um ideal maior. Embora não estivesse usando essa mesma linguagem naquele tempo, era isso que eu estava tentando fazer. Concretizar isso significaria construir uma confiança, criar uma equipe, um sonho.

Eu comecei, mais uma vez, fazendo várias perguntas simples sobre a empresa de cosméticos da Cover Girl — variações das quatro perguntas essenciais sobre as pessoas mais importantes para o futuro de uma empresa, o que a empresa representava e o que queria representar na visão deles, e como seria trazer isso para a realidade. Duas coisas que eu fiz aqui fizeram uma grande diferença. A primeira foi que eu fiz essas perguntas de um modo bem aberto, inclusivo e transparente, insistindo que todos olhássemos para as respostas e as avaliássemos de maneira conjunta, inclusive junto com a agência. A segunda, que eu apelei para o seu orgulho como líderes de mercado.

"Vamos lá", eu disse, "a Cover Girl não deveria apenas ter os anúncios mais bonitos e estilosos. Como a líder de mercado, nossos anúncios deveriam ter também o impacto positivo mais forte nas vendas. Eles deveriam construir a nossa equidade de marca emocional [meu termo para ideal de marca, na época]. Eles deveriam estabelecer um novo padrão para a indústria inteira".

O que eu estava tentando fazer era estabelecer padrões altos e fazer treinamentos informais o tempo todo, usando, de maneira evidente e explícita, encontros do dia a dia como momentos de treinamento.

Cada conversa, cada reunião, cada visita é uma oportunidade para treinamento. Bons líderes treinam através do exemplo, e pessoas inteligentes e observadoras captam essa mensagem. Trabalhei assim durante toda a minha carreira. Isso acrescenta não mais do que alguns minutos a cada encontro ou visita. Além de um efeito cumulativo positivo, um treinamento informal constante também melhora resultados imediatos. Logo depois que uma reunião termina, quando tudo ainda está fresco, repassar o resultado da reunião com a equipe, ou uma pessoa, apresenta meios de aperfeiçoá-la e desencadeia um melhor acompanhamento. Eu aprendi o valor e a importância disso com o meu primeiro gerente de marca na P&G. Ele costumava reunir a nossa equipe após cada reunião com a agência de publicidade e perguntar "O que aprendemos? O que poderíamos fazer melhor? Estamos empolgados com o resultado?". As pessoas adoram a mensagem de que esculpir os seus talentos e inspirações faz com que a empresa seja vitoriosa com consumidores e clientes.

Os treinamentos não são apenas para os outros, mas também para você mesmo. Você deve mostrar ser confiável, em momentos bons e difíceis, todos os dias, pelas capacidades que constrói na sua cultura. Novamente, ser claro sobre o que você representa, descobrir e ativar o seu ideal, e depois fazer uma análise de intervalo através das quatro questões (Como compreendemos melhor as pessoas mais importantes para o nosso futuro? O que nós e a nossa marca representamos? O que queremos representar? Como estamos trazendo as respostas dessas perguntas para a realidade?), lhe mostrará onde você deve reforçar as capacidades para vantagem competitiva. Você deve, então, desenvolver um programa de treinamento formal, medir e melhorá-lo constantemente. A mágica nas grandes companhias — como muitas das 50 de Stengel — é que eles praticam uma mistura de treinamentos formais selecionados cuidadosamente com treinamentos informais diários.

O nó do conflito entre as culturas da P&G e da Cover Girl não estava no treinamento, mas em como a P&G media a propaganda. A P&G tinha um banco de dados massivo de pontuação de análise de propagandas em coisas como recall de consumidor e potencial de teste. A P&G poderia prever com um grau um tanto quanto alto de confiança que, se um anúncio pontuasse bem acima das normas, ele se sairia muito bem no mercado. Se ainda estivesse dentro das normas, íamos adiante com ele, mas imediatamente começaríamos a melhorá-lo. Se ficasse abaixo, nós quase sempre o rabiscávamos ou refazíamos completamente tudo.

O pessoal da Cover Girl realizou as medições da P&G em seus anúncios porque eram obrigados, mas eles ignoravam os resultados solenemente, mesmo com estes estando abaixo do normal quase sempre. Quando eu persuadi os meus novos colegas a tentar uma abordagem de demonstração de produto mais moderna, uma que fosse divinamente bonita e estilosa, a pontuação foi lá no teto — e elevou as vendas para o teto também.

O segredo não era apenas ter os dados concretos. Era também reunir todos com uma compreensão clara de acordo mútuo em relação aos objetivos e uma visão compartilhada de como o sucesso seria. E, então, tínhamos que nos manter responsáveis com os objetivos, celebrando marcos ao longo do nosso progresso.

Meu teste ácido na Cover Girl me deu uma base para acabar com o problema da Clarion. Esta era a menina dos olhos da Noxell, mas era uma criança problema. Não tinha nenhum ideal de marca que direcionasse as operações de sua empresa. Como uma marca de preço alto, comparada à Cover Girl, não era uma boa resposta ao que os consumidores queriam ou tendências que estivessem adotando. Isso refletia o desejo das organização da Noxell de ter uma marca de qualidade para si mesma, algo que esta empresa, nascida e criada em Baltimore, pudesse apontar como a mesma coisa do que quer que estivesse resultando de Nova York, Paris ou Milão.

A Noxell andou investindo toneladas de dinheiro na Clarion desde o seu lançamento. A P&G sempre teve dúvidas a respeito da marca, mas é difícil para qualquer cultura de empresa sacrificar custos irrecuperáveis e evitar desperdiçar ainda mais dinheiro. Durante os quatro anos desde a compra da Noxell, a P&G continuou a gastar com reposicionamentos da Clarion.

Como já tinha feito com a propaganda da Cover Girl, eu montei uma equipe para avaliar a Clarion, e apliquei as quatro perguntas básicas. Precisávamos estabelecer, de uma vez por todas, se a Clarion tinha uma plataforma viável, um ideal de marca que fosse único em sua categoria, que nos desse uma razão convincente para investir nela, e aos consumidores para comprar. A Clarion representava algo verdadeiramente desejável e valioso aos olhos dos clientes? Tinha um ideal ambicioso que motivasse os funcionários e os consumidores? Tinha um ponto forte que a diferenciasse da concorrência, emocional e funcionalmente? Seu modelo empresarial fazia sentido?

Na primeira vez que a equipe se reuniu para conversar, acho que todos pudemos perceber que as respostas dessas perguntas eram negativas. Mas a equipe não estava pronta para admitir isso. Então, eu pedi a todos que concordassem com um prazo. Depois, eu os encorajei a expôr os pontos positivos assim como os negativos. Durante vários meses seguintes, nos reuníamos regularmente e, aos poucos, a equipe encarou os fatos.

Certamente não houve celebrações no dia que decidimos não seguir em frente com a Clarion. Não nos sentíamos como vencedores. Mas éramos. Nos unindo como equipe e concordando em trabalhar com transparência e confiança em um conjunto de objetivos e medidas em comum, colocamos um ponto final em um dos problemas mais difíceis no mundo dos negócios: quando fechar uma empresa cambaleante.

Nos meses seguintes às decisões da propaganda da Cover Girl e da situação da Clarion, o espírito da Noxell se tornou cada vez mais positivo. Os resultados da Cover Girl se ergueram em uma nova trajetória de crescimento, e a Clarion não era mais um peso morto naquele crescimento. O jeito da Noxell estava se tornando o jeito da P&G, mas ainda retinha o seu tino diferenciado. As coisas melhoraram ainda mais quando Beth Kaplan veio de Cincinnati para ser a nova gerente geral da Noxell. Eu tinha trabalhado para Beth na Crisco, e nós formávamos uma boa dupla.

Beth logo me pediu para trocar, como diretor de marketing, a marca carro-chefe da Cover Girl pela pequena Max Factor, uma empresa bem problemática, mas, também, uma marca clássica que a P&G não estava pronta para abandonar. Aquele era um passo difícil de aceitar como parte de um caminho de carreira em ascensão, e mais uma oportunidade de alto risco e bem recompensada. A Max Factor havia sido relançada um pouco antes de eu entrar para a Noxell, mas estava sofrendo uma hemorragia de dinheiro. Se a minha equipe e eu conseguíssemos parar o sangramento e torná-la lucrativa novamente, aquilo seria uma jogada e tanto.

A Max Factor, nomeada pelo seu fundador e maquiador de celebridades, sempre se posicionara como a maquiagem dos maquiadores profissionais. A equipe responsável pelo relançamento tinha se livrado de tudo aquilo. Ignorando a história da Max Factor e todas as suas linhas de produto e embalagens características, a equipe basicamente eliminou tudo e apresentou novos produtos, novas propagandas, novas embalagens e uma nova presença nas lojas. De uma tacada só, eles basicamente disseram a todos os consumidores leais à Max Factor "Vão se catar. Essa é a nova Max Factor."

A equipe achou que eles precisavam fazer algo dramático assim para reenquadrar a imagem antiga da Max Factor. Mas aquilo foi um desastre. Quando eu assumi o problema, a Max Factor estava perdendo mais de US$20 milhões por ano, um golpe enorme para o setor.

Alguns dos responsáveis pelo relançamento fracassado perderam os seus empregos. Mas Beth e eu montamos uma equipe de liderança composta, metade, pelo pessoal existente da Max Factor e, a outra metade, pelos imigrantes de outros lugares da P&G. Com essas mudanças na liderança, nós colocamos imediatamente as pessoas certas nos papéis certos, como a base para uma rápida virada de página na Max Factor. Um dos acréscimos mais importantes foi Mike Burnett, um especialista de cadeia de fornecimento que lidava com o apuramento de contas do massivo inventário de produtos que não estavam corretos e a instalação de uma nova cadeia de fornecimento.

Concordamos, como equipe, em uma aspiração do que queríamos que a Max Factor fosse, quais seriam os nossos princípios, como o sucesso seria, e uma tabela para medir o nosso progresso. Novamente, apesar de não estar usando essa linguagem naquele momento, nós estávamos decidindo qual seria o ideal de marca da empresa, que benefício maior ela traria para o mundo. Fizemos um diagnóstico detalhado na empresa para determinar os seus traços fortes, seus bens, pontos de diferença com a concorrência e, acima de tudo, o seu ideal de marca.

Decidimos que a Max Factor tinha que voltar ao seu ideal de marca original — trazer o romance e glamour de Hollywood para mulheres de todos os lugares — mas com uma diferença: a Max Factor ainda podia ser a maquiagem dos maquiadores de celebridades, mas a referência teria que ser a nova Hollywood, e não a velha. Começamos a transformar maquiadores de filmes atuais em heróis nas nossas propagandas, como Gary Liddiard, que estava trabalhando em Íntimo e Pessoal, Tina Earnshaw, de Titanic, e Michele Burke, de Austin Powers. Contamos histórias sobre as cores e fórmulas que estavam usando. Também trouxemos de volta algumas fórmulas e atualizamos algumas das embalagens características que os consumidores tanto amavam.

Esses passos eram consistentes com a marca. Faziam sentido para os consumidores. Eles colocaram a marca de volta aos trilhos que nunca deveriam ter descarrilhado, e sim manter-se lubrificados. Dentro de um ano, estávamos empatando os custos e voltando a ter uma curva de crescimento.

Um pouco antes de eu deixar a Max Factor e a Noxell, houve uma enorme reunião de vendas da P&G em Phoenix, Arizona. A equipe da Max Factor e eu fizemos um espetáculo, com esquetes cômicas e dramáticas com o tema de James Bond (sim, eu era Bond, James Bond, realizando aquela fantasia de infância, ao menos por alguns minutos no palco) sobre restaurar o legado da Max Factor como uma empresa de um jeito contemporâneo. Foi muito divertido, animou todo mundo da P&G em relação à nova direção e impulsionou um excelente espírito de equipe dentro da Max Factor e da Noxell.

Eu estava trabalhando na Noxell há uns dois anos e estava recarregado para continuar a acelerar o nosso ritmo. Mas a P&G me pediu para dar outro salto no mundo do desconhecido e confrontar uma oportunidade ainda maior de acertar com a cultura de uma empresa.

As Possibilidades de Praga

Doze anos depois de ter entrado para a companhia, a P&G me promoveu para o cargo de gerente geral em suas operações na República Tcheca e na Eslováquia, as novas democracias que haviam substituído a Tchecoslováquia comunista. Era uma chance antecipada de me tornar um gerente geral, um pulo grande da minha posição como diretor de marketing da Noxell para uma situação estrategicamente importante para a P&G.

As subsidiárias tchecas e eslovacas, sediadas em Praga, tinham sido estabelecidas apenas cinco anos antes, sob a direção do presidente de conselho e CEO Ed Artzt, bem antes da queda do muro de Berlim, em 1989. Seu sucessor, John Pepper, que fora presidente de conselho e CEO, de 1995 a 1999, fez das operações de crescimento da P&G em economias emergentes da Ásia e do Leste Europeu pós-comunista uma das suas principais prioridades.

A operação de Praga alcançou um forte crescimento e a P&G fez um investimento monstruoso nela. Mas o fato do presidente do grupo me oferecer esse emprego deu a entender que a organização precisava repensar um pouco enquanto crescia. Seu gerente geral original, que aceitara o trabalho depois que muitos outros o haviam recusado por ser muito difícil, estava indo assumir o papel de desenvolvimento em outra empresa na Ásia Central. Será que eu queria substituí-lo?

Eu estava ansioso para passar para gerência geral, com sua ampla dimensão de responsabilidade. Sentia-me preparado para pegar tudo o que aprendi sobre construir e liderar uma equipe e levar para o próximo estágio: criar e impulsionar um senso maior de propósito em uma organização inteira. Eu queria expandir as nossas marcas nas Repúblicas Tcheca e Eslovaca para realizar ideais maiores, apesar de, mais uma vez, ainda não estar usando o termo ideal de marca. Além disso, estava inspirado pela visão de John Pepper do potencial de crescimento empresarial e de impacto social da P&G no novo Leste Europeu. Eu me animei imaginando o meu próprio objetivo como gerente geral e meu legado naquele papel: fazer a empresa crescer e aprofundar os princípios, as visões e os propósitos da P&G em Praga. Enfim, Kathleen e eu ficamos intrigados pela possibilidade de passar os próximos quatro ou cinco anos em uma das cidades mais bonitas do mundo e no centro de uma das maiores transições econômicas, políticas e culturais de nossos tempos. Pensamos que poderia ser uma grande experiência para a nossa família e uma oportunidade rara para a minha vida empresarial.

Cada trabalho em determinada carreira é uma oportunidade de "vivenciar o seu legado" e fazer uma significante contribuição para a empresa com impacto permanente nas pessoas com quem você trabalha, senão na organização toda, através da maneira com que você trabalha a cada dia. Desde o início da minha carreira, eu quis que cada empresa em que trabalhei se superasse, e que meus colegas e funcionários lembrassem do nosso trabalho juntos como cheios de positividade e crescimento.

Você começa a viver o seu legado sendo claro sobre o que representa. Porém, é muito mais do que isso. Significa se focar explicitamente em como você gostaria de ser lembrado, e agir para que isso aconteça. Sem pensamentos conscientes e energia, isso simplesmente não acontecerá.

John Pepper queria estabelecer os propósitos, valores e princípios de uma P&G cada vez mais globalizada de maneira que nunca perdesse sua cultura especial. Particularmente, ele queria entrar na China e no Leste Europeu pós-comunista de forma que não apenas levasse a um crescimento contínuo para a P&G naqueles mercados, mas que também servisse como um radar de como as empresas deveriam operar nessas economias emergentes.

Um legado e tanto — influenciar as práticas e princípios empresariais em países como Polônia, Hungria, Rússia, e Ucrânia, enquanto eles mudavam rapidamente para economias de livre mercado. John encorajou todos nós a nos envolver, não somente com nossas empresas, mas também com as novas agências regulamentadoras da região, associações de comércio emergentes, e uma variedade de novas forças-tarefa e iniciativas governamentais. John, juntamente com Herbert Schmitz, o chefe da Europa Central e Oriental da P&G, acreditava que essa era simplesmente a coisa certa a fazer. Eles também sabiam que economias transparentes, com leis racionais, seriam um ambiente muito melhor para a P&G competir durante um longo prazo.

"Esse Cara é de Marte?"

Quando entrei no escritório de Praga pela primeira vez, em uma manhã de segunda-feira, em agosto de 1995, eu chamei os chefes dos departamentos de finanças, marketing, relações públicas, produção, atendimento ao consumidor, vendas e recursos humanos para uma reunião. Éramos uma verdadeira ONU. O chefe de finanças era do norte da Inglaterra e tinha um forte sotaque yorkshire. Um dos diretores de marketing era escocês. O novo chefe de RH era francês. O pessoal que trabalhava em relações públicas e assuntos de regulamentação era tcheco nativo.

Eu disse que estava muito feliz em me juntar a eles em um momento de grande oportunidade para a P&G e para toda a região, que era essencial que formássemos uma equipe só, com um sonho, e que nos reuniríamos daquela maneira toda segunda de manhã para garantir que assim faríamos. Eu comentei rapidamente sobre a minha história de carreira, e o meu parecer inicial sobre as nossas oportunidades. Disse que entraríamos em acordo com objetivos e padrões bem claros dentro do espírito da P&G, que operaríamos com um nível alto de confiança, com respeito mútuo e responsabilidade. Trabalharíamos juntos para construir um portfólio de marcas dentro de marcas com ideais maiores. Resumindo, comecei o meu primeiro dia de trabalho vestindo a camisa de "ser claro em relação ao que você representa".

Os chefes de departamento lançavam olhares uns para os outros enquanto eu falava. Mas a impressão que eu tive não era que eles estavam contra mim, como a que eu descobrira e tivera que reverter na Noxell. Pelo contrário, as pessoas sentadas ao redor da mesa de conferências pareciam ansiosas entre si. Pareciam observar pelo canto dos olhos, para ver se alguém tinha alguma ideia dos meus planos e teria entendido o que eu disse.

Uma coisa estava absolutamente clara: eles não estavam me olhando como um espião, mas como se eu viesse de Marte.

Logo caí em mim de que durante os cinco anos da existência da subsidiária, praticamente nunca houve uma equipe de liderança. A maioria das reuniões eram encontros individuais, à portas fechadas com o meu antecessor. Os chefes de departamento nunca tiveram uma oportunidade de questionar essa prática. De qualquer forma, eram todos bem jovens e bastante novos em seus papéis. Aqueles que não eram tchecos ou eslovacos nativos faziam parte da onda de jovens pessoas aventureiras que vieram à Praga porque era o centro cultural do novo Leste Europeu, uma cidade grande de tirar o fôlego de tão linda, com energia criativa, mesmo que a subsidiária da P&G de lá não estivesse sempre cheia daquela energia.

A subsidiária tinha muita energia, mas era muitas vezes a do tipo destrutiva. Alimentada pelos sonhos e ambições reprimidos que a queda do comunismo desencadeou, todos os funcionários locais queriam desesperadamente melhorar as coisas para si e para suas famílias. Mas eles não tinham nenhum conceito de como trabalhar em grupo para alcançar isso. Era cada um por si. O regime comunista sempre mentira para eles sobre solidariedade do povo enquanto os chefões enriqueciam e a organização refletia o estrago feito nas sociedades tchecas e eslovacas por décadas de repressão. A organização também refletia o estilo de gestão do meu antecessor. Ele possuía um estilo bem diferente do meu — trabalhava os problemas individualmente com cada funcionário, e isso resultava em alguns desentendimentos e, algumas vezes, suspeitas e ciúmes.

Nos níveis mais básicos, a organização exibia sua disfunção em um comportamento totalmente anti-P&G, como furtos de suprimentos no escritório e de maquinaria, desde papéis e lápis a aparelhos de micro-ondas do escritório, e mentiras nos relatórios de despesas. Ainda mais preocupante era o quão dispostas as pessoas estavam para puxar o tapete umas das outras, exatamente como vizinhos dedurando uns aos outros para a polícia secreta.

Meus padrões claros, junto com as minhas linhas abertas na área de tomar decisões e uma ênfase consistente em trabalho em equipe e princípios, visões e propósitos compartilhados tiveram um efeito positivo. O que também aconteceu com a apresentação de um plano de participação acionária de funcionários. Mas nosso progresso de nos tornarmos uma equipe, um sonho, estava frustrantemente devagar. Dava para sentir o imenso potencial da organização, mas eu não podia domá-lo. As pessoas ainda estavam duramente competindo entre si, em vez de unirem forças, criando uma noção de propriedade pessoal e investindo tudo de si em seus próprios trabalhos.

Minha filosofia de liderança organizacional transparente e de construir níveis altos de confiança entre os funcionários e com parceiros de fora e clientes de varejo, impactou a organização como algo muito estranho. Alguns dos chefes do meu departamento, em particular, não gostaram do meu conceito de equipe e confiança. Mas não havia time de reserva pronto para substituir aqueles papéis, e eu não podia simplesmente substituir todos eles. Ao mesmo tempo, a resistência deles estava atrasando as coisas dentro e fora da organização. Sobre isso, tivemos oportunidades sensíveis ao tempo para criar parcerias de distribuição e varejo com valor de estratégia duradouro e vantagem competitiva. Eu estava determinado a não deixar essas oportunidades irem para o lixo.

Meu chefe de RH, Pierre Rebour, trabalhava na produção da subsidiária da P&G da França, e ele realmente tinha uma percepção do jeito da P&G. Ele também era um novato na organização de Praga. Um dia, conversando comigo sobre algumas coisas, Pierre sugeriu que eu trouxesse para equipe Agnès Sangan, do escritório de Paris, como uma consultora interna. Eu conhecia Agnès vagamente por sua reputação. Ela tinha um MBA da Escola de Administração de Harvard e tinha desenvolvido uma especialidade nas áreas de compreensão de consumidor e recursos humanos.

Valia a pena tentar. Pierre e eu planejamos uma reunião fora do escritório para a equipe de liderança, e Agnès veio de Paris como facilitadora e líder do workshop. Ela acabou se mostrando ser a clássica francesa intelectual, imperiosa, brilhante e com um humor cortante, mas também como profunda reserva de empatia e doçura. Tínhamos personalidades completamente diferentes, mas nos demos bem logo de cara.

Durante a semana com a minha equipe superproblemática, em um castelo frio e úmido que virara um centro de conferências nas montanhas de fora de Praga, eu me maravilhei com o dom altamente desenvolvido de Agnès de escutar as pessoas, detectar uma dinâmica oculta e de contar uma história de volta para eles. Em uma série de intensas sessões que calharam de acontecer fora do escritório, Agnès conduziu os membros da equipe a reconhecerem e identificarem as barreiras que os impediam de confiarem em mim e uns nos outros, e de participarem de um sentido de propósito em comum. Esses diálogos me deram oportunidades impagáveis de mostrar que eu estava realmente falando sério quando mencionei tornar a nossa operação a melhor companhia da República Tcheca e da Eslováquia, que eu falava sério sobre enfocar nos ideais subutilizados das nossas marcas, construindo os melhores relacionamentos com clientes e consumidores, e uma cultura de trabalho que nossos funcionários gostassem e da qual outros quisessem fazer parte; e mostrar que todas essas coisas estavam relacionadas aos princípios, à visão e aos propósitos que tornavam a P&G especial.

Era uma experiência essencial para a equipe, e tinha um impacto enorme em mim, particularmente. Realizou uma diferença do dia para a noite em nossa habilidade de se comunicar e trabalhar juntos. Também era uma outra grande lição para mim em relação a ser claro sobre o que eu representava. Enquanto eu pensava estar sendo claro desde o primeiro dia em Praga, minha organização não havia internalizado aquilo. Só depois que essas sessões com Agnès melhoraram a nossa comunicação que a organização realmente compreendeu e começou a agir de acordo com uma visão compartilhada para o futuro.

A semana também marcou o início da transformação de Agnès como uma mentora e colega importante para mim durante o resto de minha carreira na P&G. É importante levar em conta que mentores nem sempre são necessariamente pessoas com cargos superiores ao seu em uma organização. Nunca deixe o ego ou a hierarquia atrapalharem o aprendizado com as pessoas que são realmente mestres no trabalho que realizam.

O avanço da equipe de liderança de Praga era verdadeiro. Mas era apenas um pequeno passo, ainda que essencial para uma longa jornada. Eu rapidamente tive que consolidar aquele avanço e expandi-lo por toda a subsidiária da República Tcheca e da Eslováquia.

Uma referência importante para fazer isso era uma inovação na infraestrutura de distribuição. A República Tcheca e a Eslováquia, na época, tinham um quadro de varejo bastante fragmentado, com umas 35 mil pequenas lojas de varejo para uma população total de cerca de 15 milhões de pessoas. A ideia, testada na Polônia e já em progresso quando eu chegara em Praga, era fazer com que empresários locais levassem a nossa marca a todas as lojinhas das cidades e vilarejos da região. Compramos vans da

Merdedes-Benz para eles, nos tornando os maiores clientes corporativos da Mercedes, os guarnecemos com outros recursos e lhes ensinamos boas práticas empresariais. As vans e o dinheiro inicial não eram simplesmente presentes, mas um adiantamento para um futuro retorno.

Tínhamos dores de cabeça regularmente mantendo aquela rede de distribuição eticamente limpa — de vez em quando descobríamos que alguém fazia a limpa nos galpões da P&G durante a noite, ou estava tentando extrair propina em alguma etapa da cadeia de fornecimento. Todas essas ocasiões demonstravam que nossos princípios, visão e propósito eram reais, que fazíamos o que dizíamos da mesma forma que fazíamos o que fazíamos. Estabelecemos nossos padrões bem altos e não nos comprometemos. O retorno do nosso investimento em tempo, dinheiro e padrões éticos altos foi que essa rede de distribuição se tornou uma enorme vantagem competitiva. Em pouco tempo, se estendeu da Polônia, Hungria, e República Tcheca e Eslováquia para a Ucrânia e a Rússia. E teve um impacto positivo enorme em nossos funcionários locais e em seu sentimento de orgulho e propriedade por trabalharem na P&G.

Tínhamos a chance de criar uma parceria igualmente importante na outra ponta do espectro varejista. Ainda não havia um efeito Walmart na região, mas grandes varejistas da Europa Ocidental estavam começando a se mudar para cá. A Tesco e a Carrefour tinham bases em varejo de consumo. Outra participante em potencial era a Makro, uma das top cinco varejistas globais com um modelo de depósito de preços baixos com atendimento de autosserviço para empresas locais, que teve origem na Holanda e depois se tornou parte da Metro Group, a gigante germânica de vendas de atacado e varejo.

Eu entrei em contato com o novo gerente geral da Makro da República Tcheca e da Eslováquia, Levine Oggel, quando eles ainda estavam no estágio de ideia. Concorrendo as equipes de consumo varejista da P&G dos Estados Unidos com Walmart, Target, Kroger, Costco e outras, mas em uma escala muito menor, eu imediatamente reuni uma equipe multidisciplinar na minha organização, a primeira equipe deste porte que eu tivera. Eu disse que iria pessoalmente patrocinar a equipe, e que nós iríamos ajudar a Makro a começar na região compartilhando tudo o que a P&G tinha aprendido sobre o mercado tcheco e eslovaco durante os cinco anos anteriores.

Nós os ajudamos a encontrar lugares para as lojas de depósitos. Assessoramos Levine e sua equipe de liderança em onde encontrar bons apartamentos. Fizemos uma consultoria na parte de contratação. Dividimos nossa propriedade intelectual sobre hábitos de compras e preferências de consumidores locais, independente de serem marcas da P&G ou não. Durante o período de nossa parceria com a Makro, as marcas da P&G ganharam participações massivas em suas lojas por causa da força de crescimento das marcas e da nossa boa vontade em compartilhar a nossa propriedade intelectual. Quando deixei Praga, Levine Oggel me presenteou com uma peça impressionante, uma jarra de vinho de cristal tcheco esculpido, gravado com a data de 1º de agosto de 1997, e as palavras em tcheco "Para Jim Stengel. Você é um verdadeiro amigo da Makro".

A equipe de consumidor da conta da Makro era um excelente modelo de liderança para a subsidiária. Demonstrava que a nossa prioridade não era a transação, mas um relacionamento onde todos ganhassem. Aquilo preparou a organização para criar relacionamentos com outros varejistas ocidentais quando eles entravam para a região. Também criamos equipes menores para trabalhar em canais de vendas distintos, como os supermercados regionais.

Anteriormente, eu falei sobre a importância de planejar e transmitir algumas ações altamente simbólicas. Liderar a equipe da conta da Makro foi uma ação e tanto durante a minha estadia em Praga. Outra foi estar pessoalmente envolvido na área de recrutamento, incluindo palestrar em universidades e entrevistar candidatos, e ter a minha equipe de liderança fazendo o mesmo.

Ao manter a sua prática de promover internamente, a P&G tem uma antiga tradição de envolver a gestão sênior na parte de recrutar e contratar, para garantir que a companhia tenha sempre os melhores talentos. A subsidiária de Praga teria que adotar essa prática para compartilhar a ampla cultura da P&G, e era uma parte importante do que eu queria que o meu legado como gerente geral fosse. Muitos dos que eu recrutei pessoalmente para fazer parte da empresa da República Tcheca e da Eslováquia continuam a ter carreiras bem sucedidas na P&G e outras empresas.

Igualmente importante era simbolicamente como eu lidava com as visitas dos líderes da P&G. Como o eixo do novo Leste Europeu, Praga era um destino frequente para gerentes seniores da P&G. Eu dizia aos visitantes da P&G, "Que bom que você vem para Praga. Faremos nosso melhor para garantir que esta seja uma visita produtiva para você. Em troca, espero que você possa passar um tempinho com o meu pessoal. Espero que você entre em campo e visite as lojas com eles, e lhes dê o proveito de sua especialidade. Treine-os."

Ao meu lado, sempre que eu passava tempo com visitantes da P&G, eu trazia comigo todos os chefes do meu departamento que eu pudesse. Eu queria que as visitas servissem como experiências de treinamento e mostruário para a minha equipe, esticando-a e permitindo que brilhasse. Deixava claro que aqueles que tivessem aquela oportunidade de interagir com os gerentes seniores da P&G também teriam que compartilhar o que aprenderam com os outros da organização de Praga.

Uma ocasião em particular que se destaca foi uma visita, no verão de 1996, feita por Durk Jager, que era então presidente e diretor de operações da P&G. Começamos em um sábado de manhã, levando-o a uma variedade de áreas de compras e lojas de Praga para que ele pudesse ter uma boa amostra de mercado. Depois, retornamos ao escritório, e eu reuni todos os meus chefes de departamento em uma sala com Durk para falar sobre os desafios e as oportunidades da empresa.

Tínhamos um almoço marcado na churrascaria e cervejaria mais antiga de Praga, que datava da década de 1400. Só conseguimos chegar lá depois das três horas da tarde porque estávamos tendo uma discussão muito interessante.

Interrompemos por umas duas horas, depois desse almoço atrasado, e, um tempo mais tarde, eu trouxe toda a equipe de liderança de volta com Durk para jantar no balcão do terraço de um restaurante no centro da antiga Praga, perto da Ponte Carlos. Fiz um brinde à minha equipe, e Durk me acompanhou com um pequeno e belo discurso improvisado. Foi um momento mágico em uma ótima noite de verão, quando pudemos todos nos sentir uma parte da realização das visões de John Pepper e Herbert Schmitz da P&G, contribuindo para, e participando do crescimento do novo Leste Europeu.

A segunda-feira de manhã tinha se tornado um momento mágico para todos da companhia e não apenas para o número relativamente pequeno de pessoas que compareceram ao jantar. Todos comentavam sobre como eu tinha incluído toda a equipe de liderança em um dia inteiro de atividades com o presidente da P&G.

Nos meses seguintes, as operações tchecas e eslovacas realizaram um grande progresso em frentes múltiplas. Meu papel como gerente geral havia realmente me esticado como líder, mas eu havia percebido mais uma vez quão poderosa uma visão compartilhada de melhorar a vida das pessoas pode ser em uma empresa. Desde a Jif até a Crisco, Cover Girl, Max Factor e a subsidiária de Praga, eu tinha progredido de um entendimento altamente intuitivo para uma compreensão mais consciente de como unir as pessoas em torno de uma visão que uma empresa podia recarregar.

Ainda havia muito trabalho a ser feito em Praga. Uma coisa que eu realmente precisava melhorar na minha liderança era otimizar o meu enfoque em diferentes partes da empresa e transmitir a ênfase correta para a organização. Eu estava sofrendo muita pressão dos meus chefes para construir marcas globais da P&G.

Mas também havia herdado um grande número de importantes marcas locais, datando da era comunista, as quais os meus antecessores haviam sabiamente adquirido. No meu primeiro ano em Praga, eu não prestei muita atenção a essas marcas pequenas, e o crescimento e a lucratividade da empresa em geral sofreram. Já no segundo ano, começamos a descobrir um jeito de como acelerar o crescimento das marcas locais — revelando e ativando os seus ideais de marca — a um ponto onde eram elas que geravam a maior parte de nosso lucro.

Eu ainda estava trabalhando no equilíbrio de grandes e pequenas empresas do portfólio da subsidiária de Praga quando me envolvi em uma aventura extraordinária com a Pampers, a maior empresa da P&G, e, naquele tempo, a mais problemática. Foi, em vários sentidos, a marca-assinatura e o desafio de liderança empresarial da minha carreira, e um verdadeiro teste de como construir a cultura de uma empresa em torno de um ideal de marca de melhorar a vida das pessoas. Marcou o início do meu tempo como diretor de marketing global da P&G, e do meu processo para desenvolver os princípios e práticas contidos neste livro. Mas antes de contar a você sobre essa outra experiência detalhada, eu quero resumir o que aprendi durante a minha carreira sobre como construir uma cultura que emanasse e amplificasse o seu ideal.

Os Dez Construtores de Ideais

Aqui estão dez construtores de cultura que estiveram presentes em todas as minhas experiências de liderança. Eles continuam a servir como minhas mensagens de orientação para tratar de problemas organizacionais enquanto eu trabalho para ajudar outros a se tornarem mais inspirados por ideais em tudo o que fazem.

1. Descubra o seu ideal de marca inspirador e torne-o operacional. É assim que você sempre deve começar como líder. O fundador da Discovery, John Hendricks, nos mostrou um exemplo quase perfeito de um líder que manteve o seu ideal de marca relevante e inspirador durante décadas, e o tornou operacional em cada setor da empresa. Quando me tornei diretor de marketing na Max Factor, minha primeira prioridade era descobrir o seu ideal, retomar as suas raízes, como a maquiagem glamourosa das estrelas de Hollywood. Então, nós o operacionalizamos e viramos o jogo da empresa dentro de 18 meses.

2. *Seja claro sobre o que você representa, dentro e fora da sua companhia.* Desde o primeiro dia do meu trabalho com a P&G, em Praga, eu tentei ser claro sobre as minhas prioridades, valores e princípios. Engajava constantemente funcionários, distribuidores, reguladores e fornecedores. Mas aprendi que algumas vezes é preciso uma intervenção para realmente firmar os seus princípios dentro das prioridades diárias da empresa, e, consequentemente, mudar o comportamento. Só depois de uma reunião essencial fora do escritório com a minha equipe de liderança, cerca de um ano trabalhando com eles, que a minha organização realmente adotou a direção que eu apontava.

3. *Projete a sua organização da maneira necessária para vencer.* Isso inclui o trabalho específico que a sua organização deve fazer, as capacidades que você precisa construir para criar vantagem competitiva e o plano de carreira para trazer isso para a realidade. A história da Cover Girl é um exemplo incrível. Eu precisava transformar o trabalho naquela organização, de uma obsessão com trabalho executado, como viajar para a Grécia para gravar anúncios de TV, para trabalhar em estratégias de marcas, análises de gastos de marketing, avaliação da concorrência e liderança de equipe inspirados em ideais. Nós conseguimos isso e a empresa ficou mais forte e mais sustentável.

4. *Corrija a sua equipe rapidamente.* A maioria dos meus erros na gerência se originaram por não me mexer rápido o suficiente para remodelar a minha equipe. Eu me mexi rapidamente quando as-

sumi a liderança da Max Factor, e nós viramos o jogo fracassado da empresa bem mais depressa que a minha gerência esperava. Foi uma das razões de eu ter sido promovido, depois de apenas 12 anos na P&G, para o cargo de gerente geral em Praga.

5. *Apoie todos os tipos de inovação.* Você deve apoiar visivelmente uma abordagem de portfólio para a inovação, emanando de seu ideal de marca. Toda empresa precisa de uma mistura de inovação em produtos ou serviços, uma inovação puramente comercial, e inovação rompente, que redefina uma tarefa ou um modelo empresarial. Falarei mais sobre esses três tipos de inovação no Capítulo 9, mas a minha experiência em Praga mostra claramente os benefícios de uma abordagem de portfólio com inovação. Criamos uma inovação rompente tornando as nossas marcas acessíveis para muito mais pessoas através do programa de distribuição de vendas com a Mercedes-Benz. Enquanto isso, tivemos um fluxo firme de melhorias de produtos e inovação comercial, como novos programas de amostragem.

6. *Estabeleça padrões altos.* Uma das ações mais poderosas de liderança que eu tive na Noxell foi aumentar os padrões das nossas expectativas de crescimento para a empresa e nossos resultados com propaganda. Estabelecer padrões altos é uma das oportunidades diárias mais poderosas que um líder tem. Você toma decisões diariamente sobre o que atende os seus padrões quando concorda ou discorda com as recomendações dos seus funcionários.

7. *Treine o tempo inteiro.* Isto é apenas uma mudança de mentalidade. Qualquer interação diária é um evento de treinamento, e você pode aproveitá-lo ou não. Eu mostrei, através das histórias da Noxell e de Praga como treinei constantemente, inclusive convocações para debater informações pós-venda e reuniões de gestão para ensinar os meus funcionários a como melhorar o resultado na próxima vez. Treinar o tempo inteiro é rápido e eficiente, e é uma característica dos grandes líderes e das grandes empresas.

8. *Faça alguns gestos simbólicos para criar entusiasmo sobre o que é importante.* Foque-se em um ou dois eventos simbólicos por ano, ações principais que serão significantes para a sua organização e outras partes interessadas. Quando eu montei uma equipe multidisciplinar especial em Praga, para ajudar a Makro a ter sucesso, aquilo reverberou entre nossos funcionários e clientes, e com as nossas concorrentes. Simbolizou que eu queria que nós conquistássemos muitas vitórias com os varejistas modernos enquanto eles entravam para a República Tcheca e Eslováquia.

Como um líder, você pode decidir quem são os heróis. Suas escolhas são simbólicas e têm muita relevância. Quando eu e minha equipe levamos a Jif a um recorde de vendas e lucratividade, a P&G me escolheu para fazer uma apresentação na reunião de gerência global realizada a cada novembro, em Cincinnati, na sede corporativa. Mais de cinco mil gerentes da P&G de todo os cantos do mundo estavam presentes, e meus chefes disseram que a minha apresentação mandaria um recado sobre seguir uma abordagem empresarial na gestão da marca.

Realizar essa reunião foi uma honra imensa, especialmente porque eu fazia parte da companhia havia apenas pouco mais de seis anos. Eu estava radiante! Mas eu também queria mandar um recado pessoal sobre como a minha equipe atingiu o seu sucesso. O formato para essas apresentações era sério, para dizer o mínimo, com gerentes seniores duramente sentados em um pódio, reportando basicamente resultados numéricos e discutindo iniciativas de cadeias de fornecimento, reestruturas corporativas, e o seco jargão burocrático. E, para artifícios visuais, tinham alguns slides de estatística.

O segmento da reunião que incluía a minha apresentação fora intitulado como "Maximizando a satisfação de consumidores e clientes", um imperativo absoluto para qualquer empresa, sem dúvida nenhuma, mas não uma linguagem muito inspiradora. Eu queria contar a história de como a Jif alcançara um novo crescimento de uma maneira muito mais pessoal. E eu queria que algumas pessoas de dentro da empresa se juntassem à mim ao palco para contar a história. Várias semanas antes da reunião de novembro, eu me reuni com a minha equipe e planejei uma apresentação que conteria dois vídeos musicais, sendo que um deles conteria uma música que eu ajudei a escrever. A MTV já estava no ar há alguns anos, mas para a P&G aquilo era uma ideia revolucionária. O primeiro vídeo mostrava os filhos dos funcionários da Jif, de gerentes a empregados da fábrica, se divertindo ao espalhar pasta de amendoim em pães, bananas e outros alimentos, e se lambuzando todos, como se comessem suas gororobas favoritas. Minha filha mais nova, com seu rosto todo melecado de pasta de amendoim, era uma dessas crianças. O segundo vídeo mostrava os funcionários da Jif "tocando" instrumentos, dançando e fazendo sincronia labial de músicas, em ambientes das nossas duas fábricas de pasta de amendoim.

A letra do vídeo de música não vai me colocar no rol da fama dos compositores, temo eu. Aqui segue um trecho de um dos vídeos: "Todo mundo da nação, junte-se à nossa celebração. Os clientes ajudaram a nos iluminar, escutamos e mandamos consertar".

Um pouco brega? Sim. Mas também passava a mensagem de que éramos uma equipe que quebrava recordes e ainda nos divertíamos.

Foi necessário um pouco de persuasão antes da apresentação ser aceita. Mas valeu a pena. Começamos com o vídeo das crianças. A audiência ficou surpresa e encantada, mas não tinha muita certeza de como reagir, pois nunca havia visto antes uma coisa desse tipo nessas reuniões. Depois, eu enfatizei que o nosso recorde de crescimento resultou da nossa profunda dedicação com as mães e da aplicação dessa emoção dentro da empresa. Aquilo levou ao segundo vídeo. Nessa hora, a plateia já estava relaxada o suficiente para curtir, e a arena se encheu de risadas e aplausos.

Em seguida, eu direcionei o resto da apresentação para outros membros da equipe: um dos meus colegas de marketing, uma mulher do centro de informações da P&G de produtos alimentícios, um gerente de fábrica e um operário da linha de montagem de uma de nossas duas fábricas de pasta de amendoim. Os artifícios visuais não eram apenas slides com números, gráficos e diagramas, mas também fotografias de funcionários e consumidores da Jif. A energia e confiança que os meus colegas da Jif mostraram ao falar com a plateia me deixou arrepiado. As últimas palavras da apresentação, ditas pelo gerente de fábrica, eram sobre o futuro da Jif, um futuro onde "cada membro da família Jif estará se divertindo.".

Nós realmente nos divertimos, e foi isso que foi transmitido para todos aqueles que assistiram a apresentação. Eu exigi muito da equipe da Jif, e nós trabalhamos pesado como qualquer grupo da P&G. Mas eu sempre achei que as pessoas dão o melhor de si no trabalho quando acreditam nele, gostam do que fazem e sentem que estão evoluindo. Desde os meus dias na Jif, eu fiz da construção de uma cultura de trabalho com esses atributos, uma prioridade. E também fiz de uma prioridade achar maneiras simbólicas e memoráveis de comunicá-los. É uma parte importante para fazer da sua organização um ímã para as melhores e mais talentosas pessoas.

9. Pense e atue como um vencedor. Há muitos anos atrás, eu descobri um estudo pouco conhecido sobre uma marca de sabão em pó europeia da P&G com um market share em decadência. O estudo mostrava que os consumidores não compravam a marca porque sentiam que as pessoas por trás dela não eram inspiradas, felizes e engajadas. Os consumidores não pensavam nisso de forma consciente, mas não queriam colocar o seu dinheiro em algo que não era sustentado por, digamos, uma fé e crédito totais daqueles que a fizeram.

Nossa! Eu nunca havia pensado explicitamente que a causa originária do mal estar de uma empresa pudesse ser a experiência das pessoas que trabalhassem nela. Como tinha sido treinado a fazer na escola de administração, eu olhava para as informações do produto (se a oferta era superior ou inferior em questão de benefícios), para a distribuição (mais uma vez, se era melhor ou pior do que a concorrência), e daí em diante.

Questões importantes, mas este estudo me fez perceber que as respostas apontavam para um problema maior: a motivação e inspiração das pessoas por trás de uma empresa. Eu sempre acreditei que pessoas felizes e motivadas geravam resultados melhores em uma empresa. Existe um punhado de pesquisas sobre isso. O que eu não sabia antes desse estudo não muito conhecido era que os clientes conseguem sentir quão motivadas as pessoas de uma empresa estão só ao ver o produto e como ele é apresentado a eles. Se você olhasse a marca, de acordo com o estudo, não havia nenhuma pista óbvia de que seus funcionários não acreditassem nele. Mas os consumidores e clientes sabiam que isso era verdade.

As pessoas querem comprar de um vencedor. Querem fazer parte de algo que faça uma diferença positiva. Então, tenha certeza de que você pense e aja como um vencedor, especialmente quando o seu negócio estiver passando por uma fase difícil. Ao contrário, os seus funcionários não agirão da mesma forma, e os clientes gastarão seu dinheiro em outro lugar.

Uma das razões para fecharmos a marca Clarion, da Noxell, foi que simplesmente nunca houve uma atitude vencedora na equipe. E um grande motivo para a Max Factor ter dado a volta por cima, e a Cover Girl ter acelerado, foi a atitude vencedora nessas equipes, que os seus consumidores repararam e recompensaram.

A diferença entre o que foi possível com a Clarion e o que foi possível com a Max Factor e a Cover Girl tinha tudo a ver com ideais de marca. Um ideal de marca é um adicional enorme na construção de uma atitude vencedora, porque anima a todos na hora de contribuir com algo que realmente importa, algo com um valor humano fundamental.

10. Vivencie o legado que você deseja. Eu sempre anoto que legado eu quero deixar em cada trabalho que recebo. Faço isso nos primeiros 100 dias. Isto me mantém focado e centrado, e me dá uma estrela-guia, por assim dizer. Anteriormente, neste capítulo, eu falei sobre o legado do CEO da P&G, John Pepper, na Europa Central e Ocidental: estabelecer práticas empresariais naqueles mercados para a P&G e, naturalmente, para as outras empresas subsequentes.

Parafraseando Mick Jagger, nem sempre você pode ir aonde quer. Mas se não souber qual é o seu objetivo final, você nunca chegará lá.

A minha experiência na Noxell e em Praga ilustra vividamente que a chamada "coisa mole" é, na verdade, a "coisa difícil". Nada é mais difícil de acertar do que uma mudança de cultura, e nada gera dividendos tão enormes. No próximo capítulo, eu desenvolverei melhor essa ideia com a história de como a Pampers reconstruiu a cultura da sua empresa em torno de um ideal redescoberto, dando à P&G um modelo para crescimento líder de categoria durante a primeira década de 2000. A Pampers traz a história de como uma empresa comum de uma categoria comum conseguiu, de uma maneira simples, mudar o mundo, e como, por causa de sua cultura, seu impacto acabou sendo não tão pequeno assim.

7

Como a Pampers Mudou o Mundo

Como um Ideal Transformou uma Cultura e uma Empresa

CONSTRUA
a sua cultura em torno de seu ideal

Trabalhando no meu escritório, em Praga, em uma manhã fria de março de 1997, recebi um telefonema misterioso. Larry Dare, um dos vice-presidentes mais importantes da P&G, estava na linha. Aquilo era bastante normal, porque eu mantinha contato frequente com os líderes das sedes europeias da P&G, em Bruxelas, sobre a nossa atual e expansiva presença no novo Leste Europeu.

Mas Larry não estava ligando para saber de negócios, como sempre. Ele queria que eu me encontrasse com ele naquela mesma noite, no aeroporto de Frankfurt, com um assunto a ser discutido somente pessoalmente.

No voo para Frankfurt, eu não conseguia parar de pensar no que Larry tinha para falar. Mudar-me para Praga e me tornar gerente geral de uma empresa da P&G na República Tcheca e Eslováquia fora um grande aumento de responsabilidade, e muito trabalho ainda estava por fazer. Eu não estava ansioso para seguir em direção a um projeto ou algum lugar novo. Era excitante fazer parte do desenvolvimento de sociedades democráticas e economias de livre mercado no Leste Europeu pós-comunista.

No saguão da Lufthansa do aeroporto de Frankfurt, Larry disse "Jim, queremos que você se mude para Frankfurt e assuma a Pampers Europa". A Pampers era a empresa carro-chefe da P&G, seu maior gerador de receita. Mas era também uma empresa enfrentando sérios problemas. Refletindo sobre isso, Larry acrescentou, "queremos que você trabalhe na Europa e faça amigos na América do Norte".

Um dos muitos problemas da Pampers era que os seus grupos regionais e mais de 80 equipes nacionais estavam todos agindo independentemente, competindo entre si da mesma maneira que competiam com as ofertas das outras companhias, em especial a Huggies e a Pull-Ups, da Kimberly-Clark. A P&G sabia que teria que começar consertando isso nas duas maiores organizações da Pampers, a Pampers Europa, liderada por um austríaco, e a Pampers América do Norte, que continuaria a ser liderada por um americano. Os dois executivos não estavam colaborando e isso estava prejudicando qualquer potencial para que as duas organizações cooperassem para resolver os desafios globais que a Pampers enfrentava em todas as áreas, desde pesquisa e desenvolvimento a design, produção e marketing.

Uma Empresa Estática, um Ideal Parado

Apesar da minha percepção sobre a importância de um ideal de marca ser um trabalho ainda em andamento, em 1997, eu já tinha visto evidências mais do que suficientes que me mostravam que nenhuma empresa realmente decola sem uma ideia inspiradora em seu interior. Também já tinha visto inúmeras vezes que o legado de uma empresa contém pistas vitais do potencial para uma ideia como essa gerar sucesso no presente e no futuro. Então, desde o momento em que Larry me oferecera a chance de liderar a Pampers Europa, eu comecei a procurar por pistas que ajudassem a estimular o sucesso da Pampers.

Lançada em 1961, como a primeira fralda descartável comercializada no mercado de massa, a Pampers rapidamente se tornou a empresa de mais rápido crescimento da P&G e, subsequentemente, a maior de todas. Quando eu entrei para a empresa, na metade de 1997, a Pampers tinha vendas globais anuais de US$3.4 bilhões. Entretanto, apesar da categoria que ela tinha originado continuar a crescer significantemente, e um fim à vista, a Pampers tinha se tornado a empresa com o pior desempenho da P&G em termos de lucratividade e aumento de market share. A Wall Street via a empresa como o maior atraso nos resultados financeiros totais da P&G.

Apesar de ter continuado a ser, de longe, a maior empresa de fraldas do mundo, a Pampers enfrentava uma pressão cada vez maior da concorrência. O tamanho muito maior da empresa, comparado ao da concorrência, deveria ser uma vantagem de escala. Mas nós estávamos desperdiçando, em vez de impulsionar aquela vantagem. As fraldas de custo baixo da Huggies, da Kimberly-Clark, tomaram o primeiro lugar na América do Norte. Como reação, a P&G reduziu o preço norte americano da Pampers para um valor aproximado ao da Huggies, mas o seu market share continuou a decair juntamente com suas margens.

A Pampers dominava o mercado europeu, de onde tirava proveito de preço alto e de margens de lucro substanciais. Mas a Kimberly-Clark acabava de introduzir a Huggies no Reino Unido e logo estaria vendendo também no resto da Europa, ameaçando a mesma decadência de market share e lucro que a Pampers sofrera nos Estados Unidos. Uma competição adicional surgia na Europa e na América do Norte com marcas próprias e empresas menores de fraldas.

Prestando atenção sobretudo no que poderíamos aprender com as mães (os pais em todos os mercados seguiam as escolhas de suas esposas sobre que marca comprar), minha equipe e eu começamos a analisar a desaceleração da Pampers e seu potencial de recuperação. Começamos revendo o legado da empresa e seus pontos fortes e fracos existentes.

Com a apresentação das fraldas descartáveis, a Pampers deu às famílias, e, principalmente, às mães, conveniência, economia de tempo, sossego e confiança sem precedentes para lidar com grandes quantidades de você-sabe-o-quê que bebês saudáveis produzem a qualquer hora, dia e noite. Com o crescimento da categoria e o surgimento de plagiadores de fraldas descartáveis, a Pampers enfatizou o benefício mais importante da fralda descartável para a primeira geração de mães e bebês a usá-las: elas eram muito mais absorventes e ainda mantinham o bebê muito mais seco e mais confortável do que as fraldas de pano.

Todos na empresa se esforçavam para garantir que eles esticassem a liderança contra a concorrência através de absorvência e secura. O sucesso de seus esforços, junto com o que sobrou de sua vantagem por ser a pioneira, significava que a maioria dos hospitais usava Pampers, um fato significante para todas as mães, mas especialmente para aquelas que estavam tendo o seu primeiro filho.

Com o amadurecimento da categoria, focar tão de perto na secura levou gradualmente os consumidores a verem a Pampers em termos de superioridade exclusivamente naquele benefício funcional. Enquanto isso, a Huggies, da Kimberly-Clark, fornecia a secura adequada, o padrão para entrar na categoria, ao mesmo tempo em que acrescentava um ajuste melhor e uma estética mais atraente, acompanhados de um preço mais baixo.

A Kimberly-Clark não era apenas uma seguidora no mercado. Em 1989, introduziu as fraldas de transição Pull-Ups, com um pequeno slogan: "Já estou grandinho agora". Se tornaram um sucesso imediato. Pelo fato de que as fraldas de transição comandavam um preço e uma margem de lucro significantemente mais altos do que as fraldas, logo a Kimberly-Clark alcançou 90% do segmento de mercado com maior lucro. Também ganhou um apoio cada vez maior de grandes varejistas, como Kroger e Walmart, por causa das novas vendas e lucro que a Pull-Ups gerava.

A Pampers levou cinco anos para introduzir a sua própria fralda de transição, com o nome prosaico de Trainers. Eles fracassaram tão miseravelmente que a Pampers extinguiu o produto dois anos depois, em 1996.

Enquanto isso, as áreas de pesquisa e desenvolvimento (P&D), produção e marketing da Pampers continuavam a enfatizar a secura o tempo inteiro, mesmo com a Pampers Premium introduzindo forros laterais respiráveis, em 1996. Essa inovação oferecia mais do que secura; deixava o bebê mais confortável desde o momento de colocação da fralda, antes que qualquer coisa molhada surgisse. Mas não conseguíamos transmitir aquele benefício para as mães de maneira clara quando nós mesmos não víamos aquilo com um significado mais amplo.

A P&G inventou uma indústria multibilionária de fralda descartável com a Pampers, mas as mães americanas agora viam a Huggies e a Pull-Ups, da Kimberly-Clark, como os produtos que melhor serviam às suas preferências e às necessidades de seus filhos. Nós tínhamos que frear e reverter aquele declínio na América do Norte, e prevenir que aquilo acontecesse na Europa e no resto do mundo.

Para realizar isso com sucesso, a Pampers precisava de uma organização unificada, mas a sua cultura de empresa havia sido fragmentada com o passar dos anos. Como a maior geradora de renda da P&G, ela era um território valioso, e muitos feudos haviam surgido para reivindicar e protestar por partes diferentes suas. Eu já havia mencionado como os grupos regionais e as equipes nacionais estavam operando praticamente de forma independente. Todos os países maiores tinham as suas próprias equipes de agências publicitárias e parceiros de marketing, de modo que cada um podia criar qualquer coisa que precisasse desde o começo. Haviam múltiplos designs de produtos, múltiplas campanhas de marketing e múltiplos formatos de embalagem. Essa conta duplicava bastante os custos da empresa e bloqueava qualquer esforço de apresentar o produto e comunicá-lo ao consumidor de uma maneira coerente.

Fragmentação e guarda de território caracterizavam todos os setores funcionais da empresa. Espantosamente, para a P&G, a Pampers não tinha nenhum líder de marca ou de marketing. Havia um líder de produção, um líder de P&D, um líder de finanças, um líder de recursos humanos, um líder de pesquisa de mercado, um líder de TI, um líder de planejamento estratégico, e um presidente da empresa. Mas a Pampers não tinha nenhum empresário artista que tornasse todos responsáveis por um ideal de marca e uma estratégia centrais.

O presidente de produtos para bebês da época, Mark Ketchum, poderia ter feito isso muito bem. Mas, verdade seja dita, a desestruturação na Pampers era um indicativo dos problemas dentro da P&G. Dentro de um ano, a Wall Street começaria a martelar os preços de nossas ações, já que perdera confiança nas habilidades da companhia de resolver esses problemas. Mark estava atolado, tentando simplificar a grave complexidade da cadeia de fornecimento e, também, lidando com os incêndios inevitáveis que acontecem todos os dias quando uma empresa está em crise.

Apesar dos líderes dos setores e dos regionais geralmente concordarem que a secura fosse o grande diferencial da Pampers, eles não estavam trabalhando juntos para transmitir isso. Cada um tinha os seus planos separados de iniciativas e de comunicação relativos ao benefício da secura. Era uma cultura de "não fomos nós que criamos", onde as pessoas achavam que as únicas ideias boas eram as que elas tinham. Em particular, produção e P&D, de um lado, e marketing, do outro, também estavam possivelmente em planetas separados. Esse fato era especificamente problemático, pois complicações em produção, na cadeia de fornecimento e em distribuição faziam das fraldas descartáveis um negócio de processo demorado. Muitas vezes, novos produtos ficavam em desenvolvimento por anos e podiam até estar às vésperas de serem lançados no mercado, antes que o pessoal do marketing se envolvesse.

Como um funcionário da Pampers disse à minha equipe: "Tem um cara trabalhando com o elástico para as pernas em P&D. Ele não faz mais nada além de desenvolver o elástico, em seu mundinho. Embora os elásticos das fraldas previnam vazamentos, o cara do elástico não fala com ninguém de marketing ou de design sobre o que poderia assinalar para as mães que os elásticos para as pernas funcionam".

Você pode pensar que uma empresa de produtos para bebês atraísse mães e outras pessoas com uma paixão por bebês para trabalhar nela. No entanto, a Pampers tinha uma estrutura bem masculina de engenheiros. Não se esforçaram muito para recrutar pessoas que quisessem trabalhar com produtos para bebês, ou construir uma organização que se importasse com mães e bebês e inspirasse os funcionários a ajudar a melhorar suas vidas. Longe de ter mais mulheres e mães trabalhando do que a média das empresas da P&G, a Pampers tinha bem menos. As mulheres que trabalhavam na empresa não queriam ficar por lá, e a carga de trabalho era muito maior para elas do que para os homens.

A liderança dominantemente masculina da Pampers refletia tudo isso. A. G. Lafley, que, como CEO da P&G, de 1999 a 2009, enfatizava constantemente "o consumidor é quem manda", disse que quem mandava na Pampers dos anos 90 não era o consumidor, mas a "máquina", a fábrica. Em número de pessoas, orçamentos e prioridades, a organização estava dominada pelo que os engenheiros pensavam que melhoraria a absorvência e a secura.

Para piorar, a cultura da Pampers havia se resumido a acusações. Se um produto novo ou uma atualização de produto não tivesse um bom resultado, os departamentos jogavam a culpa do mau desempenho uns nos outros.

Os relacionamentos externos da Pampers com os consumidores também havia se deteriorado. A primeira vez que a Pampers colocou fraldas descartáveis nas prateleiras das lojas, a empresa se tornara a melhor amiga das mães, libertando-as do eterno lava-e-seca das fraldas sujas de pano. Porém, a Pampers e as mães já não interagiam mais como amigas. As campanhas de marketing e publicidade apenas falavam com elas. Apesar da decisão de compra das mães nas lojas e de seus comentários diretos aos pesquisadores da P&G gritarem em alto e bom tom que isto era contraprodutivo, a empresa simplesmente não escutava.

A comunicação era sempre de uma via só, um formato entediante de publicidade com um especialista falando bem da Pampers, fazendo uma demonstração de produto. Era a última coisa que as mães queriam: mais uma voz lhes dizendo o que fazer. A embalagem estava igualmente ultrapassada, um plástico verde e pálido com a foto de um bebê loirinho perfeitamente sentadinho, mas sem nenhuma dica para as mães escolherem o tamanho ou as características do produto certas para o seu filho. Em grupos de pesquisa, as mães descreviam a Pampers como a marca que as suas sogras as mandavam usar, enquanto as suas amigas usavam outra coisa. Doeu! Mas, em vez de mudar o que estava fazendo, a Pampers continuava a falar sobre secura.

Ser a líder em secura não era o suficiente, dado o fato de que a Pampers falhava em transmitir uma excelente experiência de produto em outros quesitos. As fraldas da Pampers agora pareciam genéricas na aparência e no material para as mães. Se você tirasse fraldas de várias marcas diferentes dos pacotes e as dispusessem em uma mesma mesa, não conseguiria identificar qual delas era a Pampers. Na verdade, a Pampers tinha sérias deficiências em relação a Huggies em termos de qualidades importantes em design, como textura, estampa infantil e fragrância.

É um antigo adágio empresarial: você recebe o que mensura. Durante muitos anos, a Pampers media P&D, design, produção e satisfação do cliente em — exatamente — secura. As medidas se tornavam cada vez mais precisas e específicas, focando em elementos independentes de secura, como vazamento do elástico da perna. Não percebendo a mudança nas atitudes do consumidor enquanto todas as fraldas descartáveis ofereciam absorvência e secura adequadas, a Pampers falhou completamente em medir as coisas mais sutis que agora chamavam a atenção das mães.

Em vez disso, a organização olhava para os seus dados, via os seus números em percepção do consumidor relativos à secura de fraldas subir e se parabenizava por fazer um excelente trabalho. É uma receita bem familiar para o fracasso em qualquer indústria, e uma característica das empresas que não possuem ideais de marca para guiá-las: manter-se fiel à medidas erradas, avaliar o que você pensa ser importante, em vez do que importa para os clientes e que faz uma diferença positiva em suas vidas.

A questão era que a Pampers tinha se tornado uma empresa estagnada. Não conseguia evoluir para acompanhar as mães, as pessoas mais importantes para o seu futuro, porque não tinha a mínima ideia do que elas realmente queriam. A única coisa em que a Pampers conseguia evoluir era em sua secura.

Se a Pampers pudesse representar mais do que apenas a secura da pele, no entanto, será que ela conseguiria ter de volta a sua proeminência no mercado? Conseguiria a empresa crescer além das fraldas e se tornar uma força de produtos para crianças, com fraldas de transição e outros produtos?

Somente as mães poderiam nos ajudar a responder detalhadamente essas perguntas. Mas, quanto mais a minha equipe e alguns colegas da equipe global descobriam sobre o legado do relacionamento da Pampers com as mães, mais eu sentia que o resultado poderia ser positivo — providos com o que aprendemos com o exemplo do criador da Pampers, Vic Mills. Ele odiava trocar as fraldas dos seus três netos tanto quanto sua filha e seu genro, e queria melhorar a vida da família toda.

Mills naturalmente se concentrou no seu maior problema com as fraldas, a sua umidade. Mas secura nunca fora o seu objetivo principal; na verdade, ele queria melhorar a vida de bebês, mães, pais, avós e todos aqueles que interagiam com bebês em hospitais, creches, e o resto do mundo. Mais uma vez, quando entrou no mercado, a Pampers oferecia não somente secura, mas um nível de conveniência, economia de tempo, tranquilidade e confiança nunca antes possíveis.

A secura era o fator mais importante para as primeiras gerações de mães e bebês que usaram as fraldas descartáveis, e a Pampers estava certa em se focar nisso. Mas secura era apenas um indicador e um símbolo do verdadeiro propósito do produto: melhorar a vida dos bebês e daqueles que amavam e cuidavam deles. A secura era um meio para um grande fim, e não o próprio fim. Com o tempo, o símbolo ganhou vida própria na Pampers, e os funcionários dentro da empresa e na P&G esqueceram o que eles representavam originalmente. Transformada em complacente pelo sucesso, a P&G acabou interpretando mal a razão de existir de sua empresa mais importante e as verdadeiras bases de sua vantagem competitiva.

Isso acontece com boas companhias em qualquer indústria. Um dos desafios mais difíceis que os líderes de uma empresa enfrentam é se prevenir ou se recuperar disso. Como aconteceu com a Pampers, o jeito de desenraizar a complacência e renovar uma empresa é através de um ideal de marca viável. A equipe da Pampers que começou essa jornada — Bruce Bader, Gianni Ciserani, Mathilde Delhoume, Elizabeth e Karl Ronn (casados: Elizabeth era de marketing, Karl, de P&D), e eu mesmo, da P&G, junto com Barbara Boyle e Toni Helleny, da agência de publicidade da Pampers, Saatchi & Saatchi — teve que reproduzir a criatividade inventiva e a visão empresarial de Mills e descobrir como a Pampers poderia ajudar as famílias às vésperas do século XXI e do futuro em diante. Tínhamos que descobrir como a Pampers poderia melhorar a vida das mães e bebês, não apenas em mercados maduros, como América do Norte e Europa Ocidental, mas também em mercados em desenvolvimento ao redor do mundo.

O trabalho se tornou uma prova de fogo para princípios e estratégias centrados em ideais de marca. Consistia em redescobrir o ideal de marca da Pampers, construir a cultura de empresa em torno do ideal de marca, comunicar esse ideal, transmitir uma experiência de produto quase ideal, avaliar toda a empresa através do ideal de marca, e evoluí-lo para garantir que a Pampers continuasse a acompanhar as necessidades e preferências dos consumidores.

Resumindo, a Pampers precisava de um trabalho e tanto em todos os galhos da Árvores do Ideal, como é típico das empresas com sérios problemas. Os cinco galhos da árvore são um sistema de atividades interligadas, e todas influenciam umas nas outras o tempo todo. Mas quando eu relembro a jornada que eu e meus colegas fizemos com a Pampers, é sempre a cultura que vem à tona. Como estamos prestes a ver, cada centímetro do progresso que fizemos nessa jornada dependeu das vitórias custosas em alinhar a cultura e o ideal de marca da Pampers.

(Re)Descobrindo o Ideal de Marca da Pampers

Para obter uma compreensão total de como adaptar o ideal de marca original da Pampers às novas gerações de mães e bebês, a equipe da empresa buscou as respostas com as próprias mães. Nós mergulhamos nas vidas das mães em casa, no trabalho, no mercado e onde quer que as suas rotinas diárias as levassem.

Passar um tempo pessoal intenso com consumidores não era uma atividade nova para a P&G ou para a Pampers. Mas nós aumentamos dramaticamente a quantidade desses momentos, o número de países e culturas em que fizemos isso, e a participação dos funcionários seniores na empresa. Eu assinalei a importância dessas imersões com os consumidores, desempenhando um papel ativo dentro delas sempre que podia, e a minha equipe de liderança fazia o mesmo. Na verdade, no meu primeiro dia neste cargo, em agosto de 1997, eu passei imerso com consumidores no centro de Frankfurt.

Além disso, nós analisamos todos os nossos adversários no ramo de fraldas, inclusive marcas próprias e marcas locais que chamavam a atenção das mães. Também fizemos o benchmarking entre a Pampers e empresas líderes de produtos de crianças que já não usavam fraldas, como Gerber, Graco e Johnson & Johnson. Isso permitiu que a equipe calculasse o relacionamento da Pampers com as mães no contexto de toda a paisagem competitiva de produtos de bebês.

O trabalho tinha que ser feito rápido, mas cuidadosamente. Tendo em mente os rendimentos globais de US$3,4 bilhões da Pampers e sua importância para a P&G, como um todo, o risco terrível de escolher a direção errada para a empresa era grande.

Qualquer coisa que fizéssemos para reativar o ideal de marca da empresa teria que funcionar em múltiplas geografias ao redor do mundo, para reduzir custos e potencializar escala. Eu já havia vivenciado como os ideais de marca mais poderosos transcenderam diferenças culturais, e sabia que tínhamos que reposicionar a Pampers em valores humanos profundos que fossem igualmente significativos para mães na Cidade do México e Manila, e em Manhattan, no Kansas, e Manhattan, em Nova York. Não podíamos confundir ou desapontar as mães, fossem elas novas à Pampers ou usuárias leais. É difícil para os consumidores quando uma marca que eles amam e confiam faz uma mudança desagradável. O ideal de marca tinha que fortalecer o relacionamento da Pampers com os seus usuários habituais e acrescentar novas mães ao bolo, e, por último, mas nem por isso menos importante, inspirar a organização da empresa ao redor do mundo.

O tempo que passamos com as mães de comunidades de baixa renda, como também de lugares mais influentes, em países diversos, revelaram as suas prioridades e preocupações em comum. Mães de todos os lugares se importavam, sobretudo, com o desenvolvimento de seus bebês e eram extremamente sensíveis aos estágios desse desenvolvimento durante os três primeiros anos, desde a fase de recém-nascido, à fase mais durinha, de começar a sentar, à de engatinhar, até à de falar e andar. A Pampers não abordava as sutilezas dessas transições na vida de um bebê, e as outras empresas de fraldas descartáveis também não. Da mesma maneira, nenhuma empresa de fraldas descartáveis havia mostrado ainda que apreciava a extensão da devoção das mães em ajudar seus bebês a passar por essas transições, não importando quão abundantes ou escassos fossem os seus recursos.

Somadas, as imersões com consumidoras forneceram um rico quadro tridimensional de como as mães viam seus bebês em cada fase do começo da vida. Enquanto elas falavam conosco, nós ouvíamos uma linguagem comum nas culturas sobre os estágios de recém-nascido até quando a criança está na fase de usar o troninho.

A equipe da Pampers ficou entusiasmada com a possibilidade de inovar nesses estágios, combinando os cuidados e preocupações das mães com o novo e melhor aprendizado sobre o desenvolvimento de bebês e crianças.

Um ideal maior de marca começou a surgir. E se a Pampers pudesse ser mais do que uma fralda que absorvesse umidade e odor, e que protegesse a pele? A preocupação número um das mães era o desenvolvimento físico, social e emocional de seus bebês. E se a Pampers pudesse ser a parceira das mães nessa jornada, com os produtos certos para cada fase do crescimento de um bebê? Essa seria uma fralda com o formato e ajuste adequados, a textura certa, e o material e design apropriados.

Era uma excelente visão de ideal de marca. Quando a observamos com uma visão afastada, no entanto, um fato notório surgiu. Essa visão de ideal de marca estava anos luz à frente de onde a organização da Pampers agora estava olhando. Nós tínhamos que mudar de forma significativa a percepção da nossa cultura sobre as mães e suas necessidades, e tínhamos uma cultura que era, de maneira geral, bastante resistente à mudanças.

Uma circunstância muito útil foi que o legado da Pampers, de absorvência e secura líderes de categoria, não se tornou insignificante nesse contexto. Ganhou uma nova relevância; nós só tínhamos que fazer com que os nossos funcionários reconhecessem isto e agissem de acordo. Uma fralda absorvente que mantinha os bebês secos, melhorava a saúde de sua pele e os ajudava a dormir bem a noite toda. O fato de que as mães e os profissionais de produtos de bebês viam a Pampers como a número um em secura e saúde da pele nos deu uma grande base para começarmos a trabalhar.

Então, estava plantada a semente. O ideal de marca expandido da Pampers se construiria através do ideal de melhoria de vida de seu inventor, Vic Mills, mas o elevaria a um novo patamar nas vidas das mães e bebês. A Pampers se tornaria mais do que a amiga conveniente, que economiza tempo, das mães. Ela cobiçaria ser a parceira das mães em cada fase do desenvolvimento de seus bebês, para ajudá-las a tomar conta do desenvolvimento saudável e feliz de seus bebês e crianças. Aquilo se tornou o ideal de marca inspirador da maior marca da P&G. E encaixava a Pampers no campo de inspirar interesse, pois bebês se desenvolvem através da exploração de seus mundos, e a Pampers queria ser uma parceira das mães nessa jornada.

Como a Construção da Cultura em Torno do Ideal Inspirou um Melhor Desempenho

Para comunicar o que se tornou a linha de fraldas Fases de Desenvolvimento do Bebê da Pampers, tínhamos que fazer muitas mudanças organizacionais para possibilitar que as melhores e mais inteligentes mentes colaborassem e unificassem a cultura fragmentada da Pampers em torno de um ideal de marca maior. O chefe entre eles estava rapidamente colocando as pessoas certas nos papéis certos. Deb Henretta, uma das melhores gerentes gerais e comerciantes, e mãe de três filhos, se tornou vice-presidente da Pampers América do Norte e, eventualmente, sucedeu Mark Ketchum como presidente global de produtos para bebês, em 2001. Mark tinha dado início à reviravolta dos produtos para bebês, inspirado por um ideal, e Deb continuaria o ritmo. Deb compreendeu intuitivamente a essência de um ideal de marca maior e a vantagem competitiva que ele conseguiria ganhar. Jane Wildman, uma gerente geral da P&G que era excelente na área de compreensão do consumidor, se tornou a vice-presidente de marketing global e líder de franquia da Pampers e a sua empresária artista, quando eu me tornara diretor de marketing global, em 2001.

Juntas, Deb e Jane reconstruíram a organização da Pampers para realizar o ideal de se tornar parceira das mães no desenvolvimento de seus bebês. Sem a sua reengenharia organizacional minuciosa em torno de um ideal de marca elevado, a Pampers jamais teria crescido daquela forma, ou mantido aquele crescimento até hoje.

Com o apoio de Deb, Jane reuniu os líderes regionais da Pampers e deu a eles a tarefa de trabalharem muito mais interdependentemente. Jane também selecionou cuidadosamente uma equipe central de franquia de marca global com perspectivas novas de toda a organização da Pampers. O objetivo era combinar os benefícios de escala global referentes a conhecimento e custo com as melhores introspecções e execuções in loco. Esse era um novo comportamento na Pampers e, por extensão, na P&G. O sucesso da equipe de franquia de marca global da empresa foi uma das muitas maneiras em que a Pampers serviu como prova de fogo para culturas organizacionais que se construíam em torno de ideais de marca em todas as empresas do portfólio da P&G.

"Nós tínhamos uma equipe pequena, mas incrivelmente talentosa", relembra Jane. "Debbie Kokoruda, em design, Mathilde Delhoume e Susan Convery, em desenvolvimento publicitário e Frances Roberts, em marketing global, trabalharam de perto com os nossos diretores de marketing regionais e nossos parceiros da Saatchi & Saatchi e LPK, nossa agência de design global. Viajamos juntos não apenas para trabalhar com o pessoal da Pampers, mas também para compartilhar interações com os consumidores".

Jane também se empenhava para estimular a comunicação entre os funcionários da Pampers em mercados desenvolvidos e em desenvolvimento, e entre as áreas técnicas e comerciais da empresa. Ela e a sua equipe central viajaram o mundo todo, estimulando todos os que trabalhavam na Pampers a colocar em prática o ideal de marca em tudo o que fizessem. Com o tempo, a organização metamorfoseou o seu foco limitado em benefícios de produto para um foco mais abrangente em agradar as mães e aperfeiçoar o desenvolvimento de seus bebês.

Por exemplo, a Pampers aumentou o número de pessoal de design para tratar dos pontos fracos naquela área. Mas, igualmente importante, era que os novos designers trabalhavam em colaboração estreita com o pessoal de produção e de marketing, para que o design, o material e a apresentação dos produtos se encaixassem efetivamente.

Da mesma forma, o marketing fez parceria com P&D para garantir que o ideal de marca renovado guiasse os planos com inovação. Isso ajudou a ganhar novas e rápidas vitórias com produtos, assim como a eliminar ideias ruins antes que investíssemos capital precioso.

"A parceria com P&D foi um ponto crucial para a Pampers", diz Jane. "Bruce Brown, chefe de P&D de produtos para bebês, conduziu a situação para fazer dessa uma parceria próxima. Assim como Deb Henretta, ele fora um dos primeiros apoiadores de nossos trabalhos com novo design, e ele sempre assegurou que o marketing fosse representado em qualquer grande inovação ou revisão técnica. Bruce [agora diretor técnico da P&G] e sua sucessora, Kathy Fish, até fundaram cargos de marketing para garantir que tivéssemos os recursos necessários".

O reequilíbrio dos papéis de liderança, que começara quando eu assumi a Pampers Europa, significou que o marketing se tornou uma voz muito mais importante nas decisões-chave de gestão da Pampers. Historicamente, no regime de "a máquina é quem manda", os líderes de produção e de P&D é que faziam a pauta da Pampers. Agora, com o apoio da nova contratada como presidente global, Deb Henretta, o marketing assumiu um papel de liderança ainda mais forte na criação de pauta. Como o defensor do novo ideal de marca, o marketing teve que desempenhar um papel de liderança dentro da Pampers em todos os âmbitos, de estratégias de inovação, a decisões financeiras, até revisões na gestão.

Uma das características comuns das empresas de melhor desempenho identificada pelo Estudo Stengel é que elas encontram maneiras poderosas de focar a sua atenção organizacional e individual em comportamentos que apoiem os seus ideais de marca. Por exemplo, a IBM traz o seu ideal de construir um planeta mais inteligente para a realidade de todos os seus mais de 400 mil IBMistas, esperando que cada um deles tenha um plano de trabalho para aumentar esse objetivo em suas áreas de responsabilidade. Igualmente simbólico, a sede de Mineápolis da Target, empurrada para fora das 50 de Stengel por causa do impacto da Grande Recessão nas vendas de varejo, é um santuário de design, o diferencial mais importante da empresa em comparação a outras varejistas de preço baixo. Desde a escultura de vidro fundido vermelho, de Dale Chihuly, no lobby, até o tema de design em vermelho e branco de sua cafeteria, a Target simplesmente grita: *Nós amamos design!*

Em uma das minhas próprias viagens para fazer benchmarking, como diretor de marketing global, eu vi o impacto positivo que o campus da Nike estava tendo em sua cultura. Quando contei a Deb Henretta sobre isso, ela concordou em enviar Jane Wildman e o diretor de RH da Pampers, Dave Clark, até lá para que vissem com os próprios olhos como o ambiente físico adequado podia inspirar melhores resultados na empresa. Subsequentemente, a Pampers fez de seus símbolos e de seu ambiente físico tudo sobre mães e bebês. Em contraste com a antiga cultura da Pampers, de "a máquina é quem manda", que não fora nada amigável com as mulheres que lá trabalhavam, a Pampers agora oferecia vaga de estacionamento para a maternidade, lembrancinhas para os novos pais na marca e creche dentro da própria empresa, para os bebês dos funcionários. Como parte de uma pesquisa de consumo em andamento, a Pampers trouxe novas mães e bebês para os escritórios para interagirem diariamente com os funcionários. As cores e a decoração do ambiente de trabalho mudaram e, eventualmente, a empresa se mudou para um novo lugar, ainda mais adequado para pais e bebês.

Essas mudanças não eram frescuras. Elas valeram cada centavo que custaram, e um pouco mais. Elas ajudaram todos na empresa a se focarem em agradar mães e bebês e a se tornarem seus parceiros no desenvolvimento de seus bebês. Como eu explicarei, elas melhoraram consideravelmente a produtividade e a inovação.

Decisões de contratação representam um aspecto crucial de mudança de cultura. Deb Henretta, Jane Wildman e toda a equipe de liderança de produtos para bebês começaram a recrutar pessoas que eram apaixonadas por bebês. Elas não precisavam ser pais para entrar na empresa, e muitas não eram. Eram mães e pais, tios e tias, avôs e avós e até uma enfermeira pediatra. O que as interligava era o ideal de marca e o seu zelo por melhorar a vida de mães e bebês.

Dentro de um período de tempo incrivelmente curto, a organização da Pampers sofreu uma mudança radical. Quando fraldas secas eram o seu melhor produto, a organização era seca como pó, fragmentada e desunida. Quando abraçou um ideal maior de parceria com as mães no desenvolvimento de seus bebês, rapidamente se tornou um lugar estimulante, harmonioso e até alegre para se trabalhar, um ímã para os melhores talentos da P&G.

O trabalho organizacional de trazer um ideal de marca para a realidade nunca se acaba de verdade. Vestígios das culturas "a máquina é quem manda" e "não fomos nós que criamos" se escondiam dentro da Pampers, e os líderes da organização tinham que desenraizá-los quando e em qualquer lugar que eles aparecessem. Igualmente importante, continuar a desenvolver o valor empresarial de um ideal de marca elevado da Pampers exigia muitos ajustes evolutivos e, às vezes, grandes mudanças.

O progresso organizacional era real e substancial. Mostrava de forma simples às pessoas da Pampers, e de qualquer lugar da P&G, o que, e quão rápido, a construção da cultura de uma empresa em torno de um ideal de marca podia realizar. As pessoas de dentro da empresa sentiam como se tivessem descoberto um ideal de marca completamente novo e trabalhavam com energia para idealizar e criar produtos e serviços para concretizá-lo. A organização havia renascido, e estava pronta para mudar o mundo novamente.

COMO A CULTURA DA PAMPERS, INSPIRADA POR UM IDEAL, ENGAJAVA CONSUMIDORES

Antes que pudéssemos mudar a nossa comunicação para encorporar nosso novo ideal, tínhamos que fazer um trabalho melhor na hora de escutar as mães e ler por entre as linhas aquilo que elas diziam. Como Jane Wildman coloca "as mães não iriam nos contar explicitamente como o ideal de marca poderia ajudá-las. Apesar de possível, era improvável que as mães pedissem algo que elas viam como inatingível e inacreditável. Cabia a nós escutar, continuar a escavar e trabalhar de perto com as mães para fornecer a elas uma nova realidade.

As mães respondiam entusiasticamente à nossa necessidade de falar com elas sobre as fases de desenvolvimento de um bebê. Elas adoravam falar sobre ajudar seus bebês a se desenvolver melhor e ficavam agradecidas pelas novas pesquisas que compartilhávamos sobre o sono dos bebês e outros problemas de desenvolvimento.

As comunicações de marketing que a Pampers criou para construir esses diálogos com as mães tiveram, em última análise, um impacto extremamente positivo. Elas elevaram o lugar da Pampers na percepção e preferência das mães, construíram a empresa, obtiveram grande retorno de investimentos e ganharam prêmios. Mas logo no começo, nós tropeçamos feio. É algo que qualquer um que tenta falar sobre um novo ideal de marca deve esperar, já que não é provável que você acerte logo de primeira.

O progresso da Pampers em direção a um ideal de marca maior quase teve uma brusca interrupção, e a mudança na cultura que ela precisava poderia ter acabado aqui mesmo. A comunicação pobre do ideal de marca em algumas das propagandas inciais que fizemos realmente refletiam um problema cultural. Isso mostrava que nem todos na organização da Pampers compreendiam e aceitavam a visão ampliada do relacionamento da marca com mães e bebês. Parceiros importantes dentro da P&G e das agências de comunicação também não o entendiam totalmente ou acreditavam nele.

Uma parte da comunicação de marketing prometia mundos e fundos em como uma fralda poderia melhorar o desenvolvimento de um bebê. As mães não viam isso de forma autêntica. Como disse uma delas "uma fralda não vai fazer meu filho entrar em Harvard".

Outras propagandas iniciais não prometiam demais, mas tinham tudo a ver com o desenvolvimento de um bebê e absolutamente nada a ver com como a Pampers poderia melhorá-lo. Mais uma bola fora.

A Pampers tinha atingido um momento crítico. Muitas pessoas dentro da organização começaram a voltar à zona de conforto da secura e se distanciaram do ideal maior de fazer parceria com as mães no desenvolvimento de seus bebês. Um momento como esse é uma situação normal em transformações organizacionais, a hora daqueles que lideram a transformação mostrarem do que são feitos.

Um grupo pequeno de pessoas que acreditaram desde o início no ideal maior, incluindo eu, mantinha-se firme e estava disposto a continuar a trabalhar para consertá-lo. A equipe de franquia de marca global de Jane Wildman voltou primeiro às mães para ter certeza de que o ideal estava correto. Depois, levaram a visão e os dados de suporte ao topo da P&G e os apresentaram ao CEO A. G. Lafley. Ele concordou com a recomendação da equipe de continuar a trabalhar o ideal de marca maior, e se tornou o seu defensor verbal junto com sua equipe de gestão sênior.

O que a equipe ouviu quando foi falar novamente com as mães era consistente com o aprendizado original e ajudou a convencer A. G. e outros líderes seniores de que o ideal maior estava certo. As mães, independente do nível de renda e da situação de vida, queriam apoiar seus bebês enquanto eles se desenvolviam e estavam dispostas a investir e a fazer sacrifícios por seus filhos.

Quando a equipe da Pampers visitou um bairro pobre de casinhas amontoadas, nas Filipinas, eles viram o que um dia deveriam ter sido espaços de garagem de uma comunidade em melhores condições servindo de quartos a céu aberto. Crianças e animais de estimação corriam pelas áreas de estar pavimentadas que terminavam em uma rua de pista única, cheia de carros passando.

Uma das mães do bairro disse que acordava todos os dias torcendo para que ninguém estivesse doente. A rotina de seu marido começava com a esperança de que alguém ligasse para o seu celular (não havia serviço de linha telefônica nessa pobre comunidade), oferecendo um dia de trabalho. Era mais fácil para a mãe arrumar emprego do que para o marido, e ela estava prestes a se mudar para Hong Kong para ser babá. Sua mãe tomaria conta do seu bebê e ela mandaria dinheiro para casa. Ela estava tão orgulhosa de sua filhinha. Seu rosto se iluminava quando ela descrevia como a sua filha dançava quando mal sabia andar. Apesar da mãe não querer abandonar seu bebê para tomar conta do de outra pessoa, o sacrifício era válido para dar à sua filha vantagens que eles não poderiam bancar de outra forma.

Em outro bairro pobre das Filipinas, uma mãe mostrou o berço de seu bebê para a equipe da Pampers em uma sala de estar pequena e abarrotada. A mãe havia colocado um jornal em inglês dentro do berço, na esperança de que seu bebê aprendesse um pouco da língua local.

As mães filipinas lembravam a equipe da Pampers de uma nova mãe que eles conheceram na Polônia. Lá, a avó também ajudava a cuidar do bebê, mas, nesse caso, para que o pai pudesse trabalhar e a mãe, ir à faculdade. Todas as três mães queriam uma vida melhor para as suas famílias, e as aspirações de todas elas se centravam em torno de seus bebês. Elas fariam qualquer coisa por eles, não importa qual fosse o sacrifício. Seus bebês eram o seu futuro e, enquanto elas falavam deles, o futuro lhes parecia promissor.

Igualmente importante, a equipe de franquia de marca voltou a pegar a estrada para falar com funcionários da Pampers em todo o mundo. Eles conduziram pessoalmente sessões de treinamento sobre ideal de marca em cada região para treinar e obter um feedback que pudesse aprimorar o ideal.

A parte mais importante dessas visitas acontecia depois das sessões de treino. As equipes de marketing regional conduziam uma autoavaliação de seu trabalho em contraste com a abordagem de desenvolvimento do bebê, e o apresentavam à equipe global. A equipe global tinha que ser acessível e receptiva, ainda que administradora e guardiã do ideal renovado. Isso, às vezes, significava dizer não a trabalhos que as regionais gostavam e, outras, defender que o trabalho desenvolvido em uma região do mundo fosse aplicado globalmente. Um dos importantes aprendizados tirados das conversas com mães ao redor do mundo teve dupla importância: mostrou que a maneira como a Pampers trouxe o ideal de marca para a realidade era tão importante quanto o próprio ideal de marca, e que mães de diferentes partes do mundo reagiam praticamente do mesmo jeito a como nós apresentávamos o ideal de marca, o que deu um verdadeiro impulso aos esforços de Jane Wildman e sua equipe para unificar os trabalhos da Pampers em diferentes mercados.

Lembre-se, esse era um comportamento bastante recente na cultura há muito fragmentada da Pampers. Como Jane resumiu, as comunicações internas e externas sobre o ideal de marca maior, "repetir e trabalhar um ideal de marca pode ser um caso de vida ou morte em uma empresa. A percepção do desenvolvimento do bebê continuava a mostrar grande promessa, mas nós tínhamos que refinar nossa abordagem: mais relevância e empatia para as mães, mais melhoria de vida para os bebês e mais preocupação na hora de trazer pessoas a bordo da organização. Nós tínhamos uma dificuldade enorme com alguns dos gestores seniores e agências parceiras. Eles ainda achavam que se não representasse secura, não era Pampers. Tínhamos que mandar a real para muita gente".

Felizmente, também houve alguns casos de sucesso com a comunicação inicial. É importante conquistar algumas rápidas vitórias e dividi-las amplamente, e uma vitória desse tipo veio do site da Pampers.

A Pampers era líder em marketing digital na indústria de bens de consumo embalados. Desde o começo, a equipe de franquia de marca queria que o site tivesse alcance, apelo e utilidade globais para as mulheres.

Além de falar com as mães sobre a Pampers, o site trazia muitas informações relevantes sobre cuidados e desenvolvimento de bebês e crianças. O site também continha informações sobre como uma gravidez e um parto saudáveis afetavam na saúde posterior de mães e bebês, e no desenvolvimento do bebê. Mães grávidas podiam assinar uma newsletter via e-mail gratuita, com dicas e lembretes para os diferente estágios da gravidez e do parto.

Uma mãe de primeira viagem, na Grã Bretanha, assinou a newsletter de gravidez e parto. Quando ela recebeu um e-mail que descrevia os sintomas do parto prematuro, uma informação nova para ela, reparou que estava vivenciando muitos dos mesmos sintomas. Imediatamente buscou ajuda, e ela e seu bebê receberam o tratamento de emergência que precisavam. Quando a crise tinha acabado, ela enviou um e-mail para o site para expressar sua gratidão. O e-mail dela se espalhou como um raio pela organização da Pampers, inspirando funcionários a continuarem se empenhando em melhorar a vida das mães e seus bebês em todos os lugares.

Com o encorajamento que Deb Henretta e eu demos, a equipe de franquia de marca da Pampers adotou a abordagem de uma equipe, um sonho, no marketing global. O objetivo era criar uma ideia de campanha publicitária que reverberasse emocionalmente e que pudesse ser a peça central para a empresa em todas as regiões e em todos os tipos de comunicação. A equipe encontrara uma ideia e tanto na Europa. Execuções anteriores se mostravam pobres, mas a equipe achava que com a nova compreensão obtida com as mães, eles poderiam fazer aquilo dar certo. E foi o que fizeram, e a campanha "Inspirada pelos bebês, criada pela Pampers" atingiu resultados esplêndidos no mundo todo. Se tornou a espinha dorsal de toda a comunicação: anúncios, e-mail direto, amostras, parcerias com hospitais e profissionais de cuidados com bebês, e marketing digital.

Com uma ideia de marketing robusta que trouxe para a realidade o ideal maior para as mães do mundo todo, as regionais puderam trabalhar melhor juntas. As contribuições das regionais se construíam mutualmente, e o trabalho melhorava enquanto viajava ao redor do globo.

Um elemento-chave nesse sucesso foi trabalhar mundialmente com uma única agência publicitaria. Na década de 90, a P&G seguiu uma prática de usar várias agências diferentes em uma mesma empresa, deduzindo que isto aumentaria as chances de fazer um ótimo trabalho. Não foi assim que aconteceu, e eu fiquei frustrado pela confusão e duplicação que a prática havia criado. Nós escolhemos a Saatchi & Saatchi por causa da paixão das pessoas dentro da agência por ajudar mães e bebês. Estava claro para Deb, Jane e para mim que o pessoal dessa agência, incluindo o CEO, Kevin Roberts, os líderes de conta, Vaughan Emsley, Anne O'Brien e Madeleine Miller, e os líderes criativos, Barbara Boyle e Tris Gates, estavam tão apaixonados com o ideal maior quanto nós.

Uma outra pessoa da Saatchi & Saatchi com aquela paixão era o diretor criativo Cliff Francis. Pouco tempo depois que Jane Wildman entrou para a Pampers, seu telefone tocou um dia, às quatro da manhã. Era Cliff, ligando do outro lado do mundo enquanto estava em uma reunião da agência, na Austrália. Ele só tinha uma coisa em mente: contar a Jane sobre o anúncio de televisão da Pampers que ele havia visto logo antes de entrar em um avião da África do Sul para a Austrália.

Cliff tinha se perdido nos fuso-horários, mas Jane percebeu que ele estava empolgado demais para fazê-lo ligar mais tarde. Com os olhos embaçados, ela levantou da cama e se arrastou pelo corredor, fora do alcance dos ouvidos de seu marido e das crianças que estavam dormindo. Enquanto ela ouvia Cliff descrever o anúncio — trazia uma autêntica mãe sul-africana falando sobre seu bebê, falando de coração sobre como o seu filho estava dormindo melhor graças a Pampers —, Jane sabia que o seu espírito alegre e aventureiro transmitia exatamente o que o ideal de marca maior significava. A compreensão de Cliff Francis deste fato era uma das muitas indicações de que, durante os próximos meses, a Saatchi & Saatchi deveria cuidar de toda a propaganda da Pampers. E anos depois disso, a equipe de marketing continuava a mostrar o anúncio da África do Sul à novas pessoas da empresa para dar a elas uma ideia do que a cultura da Pampers realmente representava.

Quando a Saatchi & Saatchi começou a expandir a campanha mundial "Inspirada por bebês, criada pela Pampers", a Pampers já tinha feito avanços significativos ao transmitir uma melhor experiência de produto. Mas a clareza e a força da nova mensagem ajudou a acelerar tremendamente aquele progresso.

Uma Nova Cultura de Inovação em Produtos de Desenvolvimentos para Bebês

O negativismo que ouvimos quando propusemos essas mudanças, primeiro se desmanchou quando as mães norte americanas, assim como as europeias, as abraçaram. Nós logo paramos com a erosão do nosso market share norte americano feito pela Huggies, da Kimberly-Clark, e mantivemos a nossa fatia dominante na Europa.

Inspirados pelo ideal de marca maior de fazer parceria com mães no desenvolvimento dos seus bebês, a equipe da Pampers prosseguiu, criando a linha premium Baby Stages of Development. Foi lançada no mundo todo com grande sucesso e atingiu um crescimento contínuo de vendas e rendimentos, porque transmitia uma experiência que se aproximava cada vez mais daquele ideal maior. Desde a fralda básica até a linha premium Baby Stages, a Pampers não parecia mais genérica. Detalhes significativos no design da embalagem e das próprias fraldas tornou fácil para as mães identificarem o produto certo para o seu bebê na loja, e melhorou a experiência da troca de fralda.

A organização da Pampers aplicou as últimas descobertas em desenvolvimento de bebê, como estudos clínicos sobre a importância de uma boa noite de sono, em fraldas básicas e premium e, cada vez mais em outros produtos também. Todo produto da Pampers fornecia algum beneficio de desenvolvimento para o bebê e refletia o compromisso profundo da empresa em melhorar a vida de mães e bebês. A loção dos lenços umedecidos para a pele sensível do bebê, por exemplo, era mais suave do que sabão e água para a pele de um bebê.

À medida que esses esforços se frutificaram durante o curso de vários anos, a postura da Pampers no mercado passou de defensiva para ofensiva. Em vez de proteger uma posição negativa na América do Norte, nós reconstruímos o market share de lá, esticamos nossa liderança na Europa e iniciamos uma fase de crescimento explosivo em mercados em desenvolvimento.

Elevar o ideal de marca da Pampers e vender produtos que se aproximavam o quanto possível do ideal restabeleceram vantagem competitiva e superioridade total em experiência de marca. Manter a organização da Pampers nos eixos, através de estágios de recuperação e novo crescimento exigia uma outra leva crucial de mudanças: a maneira que medimos nossas atividades em curto e longo prazo.

Como o Ideal de Marca Inspirou Medidas que Construíram uma Cultura Vitoriosa

Assim como medir a coisa errada e usar a secura como o enfoque principal descarrilharam a Pampers, medir as coisas certas fez a organização deslizar novamente.

A Pampers vazava menos do que a concorrência. Mas vazar menos não era uma vitória em um mercado onde a atenção das mães estava em outro lugar.

Com medidas como uma boa noite de sono, que apresentava uma melhoria de vida significante para mãe e bebê, no entanto, a empresa decolou. A Pampers começou a medir elementos da satisfação do consumidor, como "Essa é a marca que compartilha os meus valores. É uma marca que eu confio. É uma marca que eu recomendaria para outras mães".

A empresa não parou de medir absorvência e reduções de vazamento, mas incorporou esses dados em um conjunto de comparações que refletiam o ideal de marca maior. Com o passar do tempo, P&D e produção não buscavam mais medir apenas a secura, mas se focavam em como ela contribuía para o discurso das mães de que seus bebês estavam dormindo melhor.

Refinar as nossas medidas dessa forma dependia de mudanças na cultura organizacional que eu já havia mencionado. Em especial, dependia de uma nova formação de equipe mais próxima de P&D e produção com design e marketing. Isso significava que engenheiros teriam que se tornar ainda mais sofisticados e precisos em seus números, o que eles adoravam. Fraldas que não apenas mantinham o bebê mais seco do que as da concorrência, mas também, se ajustavam, sentiam, cheiravam e aparentavam ser melhores; embalagem que não era mais um-saco-que-carrega-tudo; novas linhas de outros produtos — tudo isso exigia tolerâncias muito mais delicadas e complexas, modelos inventivos para cada fase.

Os engenheiros não cantavam mais de galo, e alguns nunca se recuperaram do choque. Mas os melhores e mais inteligentes deles perceberam que poderiam acrescentar mais valor a empresa do que antes, e responderam aos seus novos desafios e oportunidades com invenções rigorosamente habilidosas e criativas.

Um exemplo claro disso ocorreu em 2006, quando a equipe de gestão da Pampers se reuniu para debater prioridades de gastos.

Um vice-presidente regional poderoso e com influência discutiu para reduzir o custo da produção das fraldas básicas da Pampers, removendo o design e o colorido característico que as mães e bebês adoravam. O defensor mais fervoroso dos designers naquele dia era o chefe de produção, um dos engenheiros veteranos da P&G, que prometera encontrar uma outra maneira de economizar dinheiro, em vez de sacrificar a contribuição do design mais adequado aos bebês para o ideal de marca maior.

Mudanças significativas nas práticas e medidas de recursos humanos motivaram tais respostas em cada área da empresa. Planos de carreira na P&G, como na maior parte do mundo corporativo, há muito significavam uma sucessão de tarefas de dois anos com nenhuma conexão inerente entre elas. Elas, normalmente, eram breves demais para irem até o fim de uma iniciativa que melhorasse significantemente o crescimento em longo prazo da empresa ou do indivíduo envolvido. O resultado era que a P&G, muitas vezes, premiava as pessoas pelo que elas começavam a trabalhar, em vez do que elas completavam.

Típico da síndrome do "não fomos nós que criamos", a P&G costumava prestar atenção em ideias e inovações criadas em casa, ignorando o valor daquelas de fora. A companhia dizia que queria um ótimo trabalho em equipe, mas não estava medindo e recompensando para promover isso.

Desde muito tempo eu já me sentia frustrado por essas realidades da vida corporativa, e quando eu assumia papéis maiores de liderança, eu sempre tentava tratar delas dentro da minha área de responsabilidade. Como chefe da Pampers Europa, e depois brevemente como o primeiro empresário artista global da Pampers, antes de Jane Wildman me suceder, eu pedia para as minhas equipes de liderança para ficarem no projeto mais tempo do que o usual na P&G. Eu assegurava de recompensar os seus bons resultados com aumentos, promoções e reconhecimento. Também colocava bastante ênfase em reaplicar e melhorar boas ideias, da mesma forma que em criá-las.

Ainda era importante para gerentes ambiciosos ganhar experiência em diferentes áreas funcionais e ganhar uma perspectiva ampla, mas uma continuidade maior dentro da Pampers e na categoria de produtos para bebês acelerava o crescimento contínuo da empresa e uma nova geração de talentos na liderança. Depois de me tornar diretor de marketing global, eu trabalhei com Deb Henretta e Jane Wildman para continuar essas abordagens com a Pampers e com produtos para bebês, e comecei a duplicá-los — com resultados igualmente bons — com outros líderes da P&G, em outras empresas.

Uma vitória inicial referente à melhores práticas veio quando Jane Wildman me sucedeu como líder de franquia de marca da Pampers. Quando estava trabalhando em uma loja da Tesco, na Grã-Bretanha, ela descobriu que os lenços umedecidos para a pele sensível do bebê da Pampers, lançados recentemente, estavam indo bem por toda Europa. Jane deduziu que outras regiões também estivessem fazendo marketing do produto. Mas quando retornou aos Estados Unidos e perguntou sobre os resultados de lá, ela descobriu que a equipe americana não havia nem feito teste de mercado ainda. Era um reflexo da ainda fragmentada cultura da Pampers, com países e departamentos competindo uns com os outros mais do que com os adversários de mercado da Pampers.

O gerente da marca americana da época, Robert Van Pappelendam, era relativamente novo na empresa. Originalmente da Holanda, Robert não tinha nenhum problema em reaplicar uma abordagem europeia bem sucedida. Ele fez uma viagem rápida à Europa e trouxe de volta o produto e a propaganda. Quando o teste de pré-mercado mostrou resultados bem positivos, ele rapidamente lançou os lenços umedecidos para a pele sensível do bebê da Pampers em todos os Estados Unidos, onde eles se tornaram um tremendo sucesso. Aquilo ajudou a estimular toda uma série de reaplicações e extensões de inovações de sucesso, e melhores práticas dentro da Pampers mundialmente.

Mapear planos de carreira prolongados dentro da Pampers e combinar as necessidades da empresa com pessoas que tinham paixão pelo seu ideal de marca também pagavam grandes dividendos. Transições de gestão melhoravam em todos os níveis e os resultados da empresa como um todo melhoravam cada vez mais. A gestão de Jane Wildman como líder de franquia de marca global da Pampers durou cerca de oito anos, e a sua equipe central teve continuidade semelhante. Eles atingiram resultados impressionantes em toda uma gama de medidas: crescimento orgânico da empresa, retorno de investimento e questionários da P&G sobre efetividade na liderança. Inclusive, a equipe da Pampers levou a P&G a alcançar mais de 90% de todas as medidas. Seu aumento constante em experiência em gestão, tino empresarial e conhecimento de mercado também contribuíram enormemente para o sucesso de toda a equipe global de produtos para bebê da P&G.

Quando Jane se aposentou da P&G em 2008, sua sucessora no cargo de líder de franquia de marca global da Pampers, Frances Roberts, já trabalhava na categoria de produtos para bebê há dez anos. Ela tinha adquirido um complemento total de experiência funcional e gerencial, mas de uma forma coerente em vez de dispersa. Como resultado dessa continuidade em seu plano de carreira, Frances tem conseguido manter a empresa da Pampers em um caminho impressionante de crescimento contínuo.

Você tem o que mensura, e se você medir em termos de ideal de marca, você obterá excelentes resultados.

Uma Cultura Anticomplacente: Sempre Evoluindo, Sempre Melhorando

Uma característica da sustentabilidade em uma empresa é ser apto a expandir em, e se adaptar a um ecossistema difícil de mercado novo. Para as companhias americanas de todos os tipos nenhum mercado tem sido mais difícil de entrar do que o da China, e a paisagem de suas empresas é cheia de sobras de esperança de vender produtos e serviços ocidentais para os seus mais de 1,3 bilhões de habitantes.

O ideal de marca da Pampers de desenvolvimento de bebês não era apenas para famílias de classe média e influentes em mercados desenvolvidos. Em países em desenvolvimento, a Pampers tinha que vender produtos que servissem ao seu ideal maior a um custo mais baixo.

Na metade da década de 2000, a equipe da Pampers prestou mais atenção nas mães e bebês da China e de muitas partes do sudeste da Ásia. Eles aprenderam que a tradição por lá era usar um pedaço de pano entre as pernas do bebê que era segurado por uma "split pants", calças para bebês com uma abertura na virilha onde a mãe poderia trocar o pano.

Durante os dias de "a máquina é quem manda" e "não fomos nós que criamos", a Pampers teria tentado instruir as mãe na China e vender a elas a mesma fralda comercializada nos Estados Unidos. Eu estou certo de que, apesar de escutarem educadamente, as mães na China teriam ido embora pensando que dez mil anos fazendo as coisas da maneira chinesa não poderia ser tão ruim.

Motivados pelo ideal de ajudar mãe e bebês em cada cultura ao redor do mundo, a equipe da Pampers escutou as mães chinesas com atenção, e P&D, produção, pesquisa de mercado e marketing, todos trabalharam juntos para criar uma fralda Pampers que satisfizesse as necessidades das consumidoras chinesas, e no preço certo. A nova fralda ganhou aceitação de milhões de mães da classe média burguesa da China, tornando a Pampers uma das empresas de sucesso ocidental mais significantes na China e a se posicionar para um maior crescimento por lá.

Durante a década de 2000, a Pampers se empenhou em melhorar a coordenação do seu marketing local e global para diminuir os custos da empresa e aumentar o retorno de investimento através de um trabalho melhor. Jane Wildman e sua equipe estruturaram um processo de planejamento global master para tratar dessa necessidade. Eles cortaram pela metade o número dos projetos de marketing, obtendo mais foco das agências parceiras mais talentosas nos projetos restantes, altos valores de produção e uma redução dramática nos custos totais. Eles testaram rigorosamente o marketing resultante em todo o mundo e descobriram que o trabalho funcionava melhor do que na época em que havia o dobro do trabalho no quadro de planejamento global.

A equipe realmente encontrara o equilíbrio certo entre escala global e efetividade local. O marketing não é imposto às regiões, mas desenvolvido de acordo com as suas informações. Cada região tem posse de, no mínimo, um grande projeto de marketing, e todas as regiões podem ajustar os resultados para as suas necessidades particulares. Essa “abordagem melhor e mais barata”, como o pessoal da Pampers apelidou, melhorou o retorno de investimento e ajudou a Pampers a difundir grandes ideais globalmente. Os concorrentes têm muito menos facilidade para ver o que a Pampers está testando em um mercado para depois se lançarem em outro mercado diferente com um trabalho copiado.

Enquanto a criatividade era abundante, o sistema arquitetado para apoiar o trabalho era igualmente importante. A equipe de franquia global ligava regularmente para as agências parceiras toda manhã de segunda-feira, para revisar os briefings de criatividade, e as equipes das agências e das franquias tinham reuniões a cada trimestre para discutir os assuntos mais complicados, normalmente na mesa da cozinha de Wildman.

Vestígios de um comportamento disfuncional podem surgir de maneira desestabilizadora praticamente a qualquer momento na transformação da cultura de uma organização, até mesmo muito depois da transformação parecer ter se completado. Inclusive, líderes empresariais nunca devem presumir que o trabalho na cultura de uma organização está totalmente completo.

Se comportamentos fora do ideal são erros bem intencionados ou parte de uma iniciativa duvidosa de um gerente muito ambicioso, você deve estar preparado com uma resposta. Em uma tarde, os diretores de marketing da Pampers de todas as partes do mundo estavam reunidos em Cincinnati, como faziam umas duas vezes ao ano. A pauta sempre incluiu oportunidades para os diretores de marketing compartilharem os trabalhos mais interessantes de suas regiões, desde anúncios impressos e televisivos até trabalhos digitais interativos. Após a apresentação de cada diretor, o grupo discutia os pontos fortes e fracos em destaque do trabalho, com uma ênfase especial em maneiras de reaplicar o excelente trabalho de uma região nas outras.

Chegara a vez de um diretor de marketing da América Latina apresentar a melhor iniciativa nova de sua equipe, um anúncio de televisão. Ele apertou o play e, na tela da sala de reuniões, apareceu um grupo de bebezinhos pelados, todos olhando para os seus pênis e cantando "Eu estou tão enrugadinho", para mostrar que as fraldas das concorrentes não conseguiam deixá-los sequinhos. Alguns sussurros e um farfalhar de papeis se sucederam a isso. Finalmente, alguém perguntou ao diretor de marketing o que o anúncio expressava sobre o ideal de marca maior, que ia além da secura, e por que sua equipe o achou apropriado. O diretor de marketing ficou meio perdido, mas disse que o anúncio havia tido uma ótima resposta no Brasil.

Nesse momento, a diretora de publicidade global, Mathilde Delhoume, que estava na Pampers desde a década de 90 e fora uma das pioneiras do ideal de marca inicial da Pampers, se pronunciou. Ela apontou de uma forma não constrangedora, mas firme, que, além de certamente ofender as mães em muitos outros mercados, o anúncio não tinha nada a ver com o ideal de marca. O anúncio teve os seus dias contados naquele exato momento.

O problema não era a experimentação local, mas uma experimentação local que não se enquadrava no ideal de marca. Um ótimo exemplo de experimentação local que influenciou o mundo todo surgiu quando Jane e sua equipe começaram a procurar uma causa relativa ao desenvolvimento de bebês para se associarem globalmente. A Pampers tinha um longo histórico de apoio à causas envolvendo bebês, e a equipe achava que a empresa deveria se aproveitar da vantagem de sua escala global para fazer uma grande diferença na vida de mais bebês. Durante uma reunião de marketing global, a equipe da América Latina dividiu informações sobre um programa de causa de marketing que a Pampers estava apoiando na Argentina, e lentamente se levantando de uma crise econômica devastadora. A Pampers estava fazendo uma parceria com a UNICEF para ajudar a alimentar as crianças argentinas que passavam necessidades.

A equipe da América Latina mostrou o anúncio de televisão que estava circulando para essa iniciativa. Quando o anúncio terminou, não havia sussurros, nem farfalhar de papeis. Havia um silêncio total, mas não de receio. Não tinha uma pessoa com um par de olhos secos na sala, e a franquia de marca global soube que a UNICEF seria a parceira mundial perfeita para a Pampers.

Desde então, o foco da parceria com a UNICEF se modificou. Após testes na Bélgica, Grã-Bretanha e Japão, um novo programa Pampers-UNICEF se expandiu em basicamente todas as regiões do mundo, em 2008. Carregando a mensagem "Um pacote = uma vacina", o programa buscava eliminar mundialmente o tétano em mães e recém-nascidos. As mães amam porque sabem que estão fazendo uma diferença positiva com cada compra de um produto em que elas confiam e precisam. A UNICEF ama porque está ajudando a acabar com mortes altamente dolorosas, ainda que preventivas. E os funcionários da Pampers amam porque incorpora verdadeiramente o ideal de marca maior da Pampers: para se desenvolverem e explorarem, os bebês precisam estar saudáveis, e o tétano era uma doença que a Pampers podia ajudar a erradicar.

A expansão da parceria da UNICEF da Argentina para o resto do mundo parece trivial. Desde o começo tem feito um bem enorme para mães e bebês menos afortunados, ao mesmo tempo em que cresce a empresa e melhora a sua imagem. O que tem para não gostar?

Durante uma discussão com a equipe da Pampers, eles me repassaram resultados recentes da parceria Pampers-UNICEF. Eu perguntei quando o programa iria para o nosso maior mercado, os Estados Unidos, onde já havíamos obtido bons resultados em testes. A equipe explicou hesitante que na última reunião global de marketing da Pampers, a diretora de marketing dos Estados Unidos anunciara que ela e seu país estavam procurando uma causa própria.

Era o "não fomos nós que criamos" novamente no pedaço, mas eventualmente o grupo de marketing americano aderiu ao programa. A história tem um final feliz: a equipe dos Estados Unidos levou o programa da Pampers-UNICEF a novas alturas, incluindo a participação da atriz e mãe, Salma Hayek, como garota propaganda e destaque no programa de Oprah Winfrey e do encontro anual da Clinton Global Initiative. Mas não foi fácil, e isso demonstra porque você nunca deve parar de trabalhar o processo de alinhar a sua cultura com o seu ideal.

Entretanto, as recompensas eram enormes: dos US$3,4 bilhões em vendas globais ao ano, de quando eu entrei para a empresa, em 1997, a Pampers foi passando firmemente para US$4 bilhões, US$5 bilhões, US$6 bilhões, US$7 bilhões e até US$8 bilhões ao ano.

Isso é crescimento orgânico de vendas com as margens de lucro saudáveis, não crescimento de margem baixa através da aquisição custosa de outras empresas. Quanto maior é uma empresa, mais difícil se torna alcançar esse tipo de crescimento. Uma empresa do tamanho da Pampers dobrar em dez anos, ilustra quão poderosos podem ser os ideais.

A Pampers continua a alcançar desempenhos cada vez melhores através de seu comprometimento com um ideal de marca maior. Ultrapassou os US$9 bilhões em vendas globais anuais, subindo aos US$10 bilhões. O market share na América do Norte voltou a subir a quase 40%, a empresa é completamente dominante na Europa e o crescimento está lá nas alturas em mercados em desenvolvimento, como China e Índia. O motor mais importante para esses resultados financeiros, como me disse o meu sucessor da P&G, é o efeito da parceria Pampers-UNICEF nas vendas. E sobre o relevante problema de sempre de continuidade de liderança, Martin Riant, um talentoso líder "com as duas partes do cérebro" do Reino Unido, assumiu o cargo de Deb Henretta na metade da década de 2000 e está no seu sétimo ano no papel de presidente de produtos para bebês.

Como acabamos de ver, a história da Pampers envolve todos os cinco galhos da Árvore do Ideal. Mas a cultura teve o papel decisivo, como quase sempre tem, em trazer o ideal de marca para realidade.

Agora, vamos nos aprofundar mais em como comunicar o seu ideal de marca, dentro e fora de sua companhia, para todos aqueles importantes para o seu crescimento atual e futuro.

8

Passo-Chave Número 3

Comunicar o seu Ideal para Engajar Funcionários e Clientes

Frequentemente, eu penso sobre a frase de abertura de Tolstoi em *Anna Karenina* — "Todas as famílias se assemelham, mas cada família infeliz é infeliz a seu modo" — quando se trata das maneiras com que as empresas se comunicam. As empresas de mais alta qualidade — as de mais rápido crescimento, as mais lucrativas e mais inovadoras — dividem uma ameaça comum: sua comunicação de alta qualidade. Tudo — conversas internas, memorandos, relatórios; cartões de visita, material de escritório e assinaturas em e-mails; logos, crédito de produtos, propaganda; comunicação de funcionários, acionistas e consumidores via canais tradicionais e a recente mídia social digital — expressa e fundamenta o ideal de marca.

Performances medíocres ou pobres, por outro lado, comunicam pessimamente no seu jeito unicamente incoerente. Nada — nenhuma voz, nenhum ponto de vista, nenhum propósito — unifica o que elas têm para dizer uns aos outros ou para o mundo.

Os galhos da Árvore do Ideal possuem mesmo uma conexão orgânica, e você não conseguirá ter uma cultura empresarial altamente efetiva sem uma comunicação altamente efetiva. Uma empresa que se comunica como uma equipe com um sonho pode compor uma música linda em conjunto. Uma empresa que comunica propósitos paralelos é apenas um bando de ruído.

As formas de comunicação e pontos de contato nunca diminuem. Elas continuam a crescer à medida que a tecnologia e os comportamentos sociais expandem os canais e a banda larga disponíveis para pessoas — funcionários, clientes, consumidores finais, acionistas — que são mais importantes para o futuro da sua empresa.

A comunicação é a fonte essencial de qualquer relacionamento, e o melhor modelo para uma empresa é a comunicação de um relacionamento humano dedicado. O tipo de diálogo que procuramos e do qual dependemos em nossas vidas pessoais é um diálogo de confiança mútua, baseado em valores fundamentais compartilhados, com honestidade, respeito, dedicação, carinho e humor.

Primeiro, e mais importante, vem a confiança baseada em valores fundamentais compartilhados. Como John Pepper, presidente de conselho da Disney e ex CEO e presidente de conselho da P&G, coloca, "Confiança é o antídoto que supera o medo — e o medo é o maior inibidor de todos para um relacionamento que acolhe e nutre novas ideias".

Confiança, honestidade, respeito, dedicação, carinho e humor não são os critérios que a maioria das companhias usa para desenvolver e medir as suas comunicações. Mas são os critérios que as empresas mais bem sucedidas usam.

Quando nós avaliamos as empresas da P&G que estavam crescendo muito mais rápido do que a média, descobrimos que aquelas com uma vantagem de confiança sobre a concorrência possuíam uma vantagem de market share enorme — marcas como Tide, Pampers, Downy, Crest, Always. Buscando pelos mecanismos que conquistassem vantagem de confiança e de market share, eu continuava encontrando uma comunicação superior baseada em um propósito maior de servir aos consumidores.

O Estudo Stengel fornece evidências mais convincentes do impacto que a comunicação de qualidade tem nos resultados das empresas. Red Bull, Louis Vuitton, IBM e as suas companheiras das 50 de Stengel destacam-se em alinhar sua comunicação com os seus ideais individuais distintos.

Uma gigante de US$100 bilhões com mais de 400 mil funcionários em todo o mundo, a IBM prova que grandes companhias multinacionais podem ser unidas através de um ideal ambicioso e inspirador de crescimento. Para a IBM, esse ideal, centrado no campo dos ideais de impactar a sociedade, é "construir um planeta mais inteligente".

A campanha da IBM "Vamos Construir um planeta mais inteligente" é brilhantemente concebida e magistralmente executada. Mas não são apenas os talentos e recursos de propaganda e marketing, pagos pelo vasto orçamento de marketing da IBM, que tornam isso possível. Orçamentos iguais ou ainda maiores, empregando as agências criativas mais aclamadas, são desperdiçados regularmente por empresas que não fazem o que dizem, só fazem o que fazem.

Uma campanha de comunicação brilhantemente concebida e magistralmente executada pode ganhar prêmios. Por um tempo, pode até influenciar favoravelmente públicos de clientes, consumidores finais e acionistas. Mas, se a campanha for, de alguma forma, desonesta, intencional ou não, a verdade irá cedo ou tarde furar o seu balão inflado.

Quem consegue agora ler ou ouvir "BP, além do petróleo" e não ter flashes de imagens do vasto derramamento de petróleo no Golfo do México, em 2010, e seu impacto brutal no meio ambiente e em comunidades locais? Segure essas imagens em sua mente por um momento, e você começará a ouvir o rebuliço de programas de entrevistas na TV sobre a "BP, banhando com poluição". Pense nelas mais um pouco, e talvez você possa até repassar na sua mente o que as mídias de informação expuseram sobre as práticas ambientais e de segurança da British Petroleum que levaram até o derramamento de petróleo.

Mas sempre que a IBM fala sobre IBMistas ajudando a construir um planeta melhor, aquele lindo texto simplesmente afirma a verdade. Desde a sua fundação, em 1911, a IBM tem se concentrado em fazer o mundo funcionar melhor, das suas primeiras máquinas de tabulação até o sistema 360 da IBM e os avanços industriais que possibilitou, abrindo portas para os computadores pessoais a partir do PC da IBM até a integração de serviços para os sistemas mais complexos e sensíveis do mundo. Todo plano de trabalho de um funcionário atual da IBM envolve a contribuição para o objetivo de construir um planeta melhor.

Em uma longa conversa para este livro, John Kennedy, vice-presidente de marketing corporativo da IBM, disse "A ideia duradoura que é a essência da IBM já significou coisas diferentes em momentos diferentes de nossa história. Em um momento, aquilo significou automatizar os escritórios. Em outro, significou levar um homem à lua no programa espacial da Apollo. Hoje, significa todos os sistemas que mantêm o mundo funcionando na saúde, no transporte, na rede elétrica, nas infraestruturas dentro da indústria. Temos que falar com diversos públicos sobre essas coisas, e o que 'construir um planeta melhor' faz é nos possibilitar a engajar todos esses públicos em um nível de crenças profundas sobre o mundo. As conversas que temos com nossos clientes, por exemplo, começam com uma visão compartilhada na hora de olhar para o mundo, uma crença comum em como a tecnologia pode melhorar o mundo".

A IBM reconhece que nos comunicar com as pessoas dessa forma não é apenas uma opção, é uma necessidade. Como John me disse, "Porque o mundo é hoje muito mais transparente, nós temos que deduzir que nossos públicos têm mais informações do que nós. As pessoas têm acesso a tanta informação, elas sabem ou podem descobrir tantas coisas sobre o mundo e os produtos e serviços que estão disponíveis a elas, e têm expectativas muito mais altas a respeito das companhias por trás daqueles produtos e serviços. Se você quiser vencer neste tipo de ambiente, cada parte da sua empresa precisa atender um padrão alto".

John me deu uma informação valiosa para resumir essa tendência contínua. "As mídias sociais", disse ele, "são um boca a boca em escala".

Aquele fato estrutural é o que torna um autêntico e excelente ideal de marca tão poderoso hoje em dia. Você sabe que não pode esconder o seu verdadeiro caráter dos seus vizinhos. A verdade se espalha rápido por cima da cerca do jardim. E, hoje, você nunca sabe exatamente quem são todos os seus vizinhos (virtuais). As cercas do jardim são agora o Facebook e o Twitter, e as mídias sociais se expandiram dramaticamente e aumentaram as conversas que uma empresa deve ter, não somente com seus clientes e consumidores finais, mas também com funcionários e todos aqueles que são importantes para o seu futuro.

A IBM tem sido uma líder em comunicação centrada em um ideal nesse ponto também, uma das primeiras grandes companhias a se agarrar ao poder das mídias sociais internamente. Os seus Innovation Jams (o primeiro acontecera em 2001) com dez mil IBMistas ao redor do mundo participando durante um dia ou um final de semana, através de mídias sociais, se tornou um elemento indispensável em seu programa de inovações.

Quase sempre são os participantes do Innovation Jam que falam conosco nos anúncios da IBM. São eles que nos dizem o que a IBM está fazendo na área da informática da saúde, tecnologia de redes elétrica e de transporte, e por aí em diante, e quem, então, se vira para nós e diz "Eu sou um IBMista. Vamos construir um planeta mais inteligente".

Eu sempre me emociono pela forma com que essas mensagens retratam verdadeiramente uma equipe com um grande sonho, e nos convidam a ser parte deste sonho.

A publicidade é apenas um aspecto da comunicação, mas é um aspecto importante. A equipe do Estudo Stengel estudou o banco de dados de testes de publicidade da Millward Brown, o Link, que fornece as melhores informações de testes de anúncios do mundo. Nós descobrimos duas importantes medidas de comunicação que pontuavam além da média de uma amostra das marcas das 50 de Stengel: envolvimento ativo na publicidade e potencial viral. Em linguagem mais simples, as pessoas que vivenciavam as propagandas de uma amostra das 50 marcas de Stengel e as de suas concorrentes se sentiam mais envolvidas com as propagandas das marcas das 50 de Stengel e as achavam mais interessantes, mais diferentes, mais positivas. Elas também tendiam mais a querer compartilhar a propaganda com outros.

O que eu aprendi com as minhas experiências e com as pesquisas do Estudo Stengel é que a comunicação de uma empresa deve ser holística, um complexo orgânico em todos os sentidos. O jeito de fazer isso é através de altos níveis de inteligência emocional, o que começa com a grande habilidade de saber escutar.

Uma boa comunicação inicia-se com uma parte do relacionamento buscando uma compreensão mais profunda da outra parte. Mas como você bem sabe, de sua vida pessoal e profissional, nem sempre as pessoas dizem o que está dentro de suas mentes e de seus corações. É a mesma coisa que acontece com os seus relacionamentos pessoais com o seu esposo ou esposa, ou pessoa importante, com seus filhos e amigos próximos. Antes deles abordarem explicitamente uma questão, positiva ou negativa, você consegue notar que alguma coisa importante está se passando dentro deles através de suas expressões faciais, linguagem corporal e o tom de suas vozes. Até mesmo animais de estimação sabem o que estamos sentindo muitas vezes bem antes de nós mesmos nos conscientizarmos disto, pois eles nos observam bem de perto.

Novamente aqui nós temos dados concretos do estudo de neurociência da Millward Brown que confirmam as medidas mais tradicionais do banco de dados do Link. Medidas implícitas e baseadas na neurociência cognitiva também mostram que os consumidores acham as marcas das 50 de Stengel mais simpáticas e mais baseadas em ideais, para serem mais claras e memoráveis no que representam do que as suas concorrentes. As pessoas por trás dessas marcas praticam o que você pode chamar de escuta holística: prestar atenção a todos os sinais, explícitos e implícitos, que afetam as pessoas no modo como pensam, sentem e agem em relação à empresa. Comunicação implícita constitui um poderoso sistema de aviso prévio, se você souber como o interpretar. Durante os próximos anos, medidas baseadas na neurociência cognitiva irão continuar a acrescentar imensamente na compreensão das pessoas mais importantes para o futuro de uma empresa, com entendimentos de como melhorar suas vidas.

Esses dados convincentes da Millward Brown validam o que nós sabemos intuitivamente: a qualidade de nossa comunicação determina a qualidade de nossos relacionamentos. Lembre-se, se você está no mundo dos negócios, você tem um relacionamento empresarial. Você está no ramo de criar laços duradouros com as pessoas mais importantes para o seu futuro.

Um ideal de melhorar a vida das pessoas é a única base para alcançar e manter a comunicação com essas qualidades, para se relacionar com outros através de valores humanos fundamentais compartilhados. Sem uma intenção verdadeira de fazer o bem pelos outros, a comunicação inevitavelmente se quebra e, mais cedo ou mais tarde, o relacionamento também.

Para ver o que uma intenção verdadeira de melhorar a vida das pessoas pode fazer pela comunicação de uma empresa — e seus resultados financeiros — vamos fazer uma viagem "até a Rainha" para nos hospedarmos na Innocent, a companhia britânica (e uma das marcas das 50 de Stengel) com uma meta de 30 anos de se tornar "a companhia de comidinhas e bebidinhas favoritas do planeta Terra", com produtos que "facilitam a vida das pessoas para se cuidarem bem". Este é o ideal de marca simples, mas profundo, da Innocent: facilitar a vida das pessoas para que elas se cuidem bem. Eles estão claramente no campo de ideais de impactar a sociedade, com um toque de estimular alegria, assim como veremos. Depois da história da Innocent, daremos uma olhada em como uma comunicação centrada em um ideal ajuda uma companhia muito maior, a Procter & Gamble, a gerar um crescimento acelerado.

Innocent, em Casa e no Mundo

Fundada em 1999, a Innocent começou fazendo smoothies de fruta que eram vendidos na área de Londres. Desde então estendeu o seu alcance por todo o Reino Unido e Europa, oferecendo produtos que incluíam smoothies para as crianças, tubinhos de suco para o lanche, thickies (smoothies de fruta feitos com iogurte), sucos, e potes de vegetais que podem ser levados ao microondas. A Innocent tem feito tanto sucesso que a Coca-Cola, mais uma marca das 50 de Stengel, comprou 58% de suas ações, em 2010.

As comunicações da Innocent sempre tiveram um estilo e uma voz característicos. Inicialmente, era apenas a logo da Innocent, o rabisco de um círculo em formato de fruta, dois tracinhos no lugar dos olhos e uma auréola; a apresentação do nome da marca com a letra minúscula *i*; e uma descrição divertida do conteúdo de seus produtos na embalagem. Logo expandiu, incluindo canais online como blogs, além dos anúncios tradicionais impressos e na televisão. Animada pelos trocadilhos e piadas de imediata compreensão verbal e visual, a comunicação da Innocent nunca se leva muito a sério. Ela combina a nomeação de seus escritórios decididamente nada ostentosos de Londres, ou de outros lugares, como Torres de Frutas, uma recordação do programa de comédia Fawlty Towers, onde estrelava o fabuloso membro do Monty Python, John Cleese.

O que realmente impressiona é o laço centrado em um ideal que a Innocent criava com os consumidores através de seus produtos e de sua comunicação, e como isso tem dado uma permissão à empresa para tentar coisas novas e aprender com os resultados, bons e ruins. A voz da Innocent permanece única, apesar de contar com muitos imitadores, porque baseia-se na amizade sustentada por um ideal comum entre o diretor de criação, Dan Germain, e os cofundadores Richard Reed, Adam Balon e Jon Wright. A amizade desabrochou durante a primeira vez em que estiveram juntos, na Universidade de Cambridge, e continuou à medida que a companhia prosperava.

"Nós nos conhecemos desde os dezoito ou dezenove anos de idade", diz Dan. "Nossa voz vem da nossa amizade e o tom natural das conversas com alguém que você conhece e confia muito. Quando começamos a falar com as poucas pessoas que compravam nossos produtos assim que a empresa começou, tínhamos que tratá-los como os nossos mais preciosos e queridos amigos. Queríamos que eles comprassem as coisas novamente, e era divertido".

Um dos trabalhos iniciais de Dan era gerenciar a caixa de e-mail, abrindo cartas de manhã, e atendendo o "banana-fone", um telefone de verdade que tinha o formato de uma banana. "As conversas que eu tinha com as pessoas que nos descobriram logo no comecinho foram, sem comparação, as minhas conversas favoritas na Innocent. Porque era como se eu estivesse batendo um papo com um amigo".

O desejo da Innocent de se comprometer da maneira mais direta e espontânea possível com os consumidores vem desde o primeiro teste de marketing de smoothie de seus três fundadores, quando eles tinham empregos na área de publicidade e consultoria, mas queriam começar um negócio próprio. Em uma barraca que montaram em um festival de música em Londres, em 1998, eles colocaram duas lixeiras grandes para os recipientes vazios, com uma placa escrita a mão, pedindo que as pessoas votassem se eles deveriam abandonar seus empregos para fazer smoothies em tempo integral. Depois de venderem todo o estoque, eles contaram os votos: apenas três copos na lixeira do "não" (alegadamente de suas mães), ao passo que a lixeira do "sim" estava transbordando.

Quando eles passaram a vender o produto em garrafas nas prateleiras de supermercado, o rótulo trazia não apenas o seu número de telefone e endereço de e-mail, mas também o endereço físico deles com um convite para "darem um pulo lá para uma visita". Até hoje eles convidam as pessoas para dar um pulinho no escritório, e até hoje têm o banana-fone.

"O banana-fone sempre serviu como o nosso 'bat-fone'", continuava Dan. "Quando ele toca, pode ser a maior emergência da empresa. Pode ser um dos nossos maiores clientes, ligando para encomendar alguma coisa. No começo, com muito mais frequência, costumava ser a minha mãe, ligando para confirmar se eu ia passar na casa dela no final de semana. Mas podia ser qualquer pessoa do nosso universo ligando, e a coisa mais legal era que eu nunca sabia. Então, eu tinha que atender com o mesmo grau de entusiasmo e vigor que eu teria se fosse alguém que eu realmente quisesse ajudar".

Agora existem três ou quatro dos nossos funcionários cujo trabalho é exclusivamente tomar conta dos e-mails, cartas e atender o banana-fone e ter aquelas conversas com as pessoas. E, se as conversas durarem bastante tempo, então, eles continuam o tempo que for.

"Se todas as pessoas encarregadas do banana-fone estão em uma ligação", diz Dan, "e chegam novas ligações, o telefone de todos começa a piscar. Qualquer um na empresa tem que estar apto para atender esses telefonemas. Seja esta pessoa um dos fundadores, um estagiário, quem quer que seja, tem que estar pronto para ajudar quem quer que esteja ligando. E, se for a minha mãe, como às vezes acontece, é a minha mãe".

Então, a Innocent tem uma cultura de encontrar múltiplas maneiras de falar com as pessoas porque parece ser a coisa natural a fazer. Essa é a estratégia de comunicação deles: falar com consumidores da maneira que eles sempre falam entre si, tratar as pessoas que compram os seus produtos como parte de seus círculos de amizades e, exclusivamente, "para atestar que nós estamos abertos para eles, porque se você quiser ligar, ligue. Se quiser dar um pulo no escritório, apareça. Sempre tem alguém perambulando por lá, o que pode ser um pouco irritante. Tivemos algumas pessoas que, vamos dizer, estenderam demais a sua visita. Teve um cara que acampou do lado de fora por quatro dias em uma van e usava o escritório como cozinha pública".

Apesar das falhas ocasionais, essa abertura tem funcionado bem para a Innocent. Uma vez por ano, por exemplo, a Innocent realiza o seu EAA, ou "encontro anual de adultos". Cerca de cem consumidores vêm, em um sábado, passar o dia, e inventar algumas receitas novas. Elas podem escutar os fundadores falando sobre os planos para o futuro e fazer perguntas para as pessoas que fazem a empresa funcionar. Os clientes têm uma chance de ver de perto quem é o pessoal da Innocent e o que eles fazem, e todos vão embora com a sensação de que a Innocent se importa com o que eles pensam.

Fazendo o que diz

Empresas lideradas por ideais inevitavelmente encontram céticos que questionam a sua autenticidade. Um motivo para isso é que as companhias costumam confundir o superficial com o substancial na comunicação. Elas pensam que adotando o vocabulário e assumindo uma atitude de consumidores jovens ou outro alvo demográfico, tudo vai funcionar. As coisas não funcionarão assim por muito tempo. Consumidores de todas as idades crescem rápido nos dias de hoje, e rapidamente abandonam amigos falsos e interesseiros — e, depois, contam para todos os seus amigos no Facebook como a marca os traiu em uma crise.

Você realmente não pode simplesmente não fazer o que diz. Mas é inacreditável quantas empresas e marcas tentam enrolar, contando uma história interessante com uma "voz" popular e atual, e/ou estilo visual, sem fazer o que diz. Às vezes, meus colegas e eu víamos isso acontecer em equipes instáveis da P&G: a comunicação interna e externa não soava verdadeira porque a liderança da equipe não compreendia ou se comprometia totalmente ao propósito principal de sua marca. Em contraste, as melhores equipes aprendiam a como se comunicar e a serem verdadeiros amigos de seus consumidores em tempo bom ou tempo ruim, e, dessa forma, acelerar os resultados de suas empresas e suas próprias carreiras. Eu vejo isso como consultor. E isso se amplia nas 50 de Stengel, cujos estilos variados de comunicação centrada em ideal são todos consistentes com as ações focadas no ideal de suas empresas.

Dan Germain, da Innocent, acredita que ser autêntico é o diferencial. "Você realmente deve estar preparado para entrar de corpo e alma e mostrar às pessoas como é realmente estar no seu lugar. Você não pode apenas dizer 'Ei, olha aqui! Fizemos uma coisa louca de propósito, para que pudéssemos falar no verso do produto'. É preciso ser consistente com quem você é. Aí, então, as pessoas podem vir a gostar de quem você é e criar uma amizade com você. Para a Innocent, sempre uma questão de produtos. Tudo se volta para o fato de que nos empenhamos pela naturalidade".

Quando Dan Germain fala com a sua equipe e a empresa em geral, as palavras que ele usa para dirigir sua comunicação são *útil* e *interessante*. A estratégia convencional diz que a Innocent deveria estar nas lojas distribuindo amostras e panfletando informações sobre as ofertas especiais que as pessoas só querem jogar fora. Nenhuma delas torna a Innocent relevante e útil na vida das pessoas.

O que é verdadeiramente útil e interessante pode até não ser muito bom para vender diretamente para as pessoas os produtos da Innocent, mas pode tornar as suas vidas um pouco melhores — o que, obviamente, é, em primeiro lugar, o alvo principal dos produtos.

"Todos nós da Innocent", diz Dan, "somos como as pessoas que compram as nossas coisas. Bebemos cerveja, comemos pizza, e nem sempre comemos a quantidade suficiente de frutas e vegetais. E inventamos essas deliciosas bebidas para ajudar a eles e a nós mesmos. Depois de beberem, eles podem, então, ir e fazer outras coisas que precisem fazer no seu dia. E enquanto o fazem, podem ler essa coisinha boba que colocamos no verso da embalagem, pois talvez isso possa dar a eles mais um momento de alegria enquanto bebem o seu smoothie ou comem o seu potinho de verduras.".

Dan continuou sobre o papel da Innocent na vida das pessoas: "As pessoas vão esquecer da Innocent por um tempo. Até porque, quanto tempo as pessoas passam de fato pensando conscientemente sobre companhias e marcas? Não muito. É por isso que ser útil e interessante apenas ficando amigo das pessoas é uma excelente estratégia em longo prazo, porque quando estão na loja e olham para as prateleiras ou fazem compras online, elas vão preferir comprar coisas que elas sentem ser amigáveis. Ou elas podem também comprar a próxima coisa que você lançar".

A voz e o tom da Innocent podem não funcionar para todo mundo; afinal, ninguém é amigo de todo mundo. Não vai funcionar se você aderir à ideia de que as empresas devem fazer perfeitos trabalhos de comunicação ou anúncios perfeitos que falarão com todos, sem alienar ninguém. Algumas vezes, a Innocent acerta em quase tudo, outras vezes eles não acertam. Faz parte da natureza humana, com todas as suas falhas.

Também significa que as pessoas sabem que a galera da Innocent é humana, o que é bom. Que se reflete nos produtos e ao fato de que a Innocent se empenha na naturalidade. Está tudo bem se as pessoas virem falhas de vez em quando, e compreenderem que o que está acontecendo é natural, que não está saindo de uma máquina homogênea.

Um exemplo de não acertar na comunicação foi a saga das "ameixas freiras". "Nossa intenção nunca foi ser grosseiro e ofender no texto de nossas embalagens", diz Dan, "mas nossos rótulos realmente contêm 'ingredientes engraçados' como 'uma banana, uma laranja e um cortador de grama' ou 'um chapéu de caubói dez litros' – apenas algumas coisas para as pessoas darem umas risadinhas. Em uma de nossas embalagens iniciais, nós colocamos 'Os ingredientes desse smoothie são: duas maçãs, uma banana, três morangos e duas freiras roxinhas".

O lance das freiras roxinhas não passou pela goela de algumas freiras e de outras pessoas — os burocratas das Normas de Inspeção de Comércio local, por exemplo. A Innocent recebeu uma carta de parem e desistam de um policial, que literalmente disse, "vocês devem ou remover essa frase do seu rótulo, ou começar a colocar esses itens na bebida". Dan e os outros se divertiram bastante respondendo a carta, dizendo que a Innocent iria mudar o rótulo, em vez de colocar freiras roxinhas no smoothie.

Unidade de Voz

Dando uma olhada na variedade de comunicação da Innocent — sites para adultos e crianças, blogs, anúncios impressos e na televisão, até o que é chamado de "Documento Laranja", uma resposta ao governo do Reino Unido, ou como são chamados, documentos brancos, sobre dieta e saúde pública — eu estava impressionado em quão consistente eles são em estilo e tom. O vocabulário muda um pouquinho de um público para outro, mas a voz inconfundível da Innocent unifica tudo.

A Innocent simplesmente se manteve firme no que ela era e no que fazia, confiando no fato de que todos os seres humanos dividem certas preocupações e valores fundamentais. Dan criou uma conexão ali para os melhores comediantes e comunicadores e sua habilidade de puxar algumas cordas profundas às quais todos os seres humanos reagem. "Se você pensar no Gordo e o Magro ou em Steven Spielberg, não importa se você tem cinco ou oitenta e cinco anos, existem emoções humanas e gatilhos básicos que estão dentro de cada um, independente de idade e histórico. É por isso que um filme como *Quem quer ser um Milionário?* foi um sucesso tremendo. Basicamente qualquer um pode assistir aquele filme e sair pensando 'Isso foi agradável. Isso foi bom'. É por isso que *ET* é um dos melhores filmes de todos os tempos.".

Da mesma maneira, a Innocent "tenta não ter vozes diferentes para públicos diferentes. Só porque você é um nutricionista ou um médico, não significa que você não goste de piadas. Não significa que você não se divirta. Não significa que você não goste de todo o repertório habitual da Innocent. Então, eu sou um grande defensor de manter toda a nossa comunicação praticamente a mesma."

Isso se aplica tanto na comunicação interna quanto externa da Innocent. "Não existe", diz Dan, "uma maneira de nos comunicarmos externamente que seja diferente do jeito que falamos dentro da empresa. Se eu penso no que está acontecendo na nossa página no Twitter e o que se passa no nosso blog interno, não há uma clareza do que é comunicação externa e o que é comunicação interna".

Como o sucesso "planeta mais inteligente" da IBM, isso ilustra um dos melhores benefícios de concentrar a sua empresa em torno de um ideal: a habilidade de trazer todos aqueles importantes para o futuro da empresa para uma conversa em comum, com valores e propósitos compartilhados. Dentre outras coisas, isso torna possível ter conversas complexas de um modo que tratasse e resolvesse rapidamente o problema em questão. Nós vimos isso com a Method ("Passamos dos limites com o vídeo da mãe no chuveiro?", "Fizemos a coisa errada na Costco?"), com a Discovery ("Deveríamos mesmo ser a TV tatuagem?") e Pampers ("Seremos uma cultura onde 'a máquina é quem manda' ou 'o cliente é quem manda'?", "Por que esse anúncio não tem a ver com o ideal?", "Vamos deixar que dois gerentes teimosos tirem do eixo a nossa parceria global com a UNICEF?").

A Innocent reforça a sua cultura de comunicação unindo todos da empresa nas manhãs de segunda-feira. Em Londres, eles somam cerca de 220 pessoas agora, utilizando o maior espaço do salão de conferências da Innocent, e eletronicamente com os seus outros escritórios. As pessoas de cada equipe ou departamento simplesmente se levantam e dizem o que está acontecendo durante um ou dois breves minutos. Em uma segunda, Dan se levantou e mostrou algumas partes do último anúncio de TV. Outra pessoa falou sobre um projeto de sustentabilidade que a Innocent está apoiando no Quênia. Outra comentou sobre alguns números no desempenho financeiro. Em meia hora, todos aprenderam rapidamente os destaques de todas as áreas da empresa. E havia uma rotatividade, então, durante os próximos meses todos na empresa terão falado nessas reuniões de segunda-feira.

A Innocent promove a comunicação interna alinhada ao seu ideal, como diz Dan, "deixando as pessoas se sentarem 'embaralhadas'. Não nos sentamos por departamento ou equipe. Se você for um design gráfico, você pode se sentar em frente a um cara que está mexendo com logística e se assegurando de que nós tenhamos a quantidade certa de caminhões nas estradas, entregando os produtos certos, e esse cara pode estar sentado ao lado de alguém que lida com a folha de pagamento e essa pessoa pode estar sentada ao lado de um dos fundadores".

Lembra que a Method também tem pessoas de todos os cantos da empresa sentadas 'embaralhadas'? No entanto, isso não é algo que apenas pequenas empresas podem fazer. Um dos passos definidores de mudança de cultura na P&G, na década de 2000, era romper com as divisões rígidas e antigas entre funções e colocar pessoas de áreas técnicas e comerciais juntas no mesmo escritório.

Isso vai ao centro de um protesto que eu escuto algumas vezes: que é impossível para uma companhia grande e complexa estar fielmente centrada no ideal. Quanto maior a companhia, diz o argumento, mais oportunidades existem para as pessoas criarem feudos e se isolarem das outras áreas, de outras unidades da empresa, e da gestão corporativa sênior.

Claro, os riscos de fragmentação e desunião aumentam à medida que a companhia cresce e se torna mais complexa. Mas a P&G provou que uma companhia global com mais de 300 marcas, milhares de unidades de grandes empresas, e 140 mil funcionários ao redor do mundo pode se unir em torno de um ideal compartilhado de melhorar a vida das pessoas, expresso de diversas formas pelas suas diversas marcas. Minha experiência na P&G, e trabalhando com outras companhias bem grandes, é que um ideal, na verdade, é a única coisa que consegue unificar e dirigir crescimento por toda a parte nos maiores e mais complicados empreendimentos. Você pode observar isso em companhias globais dentro das 50 de Stengel, como Coca-Cola, IBM, LVMH, e outras.

Obviamente existe um limite para o número de pessoas que você pode enfiar dentro da mesma sala de reuniões. Mas a tecnologia digital torna possível apagar os limites físicos e aproximar as pessoas no mesmo espaço virtual. Um ritmo bem planejado e bem executado de reuniões efetivas e virtuais, e de comunicação, por todos os canais pode construir e manter uma equipe com um sonho, tendo você 10, 100 ou 100 mil funcionários.

A cada trimestre, como diretor de marketing global da P&G, eu liderava um encontro virtual geral que apelidei de Hora do Marketing com Stengel. Era uma mistura de programa de variedades e jornal de notícias. Além de ter um elemento de diversão (eu liderei um desses encontros virtuais na sede da Nike com bermuda para pedalar), também oferecia um ponto de encontro sério para reunir todos no nosso propósito maior de melhorar a vida dos consumidores ao redor do mundo, reportando resultados e organizando expectativas, e destacando as melhores práticas. Eu dediquei o segmento de recurso daquele momento para uma prática melhor e glorificar aqueles que se associavam a ela como heróis que todos deveríamos usar de exemplo.

Como se Diz "Innocent" em Finlandês?

Como George Bernard Shaw costumava dizer "a Inglaterra e a América são duas nações separadas por uma língua em comum". Então, como um americano olhando para as comunicações da Innocent, eu não pude deixar de reparar em como um consumidor americano normal interpretaria os termos idiomáticos e as referências culturais desorientadoras, mesmo com a nossa linguagem comum. Ainda assim, a Innocent conseguiu traduzir a sua voz e estilo em linguagens completamente diferentes para aumentar o número de mercados na Europa.

"Foi bastante difícil em alguns pontos", disse Dan, "porque eu não falo todas as línguas das nações para onde nós expandimos. Eu não falo finlandês ou norueguês, por exemplo. Quando levamos a Innocent para a Europa continental, eu fiquei muito preocupado, porque muito do que fazemos é baseado em nuanças e tons e na sagacidade da linguagem cotidiana. Então, quando eu pensei na gente tentando falar com pessoas na Alemanha ou na França ou na Dinamarca, eu me perguntava, "Como seremos engraçados nessas línguas? Como iremos nos relacionar com as pessoas? Como seremos divertidos, úteis e interessantes?".

"Curiosamente, eu falei com as pessoas da Apple sobre essa questão alguns anos atrás. Estava apenas fazendo um pouco de pesquisa sobre como outras companhias mantinham o mesmo tom para públicos diferentes. E descobri que a Apple fez em maior escala o que eu estava planejando fazer, e aquilo me tranquilizou. Porque tudo o que eles fizeram foi sair por aí e encontrar ótimas pessoas.

"Então, quando quisemos mudar a voz da Innocent para a germânica, escandinava, francesa, eu saí por aí e encontrei esses caras chamados Matt, Nicholai e Christian. E eles acabaram trabalhando nos nossos escritórios de Hamburgo, Copenhague e Paris, respectivamente".

"Eu encontrei todos eles via meios nada tradicionais. Conheci Nicholai, o dinamarquês, lendo o seu blog em inglês sobre publicações e literatura e achando muito engraçado. Comecei a falar com ele através de seu blog, depois o entrevistei e bebi uma cerveja com ele. E eu tentei descobrir se, de uma forma doida, ele era um pouco como eu e pensava o mesmo sobre o que a marca da Innocent fazia sobre a natureza, e daí em diante".

"Até hoje, eu não sei se Nicholai, Christian e Matt, têm, respectivamente, xingado as pessoas na Dinamarca, sido grosseiro com as pessoas na França e entediado as pessoas na Alemanha. Mas eu os conheço e confio neles o suficiente para saber que eles tentam dar às pessoas a mesma experiência que nós temos dado às pessoas do Reino Unido. E as nossas vendas e feedback dos consumidores nesses países confirmam que eles estão fazendo isso muito bem".

A estratégia de comunicação da Innocent é também reforçada através da contratação de escritores habilidosos quando abrimos um escritório novo, pois muito do que ela faz é comunicado por texto pela embalagem, internet e pelas mídias sociais. Essa é uma boa ideia para qualquer empresa inicial. Escritores realmente habilidosos podem mesclar a linha entre comunicações externas e internas. Podem ser a voz da empresa internamente, e podem também escrever roteiros para os anúncios. Os escritores da Innocent conseguem escrever e se comunicar com a voz da Innocent em qualquer área, borrar a distinção entre vozes internas e externas, e ser consistentes onde quer que haja comunicação. Uma boa escrita combina introspecção e paixão, razão e emoção, de uma forma que todos possam entender e apreciar. Se você quiser ganhar amigos e influenciar as pessoas ao expressar a essência da sua empresa e de seu ideal de marca, uma boa escrita não tem preço.

A Innocent começou como uma pequena companhia de amigos tentando ajudar as pessoas "a cuidarem bem de si mesmas". Mesmo agora, com rendimentos de US$260 milhões e 250 funcionários, é uma grande companhia de amigos. Mas os princípios de comunicação centrados no ideal que conduzem o sucesso da Innocent não servem apenas para pequenas companhias de amigos. Vamos ver agora como os mesmos princípios básicos fizeram uma mudança radical na comunicação da P&G, e como, em troca, isso gerou crescimento.

A Imersão de Comunicação com o Consumidor na P&G

Na Procter & Gamble, na década de 2000, nós levamos a companhia como um todo e suas empresas individualmente em uma jornada liderada por um ideal para alcançar a qualidade de comunicação que acabamos de ver na Innocent. Nós mudamos interna e externamente de uma comunicação de uma via paternalista, intrusiva e racional, para uma comunicação de duas vias convidada, racional e emocional — as duas partes do cérebro. Descobrimos novas medidas para localizar a confiança, o comprometimento, a lealdade, e o apoio que essa comunicação gerava entre os funcionários, parceiros externos e consumidores. Dentro do portfólio da P&G, quanto mais além nossas empresas viajavam nesta jornada, melhor se tornavam os seus resultados.

Pesquisas imersivas com consumidores são uma forma de aprender sobre as associações implícitas que as pessoas têm em relação à marca, e de fazer essas informações explícitas para os líderes de marca de uma empresa para que eles possam agir conforme o necessário. E as pesquisas imersivas com consumidores e com nossos consumidores varejistas, como Wallgreens e Carrefour, foram cruciais para um novo crescimento em empresas da P&G como Pampers, Olay, Bounty, Crest e Iams Pet Food.

A Iams teve resultados decepcionantes quando entrou na Europa ocidental, e nós saímos em uma busca para determinar os motivos. Ao engajar consumidores na França e no Reino Unido, em um profundo diálogo, cara a cara, nós descobrimos que a ênfase do nosso marketing em aumentar a longevidade dos animais de estimação estava fazendo com que os donos de animais de estimação pensassem, subconscientemente, sobre a morte de seus animais. Na época, a ideia de venda da propaganda da Iams, nossa frase de impacto, era "Bom para a vida", o que acabava formando imagens subconscientes dos queridos animais de estimação das pessoas ficando velhos e morrendo. Em vez da Iams representar a vida, estávamos fazendo com que ela representasse a morte! Viramos o jogo, reposicionando o marketing da Iam de forma que falássemos com os consumidores sobre a oferta de nutrientes certos para cada estágio da vida, desde cachorrinhos e gatinhos, em diante. E a frase de venda publicitária passou a ser "A vida é melhor com Iams". Agnès Sagan, que me ajudou bastante agrupando minha equipe de Praga em uma unidade coesiva, dirigiu o trabalho de imersão na Iams. No último ano de minha gestão como diretor de marketing global, eu pedi que Agnès aplicasse suas habilidades analíticas e de pesquisa na P&G como um todo. Eu também combinei com A. G. Lafley para que Agnès fizesse entrevistas individuais com ele, seu sucessor Bob McDonald, eu, uma grande amostra da equipe de gestão sênior de A. G., e com os parceiros externos principais. Era tudo parte de um trabalho para nos ajudar a evitar a complacência agora que crescíamos mais fortes, para levar nossos compromissos com o ideal de "tocar vidas, melhorando a vida" para um nível acima. Aquilo significava dar uma ênfase maior nos nossos relacionamentos internos e externos, e melhorar a vida através deles, como a nossa verdadeira razão de existir e fonte de nossa vantagem competitiva.

Mesmo antes deste estudo se materializar, A. G. estava tão intrigado com as descobertas da pesquisa de Agnès com as nossas marcas que ele e eu passamos quatro horas discutindo a P&G com ela a portas fechadas, em Paris. Discutimos que tipo de companhia nós queríamos ser, e isso refletia precisamente em que tipo de relacionamento nós queríamos ter com os consumidores. Com uma graciosa brincadeira com as iniciais da companhia, Agnès observou que as melhores oportunidades para um crescimento contínuo estavam em construir um relacionamento de "pertinência e generosidade" com os consumidores, e, deste modo, se tornar cada vez mais relevante em suas vidas. Ela também apontou como alguns de nossos pontos fortes, inclusive o quadro de construção de marca que havia fortalecido a nossa reviravolta, podiam nos limitar se não procurássemos um propósito maior em tudo que fazíamos.

Comunicação e Crescimento

Duas experiências cruciais na P&G me mostraram que melhorando a qualidade de nossa comunicação melhorava também a qualidade de nossos relacionamentos com funcionários e consumidores, o que levava ao crescimento.

Quando eu assumi o reino empresarial da P&G na República Checa e Eslováquia, eu herdei um extenso portfólio de marcas locais da era comunista adquiridas pelo meu antecessor. Apesar de uma das principais cobranças dos meus chefes fosse crescer as marcas internacionais da P&G no mercado local, eu percebi que os consumidores locais, assim como os nossos funcionários de base, que eram obviamente em sua maioria tchecos e eslovacos, tinham vínculos emocionais fortes com as marcas locais. Entretanto, a qualidade desses produtos se encontrava bem abaixo dos padrões da P&G. O sabão em pó, por exemplo, era praticamente só areia quando nós compramos a marca, no início da década de 90.

Com as marcas ocidentais das nossas concorrentes, assim como as do nosso próprio portfólio, entrando no mercado, as marcas locais teriam que ser radicalmente aperfeiçoadas para sobreviverem. Isso custaria um dinheiro pesado em revisão de processos e instalações de produção, e mudanças de ingredientes.

Eu decidi que nós nos focaríamos em algumas marcais locais, e começamos transferindo tecnologia dos nossos detergentes para lavar louça da Dawn e da Fairy e nossos produtos para tecidos, como Tide e Ariel. Os engenheiros da P&G, prevendo as mudanças desses produtos, queriam fazer todas de uma vez. Mas os diálogos que começamos a ter com os nossos funcionários e consumidores locais revelaram que nós deveríamos mudar mais devagar e transformar as marcas locais por etapas. Caso contrário, os consumidores poderiam rejeitá-los como enganosos. Além disso, realizar todas essas mudanças de uma só vez forçaria um aumento de preços dramático e imediato que o mercado local não poderia aceitar naquele momento.

Um abacaxi cascudo era que a escolha de produtos de consumo era tão limitada durante o comunismo, que os consumidores tchecos e eslavos faziam cada uma dessas marcas durar o dobro ou o triplo e as usavam para mais coisas do que os propósitos descritos no rótulo. Aquele detergente de louça que era praticamente areia? Eles o usavam para lavar paredes e assoalhos, assim como para lavar roupas. Tínhamos que ter certeza de que as primeiras poucas fórmulas aperfeiçoadas do detergente pudessem continuar a serem usadas para todas essas mesmas utilidades.

No entanto, nós conseguimos uma recompensa financeira imediata desses esforços. Durante o meu breve mandato em Praga, e por mais algum tempo depois dele, as marcas locais representaram mais da metade do lucro da unidade da empresa como um todo. Mas a recompensa financeira maior e mais duradoura veio de como respeitar as marcas locais melhorou o nosso relacionamento com funcionários e consumidores locais. Isso contribuiu significativamente para a sua aceitação da P&G como uma companhia verdadeiramente interessada em melhorar as suas vidas e que levava as suas opiniões bastante a sério. O resultado foi que eles nos deram mais confiança e se conectaram mais rápido e intensamente com as nossas marcas internacionais do que, do contrário, teriam feito. Consumidores na República Tcheca e Eslováquia sabiam quais marcas vinham da P&G, pois, diferente de como acontece nos Estados Unidos, nós fazíamos a propaganda de todas as marcas como parte da família P&G.

Outra lição importante para mim, em apreciar os relacionamentos emocionais que as pessoas criam com empresas e marcas, ocorreu uma década depois, na metade da década de 2000, depois que eu mandei que a agência de publicidade localizada em Portland, Wieden and Kennedy, trabalhasse na Old Spice e algumas outras marcas. O fundador da agência, Dan Wieden, e eu, tivemos uma das nossas muitas conversas sobre como os tais laços foram criados e mantidos. Dan mencionou que, para sua surpresa, ele descobriu que realmente amava a cultura da P&G, porque os nossos funcionários estavam muito dispostos a melhorar os nossos produtos para o benefício dos consumidores. Mas ele achava que, às vezes, nós levávamos isso longe demais, nos concentrando tanto nos benefícios de produtos aprimorados em nosso marketing e publicidade, que perdíamos oportunidades de desenvolver relacionamentos entre os consumidores e nossas marcas.

Dan e eu tivemos uma discussão sem fim sobre o equilíbrio certo entre a comunicação referente ao ideal de marca e a comunicação referente ao que era novo e aprimorado nas ofertas de uma marca. Mas concordamos sobre a direção que a P&G precisava seguir; foi por isso que eu queria trazer a Wieden and Kennedy para a P&G para atuar nas marcas certas. A Wieden and Kennedy nunca havia trabalhado na P&G antes de eu ter lhes oferecido as suas primeiras marcas, em 2005. Suas campanhas para a Nike exemplificaram uma maneira de falar com os consumidores que submetiam benefícios de produtos à essência ou ao propósito maior de uma marca. O seu avanço eventual na Old Spice acrescentou ímpeto e urgência por todo o portfólio da P&G às mudanças de comunicação que nós já estávamos trabalhando na

Pampers, Ariel, Febreze, Crest, Downy, e várias de nossas outras marcas, incluindo os produtos de higiene feminina Always.

A Always sempre falou com as mulheres em uma corrente de via única de comunicação sobre benefícios de produtos funcionais. Ofuscados particularmente pelos desenvolvimentos na Pampers, a equipe da Always, no começo da década de 2000, começou a se perguntar: e se o propósito ou o ideal da Always pudesse ser ajudar às mulheres a abraçar a sua feminilidade de maneira positiva em todos os países do mundo? A Leo Burnett, agência de publicidade da Always, abraçou totalmente a nova direção.

Guiada por este ideal, a equipe identificou um problema crítico para as meninas em países em desenvolvimento. Em áreas rurais, a falta de acesso a absorventes e tampões menstruais frequentemente forçava as meninas a faltar aulas na escola e contribuía para o alto índice de abandono do colégio, um padrão com consequências negativas para essas próprias meninas e para a sociedade. Em áreas rurais e urbanas de países em desenvolvimento, costumes tradicionais podem também dificultar a adoção de absorventes e tampões menstruais.

Juntamente com a Leo Burnett Mundial, a Always lançou, interna e externamente, uma campanha de comunicação de "aspectos protetores". Ela incluía um elemento filantrópico de contribuir para a educação das meninas em países em desenvolvimento, assim como comerciais de televisão que apresentavam como os produtos da Always ajudavam as meninas a evitarem perder dias de aula. Com ajustes sob medida para cada país, mas retratando consistentemente as meninas adolescentes em atividades não tradicionais, como esportes, essa campanha aumentou as vendas da América do Sul até o Paquistão. Também refletiu intensamente nos consumidores de grupos e demografias com todos os tipos de renda na América do Norte e na Europa. Sobretudo, alimentou o orgulho e a motivação de nossos funcionários em todo o mundo.

Os avanços que fizemos em uma comunicação centrada em ideais e relacionamentos, como companhia e em cada uma de nossas empresas, melhoraram dramaticamente a nossa inovação em alcançar os consumidores quando e onde eles estivessem mais receptivos às nossas comunicações. Vendemos fraldas pela internet na Coreia do Sul quando o e-commerce ainda estava nascendo. Alcançamos mães de renda baixa nas Filipinas via celular antes que outras companhias tivessem testado marketing por este aparelho. Desenvolvemos entretenimento de marca (uma reaplicação para um novo tempo e lugar das primeiras produções de novela da P&G, na década de 50), como o programa de TV de talentos da Head & Shoulders, *Camino a La Fama*, na América Latina. Oferecemos aos consumidores do Oriente Médio uma edição limitada de Tide, para usarem durante o Ramadan, que continha uma fragrância de almíscar tradicionalmente associada às observâncias do Ramadan. Fomos os pioneiros com trabalhos que customizaram cosméticos diretamente ao consumidor, através do Reflect.com, e lançamos um novo empreendimento chamado Tremor, para ajudar as marcas P&G e outras companhias a compreender e propagar o marketing do boca a boca.

Nenhuma das comunicações incríveis da P&G teria acontecido sem a inovação no que nós chamamos de "briefing de comunicação". O briefing é um documento de estratégia que inspira e guia as escolhas de comunicação para as pessoas que você busca agradar. Ele inclui a informação-chave quantitativa, como os objetivos da empresa e critérios de sucesso; introspecções sobre o ideal da marca e as pessoas do seu público, e a ação que você quer que a comunicação influencie.

Apesar da criação de um excelente briefing parecer o bom senso comum, é uma grande questão no mundo dos negócios de hoje em dia. Na metade de 2011, John Harrobin, vice-presidente da Verizon Wireless, a segunda maior anunciante dos Estados Unidos, deu um aviso aos seus 100 funcionários de marketing: o desempenho de seus trabalhos seria avaliado, em parte, por sua habilidade em criar briefings para os seus trabalhos de agências de comunicação. Casey Jones, ex-vice-presidente global da Dell, tem uma prática de consultoria para ajudar a criar excelentes briefings. Ele tem a seguinte visão dramática do problema das companhias: "se você classificasse a indústria em uma escala de 1 a 10, sendo 1 uma horrível direção, e 10, uma excelente, eu diria que as companhias estão atualmente em algum lugar entre 2 e 3.".

Casey vai além para quantificar o problema. "A quantidade de rendimentos dependente da qualidade desses documentos está na faixa dos milhões de dólares. Parece um exagero — até que você tenha visto a qualidade dos briefings e percebido que o trabalho não tem a mínima possibilidade de gerar ROI".

Outra dica-chave da minha experiência e das 50 de Stengel é o poder de projetar a sua organização — interna e externamente com parceiros — para obter máxima criatividade, velocidade, efetividade de custos e clareza de tomada de decisões. Durante os dois últimos anos da minha gestão como diretor de marketing global da P&G, uma das minhas maiores prioridades era atacar esse grande problema organizacional na P&G. Eu contratei a Monitor Group como consultoria para me ajudar com isso, já que se tratava de um enorme projeto global.

O problema que estávamos tentando resolver era bem fácil de explicar. Como nós poderíamos reorganizar as inúmeras equipes de marcas de empresas da P&G e milhares (literalmente) de agências de comunicação em uma estrutura que simplificasse e acelerasse as tomadas de decisões, produzindo propagandas e outras comunicações que gerassem um crescimento mais rápido, reduzissem tempo e gastos, e resultassem em equipes que estivessem mais felizes e inspiradas? O inferno estava, como sempre, nos detalhes.

Depois de vários benchmarkings externos, centenas de entrevistas, inúmeras reuniões, e alguns pilotos, nós começamos a desenrolar um novo e radicalizado sistema para comunicação de marca. Formalizamos o papel dos líderes de franquia de marca dentro de cada grande empresa da P&G, que seriam os empresários artistas da marca, como vimos na história da Pampers, no capítulo 7. Antes, algumas marcas tinham sete ou oito pessoas que tomavam decisões, localizadas nas principais regiões e agindo como líderes de franquia de marca. O novo papel de líder de franquia de marca simplificava as tomadas de decisões, e essa pessoa ficaria responsável pelo ideal e propósito da marca, estratégia e plano de comunicação, identidade visual, estratégia de inovação, e todas as áreas relacionadas ao ideal de marca.

Uma vez esclarecido quem, dentro da P&G, decidia as coisas a respeito das marcas principais, nós podíamos, então, simplificar dramaticamente o nosso sistema com parceiros externos. Reduzimos em mais de 50% o número de agências; escolhemos quais capacidades cada marca precisava (por exemplo, marketing em loja, design, comunicação digital); designamos um líder externo para cada equipe de agência, e compensávamos as equipes exatamente da mesma maneira, em vez de ter variados regimes de taxa. Compensávamos as equipes de comunicação externas pelo crescimento das vendas, e dependíamos que o líder distribuísse a compensação apropriada entre cada membro da equipe da agência.

Antes dessa inovação organizacional rompente, cada agência parceira externa se dirigia a um departamento diferente dentro da P&G, como relações externas, publicidade, marketing de loja, design, e marketing digital. E eram todos compensados diferenciadamente. Dá para imaginar a complexidade e a confusão da responsabilidade da comunicação da marca.

O novo sistema esclarecia a liderança e a tomada de decisões, e isso resultava em um trabalho melhor, custos menores, e equipes mais inspiradas. A P&G ainda segue firme por trás deste sistema, e continua a aprender a como torná-lo ainda mais eficiente.

Porque muito poucas companhias pensam em inovar em como planejam e transmitem comunicação, eu quero destacar novamente que a mesma abordagem de comunicação holística nos serviu igualmente bem em nossa comunicação interna. Na hora de estabelecer objetivos estratégicos da empresa para o ano, minha equipe de liderança de marketing e eu planejávamos as nossas comunicações internas e externas. Apenas quando cada uma de nossas empresas identificava os seus consumidores mais importantes e perspectivas primordiais, que identificávamos as influências e perspectivas primordiais dentro do marketing e de outras áreas em que precisávamos nos tornar defensores de novas iniciativas. Por exemplo, quando estávamos apresentando uma nova metodologia para medir o impacto e a eficiência da embalagem, nós identificamos perspectivas-chave dentro da P&G, design, e desenvolvimento comercial do cliente para ajudar a lançar a iniciativa interna eficientemente.

A publicidade externa é uma maneira importante e de boa relação de custo-benefício para mandar mensagens internas. Ela motiva tremendamente as pessoas quando estas veem a cobertura positiva da mídia em relação à empresa. Na P&G, nós tínhamos uma campanha em andamento de comunicar com mídias-chave, como o *Wall Street Journal* e a revista *Bloomberg Businessweek*, e líderes acadêmicos e outros pensadores para que gerassem histórias, artigos, e criassem o burburinho sobre a companhia como um todo e sobre as nossas marcas. Em 2005/2006, nós convidamos o *Financial Times* para ser a minha sombra por alguns dias, para mostrar como abordávamos empresas inspiradas por ideais. Convidamos alguns professores selecionados de cursos de administração para um "acampamento P&G" de verão para verem quais as novas inovações que estávamos perseguindo. Eu também pensei cuidadosamente sobre os locais para a minha palestra, todos parte de percepções internas e externas da P&G como uma excelente companhia e um excelente local de trabalho.

Durante o café da manhã na Broadway Deli, em Santa Mônica, Lee Clow, diretor global da TBWA\Mundial, de mídia de arte, mencionou para mim que tudo o que uma empresa faz é "mídia". Como prova, ele disse que o melhor anúncio de todos os tempos para a sua cliente, Apple, não fora um anúncio, foi a loja da Apple. Eu tentarei explicar o que ele quis dizer com isso no próximo capítulo, na parte de criar a experiência ideal para o cliente.

Quando olharmos a experiência do cliente, tenha em mente a observação de Lee de que tudo o que você faz é "mídia". Você deve se tornar um comunicador excelente, porque comunicação é a base dos relacionamentos, e bons relacionamentos levam ao crescimento da empresa. E para falar o óbvio, isso é mais importante do que nunca em um mundo de reações rápidas, sempre antenado às mídias sociais.

É isso que você pode começar a fazer nas manhãs de segunda-feira para criar o caminho para se tornar um comunicador baseado em um ideal e inspirado no crescimento, dentro e fora de sua companhia:

- **Trate a comunicação como uma importante condutora de crescimento.** A comunicação dirigida por um ideal é uma prioridade top nas companhias das 50 de Stengel. Ela não é delegada; é uma responsabilidade da liderança. Dan Germain, na Innocent, carrega toda a responsabilidade pela comunicação interna e externa da empresa.
- **Use um relacionamento pessoal como metáfora para projetar a comunicação.** As mesmas características que constroem um relacionamento pessoal dedicado — confiança, honestidade, amor, respeito, dedicação, carinho, humor — também constroem um excelente relacionamento empresarial. A Innocent projeta toda a sua comunicação para os seus "amigos", e busca sempre e verdadeiramente intensificar os relacionamentos com seus funcionários, clientes e fornecedores.
- **Meça a sua comunicação como se avaliasse um relacionamento leal e dedicado.** Vimos no último capítulo como a Pampers modificou a maneira com que media a sua comunicação, e depois como sua comunicação se tornou muito mais efetiva no crescimento da marca.
- **Direcione os seus parceiros de comunicação através de um briefing inspirador, claro e conciso para cada tarefa.** Essa é uma das ações mais poderosas de liderança que você pode tomar, pois é aqui onde você faz escolhas, cria perspectiva e estabelece padrões.

- **Projete o seu sistema de comunicação, interna e externa, para criatividade, velocidade e eficiência máxima.** Eu demonstrei, na minha história da P&G, o potencial para uma comunicação mais efetiva, inspirada em ideal, a um custo mais baixo, com equipes mais rápidas e felizes. O que não amar?

Nosso próximo capítulo discute o quarto galho da Árvore do Ideal: transmitir uma experiência quase ideal. Todos os galhos da árvore devem trabalhar em harmonia, mas existe uma ligação especialmente mais próxima entre comunicar o seu ideal e transmitir uma experiência que o torna uma realidade nas vidas de seus clientes.

9

Passo-Chave Número 4

Transmitir uma Experiência de Consumidor Quase-Ideal

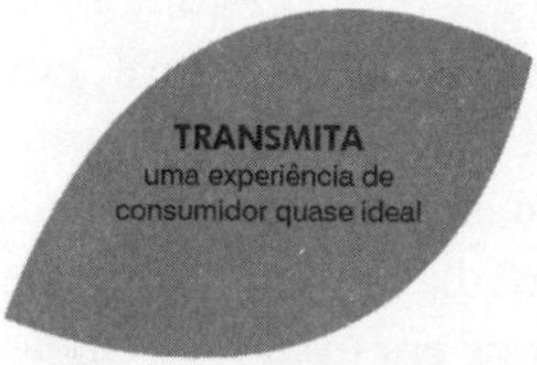

De volta a 2001, quando eu estava decidindo se iria continuar ativamente no trabalho de diretor de marketing global na Procter & Gamble, uma pessoa com quem eu entrei em contato foi Stuart Scheingarten. Um consultor de gestão que liderava sessões de treinamento de liderança para a P&G e era um aniquilador de problemas em questão de pessoal, Stuart não media as palavras para falar. Com o seu sotaque forte e anasalado do Brooklyn, ele dizia coisas que faziam as pessoas se contorcerem, e o fazia igualmente para qualquer um, independente de seus cargos na companhia. Quando havia um gerente problemático, a P&G mandava Stuart para fazer uma consultoria. Ele entrevistava a família do gerente, assim como os seus chefes, colegas e empregados, e depois confrontava o gerente com um diagnóstico brutalmente franco, mas também com alternativas concretas de como mudar para melhor. Quando Stuart faleceu inesperadamente enquanto dormia, em novembro de 2005, a companhia realizou um memorial para ele em sua reunião de gestão global. Gerentes de todos os cantos do mundo falaram, com os olhos cheios d'água, sobre o impacto positivo que Stuart havia tido em suas vidas pessoais e profissionais.

Stuart e eu nos conhecemos quando eu era um jovem gerente de marca, e ele se tornou um mentor e amigo a quem eu podia pedir conselhos sobre qualquer assunto. Se ele já estivesse presente, eu não precisava nem perguntar o que ele pensava. Ele fazia questão de se pronunciar e me contava.

Eu chamei Stuart para um encontro de almoço, e ele me prendeu em uma discussão profunda sobre o papel de diretor de marketing global e o meu encaixe potencial no cargo. Ele também me deu o proveito de seus pensamentos sinceros sobre a P&G, que ele conhecia intimamente após 25 anos de consultoria altamente impressionante. Ao final de nossa conversa, Stuart disse, "Você deveria ir fundo, Jim. Mas se você pegar o emprego, o pior erro que pode cometer é falhar em ser ousado. A P&G teve, em certos momentos, lideranças duras durante os anos, mas não está acostumada com uma liderança ousada, e é exatamente o que ela precisa neste exato momento. E você, particularmente, vai precisar ser ainda mais ousado do que jamais fora em qualquer trabalho da P&G".

A sugestão de Stuart para ser "ousado" não apenas se classifica no melhor e mais oportuno conselho de carreira que eu já recebi, mas é especialmente pertinente quando se trata de comunicar uma experiência que transmita o seu ideal de marca e agrade os clientes. Na verdade, eu penso nisso sempre que entro em uma loja da Apple.

Sim, eu entendo perfeitamente que você pode ter atingido o ponto de saturação quando se trata de histórias sobre como a Apple e seu último CEO gênio são fabulosos. Mas considere esta aqui. Na época da virada do milênio, a Apple não era o sucesso icônico que o mundo inteiro reverencia hoje em dia. Ron Johnson, vice-presidente sênior de varejo da Apple entre 2000 e 2011, largou a sua posição sênior na Target, uma companhia de grande crescimento, e mudou a sua nova família de Mineápolis para o Vale do Silício, em 2000, para fazer parte de uma companhia que não estava se saindo tão bem assim naquele tempo. Aliás, vender computadores no ambiente varejista parecia a incumbência de um bobo já que a sabedoria convencional era que este era um negócio condenado. A Dell estava a todo vapor. Os consumidores que compravam dela o faziam de forma direta, pelo telefone ou pela internet. A Gateway estava, então, no processo de fechar as suas lojas de varejo, e muitos analistas acreditavam que a Apple estava indo na direção errada.

Vamos cortar o papo furado e adiantar para os dias de hoje. A Apple é a varejista mais bem sucedida na história, com impressionantes US$50 mil em vendas por metro quadrado em suas melhores lojas (não existe um segundo lugar compatível) e grosseiros US$13 bilhões em rendimentos em dez anos.

O que realmente aconteceu aqui?

Para que as lojas da Apple fizessem sucesso, Johnson sabia que elas tinham que expressar o ideal da Apple de exploração criativa e autoexpressão. Aquilo significava que as lojas não podiam se focar simplesmente em vender produtos, mas tinham que olhar além, para mudar vidas ajudando ativamente os clientes a expressarem a sua criatividade. Ele visionou as lojas como locais onde os consumidores pudessem fazer o test-drive dos produtos da Apple e aprender a "arte digital" de usar aqueles produtos, onde eles pudessem se unir aos vendedores da Apple e outros consumidores em uma comunidade concreta, física e não virtual. Ele viu as lojas como lugares que pudessem ter mais sucesso — na verdade, só pudessem ter sucesso — se eles se empenhassem para inspirar excelência em todos os que entrassem por aquelas portas.

A visão de John não foi compreendida imediatamente por seus novos colegas na Apple. Eles foram diretamente até Steve Jobs, como eu soube com Ron Johnson, quando nós fizemos parte de um programa em São Francisco. Mas lembra o que eu disse sobre grandes empresários artistas? Eles conhecem os seus próprios pontos fortes e fracos, e autorizam e inspiram outros a liderarem de maneiras complementares. Quando Steve Jobs ouviu algumas ideias que Ron Johnson e sua equipe tiveram, como a Genius Bar, ele pensou que eles tinham ficado loucos. Mas também reconheceu que isso não era a sua especialidade. Ele viu o brilho nos olhos de Johnson e sua equipe e os apoiou, mesmo quando em seguida, isso significou adiar a data de inauguração das primeiras lojas e refazê-las para corrigir problemas.

Dezenas de milhões de consumidores, e contando os que já visitaram as Genius Bars, onde Johnson diz que os funcionários da Apple "não consertam computadores, eles restauram relacionamentos", e foram embora felizes. Outros milhões, e contando, os que fizeram as aulas e sessões particulares de treinamento da Apple Store sobre "arte digital", saíram de lá esclarecidos e inspirados com o que podem fazer com a sua tecnologia particular. E todos que já visitaram as lojas, saíram delas sabendo que não existe outra coisa igual no mundo de consumo de tecnologia.

Para realizar isso, Johnson estabeleceu um critério de contratação que, novamente, pode parecer contraprodutivo para um varejista. Ele insistia em contratar pessoas não apenas analisando os seus instintos e habilidades em venda como "o essencial", mas pelas aptidões na vida, suas habilidades de se relacionarem, digamos, com uma avó e o seu netinho nerd de 14 anos de idade. E quando se tratava de medir o desempenho desses funcionários e compensá-los, a qualidade de suas interações com os clientes era a métrica número um. Da mesma forma, o número mais importante que Johnson olhava nas lojas como um todo era o tráfego, porque se tem pessoas nas lojas, então coisas boas vão acontecer.

Tudo o que a sua empresa faz soma-se às experiências inspiradas em ideais que você fornece aos consumidores. Não se trata apenas do seu produto ou serviço, mas como as pessoas aprendem sobre ele, o compram, o usam, vivem com ele, e compartilham a qualidade da experiência com outros.

A ironia, no entanto, é que você não pode transmitir uma experiência de marca perfeita. Mas você pode transmitir uma experiência de marca ideal-para-o-momento.

Isso lhe parece contraditório, ou talvez até um pouco doido?

Bem, nós vivemos em um mundo imperfeito, onde todas as pessoas — e todas as empresas — cometem erros. As coisas quebram, acidentes acontecem, desastres ocorrem. Além de tudo isso, até mesmo se o produto ou serviço funcione como prometido, uma experiência de marca desejada é um alvo instável. O alvo se move inesperadamente com o passar do tempo e com a mudança de tecnologia, de estilos de vida e de ofertas concorrentes.

Mas as pessoas compreendem essas coisas e não esperam realmente perfeição. Do contrário, todos estaríamos fora do negócio e não teríamos motivo para levantar de manhã.

O que eu descobri é que, quanto mais você se esforça para melhorar a vida das pessoas, e mais demonstra isso em seus produtos e serviços, e em todas as suas interações, mais clientes e consumidores finais irão recompensá-lo, se tornando leais defensores de sua empresa. Eles ficarão gratos por seu empenho em trazer o ideal de sua empresa para a realidade. Concederão a você o benefício da dúvida quando você sair um pouco dos trilhos, e rapidamente irão lhe dizer o que está errado e oferecer as suas próprias paixões, criatividade e apoio para ajudá-lo a consertar o problema. Eles ajudarão você a pegar um resultado não tão bom e a transformá-lo em uma vitória, como os consumidores da comunidade do "todos contra a sujeira" da Method fizeram em relação ao vídeo da mãe no chuveiro.

A única coisa que eles não perdoarão é se você subestimá-los e parar de tentar melhorar suas vidas.

Lembra da pesquisa no capítulo 6, que mostrava a habilidade das pessoas de sentirem se aqueles por trás da marca estão entediados e desestimulados, simplesmente olhando para a propaganda, a presença nas prateleiras e para a embalagem? Se eles captarem isso dos seus anúncios e embalagens, é improvável que experimentem os outros elementos da sua experiência de marca. E assim que tiverem alternativas, irão correndo para outros que ofereçam o que eles querem e precisam.

A Experiência e a Inovação de Marca Inspiradas por Ideais

Experiência e inovação de marca andam juntas. Um mundo imperfeito e uma experiência de marca desejável que muda constantemente — essa combinação cria uma ordem para que líderes mantenham um duplo foco em execução e inovação.

Líderes que estendem essa ordem por toda a sua empresa mandam uma ótima mensagem para os seus funcionários. Todos eles querem fazer parte de uma organização vibrante que está em progresso. E é uma necessidade como qualquer coisa no pacote de compensação e benefícios para atrair os melhores talentos, sejam eles gestores ou técnicos. Quando a percepção de um propósito maior se espalhou por toda a P&G durante a primeira década deste século, isso motivou todos de TI e fornecimento de produto até as áreas de finanças, marketing e P&D.

O impacto da renovada paixão da P&G de oferecer uma experiência muito melhor também teve um efeito profundamente positivo nos parceiros de fora da empresa, nas agências de comunicação e design. No começo da década de 2000, os melhores talentos criativos das agências tendiam a abandonar o navio se estivessem trabalhando em uma conta da P&G. Mas no desenrolar desta década, as marcas da P&G se tornaram contas altamente cobiçadas do ponto de vista criativo, por causa do propósito inspirado e das pessoas por trás de cada marca. Os melhores talentos disputavam para trabalhar com a P&G, assim como foi o caso com a equipe criativa altamente talentosa da Wieden and Kennedy, na Old Spice. Eu sabia que tínhamos ultrapassado um limite importante quando o fundador Dan Wieden me disse, em 2007, que alguns de seus melhores funcionários criativos da Nike estavam perguntando se eles poderiam trabalhar nos projetos da P&G. Aquilo me deixou em êxtase — e mostra o poder de delimitar o objetivo de criar experiências memoráveis e inspiradas em ideais para os consumidores.

Fazer da inovação a base para uma experiência melhor é uma responsabilidade de liderança sênior crucial, começando, obviamente, pelo ideal, o propósito maior que uma empresa aspira servir. Apenas líderes seniores em uma organização podem criar a cultura para que a inovação prospere, e apenas eles podem direcionar a atenção, os funcionários, e os recursos para este trabalho e mantê-lo em um eterno progresso.

Como a Netflix Inova para Transmitir o seu Ideal em Evolução

A Netflix é uma marca que eu, particularmente, uso e amo. Ela não é uma marca das 50 de Stengel, mas provavelmente poderá ser em breve, mesmo com os seus contratempos com preço e comunicação, no final de 2011. Desde 1997, a Netflix tem oferecido uma experiência cada vez melhor, mantendo-se a frente dos imprevisíveis alvos instáveis, como mudança de tecnologia e estilos de vida. Ela fornece um serviço que habilmente combina inovação em suas três formas: inovação sustentada (o trabalho diário de constante aprimoramento e atualização de produto ou serviço), inovação comercial (criação de demanda através de marketing sem mudanças no produto ou serviço, por exemplo, encontrando novos usos ou situações para uso), e inovação rompente (invenção ou reinvenção de uma categoria que transforme um modelo empresarial).

Muitas pessoas ainda percebem a Netflix como uma locadora de DVD e serviço de assinatura de streaming (transmissão instantânea). Mas ela rapidamente se tornou muito mais do que isso. Graças a uma série de inovações na experiência que fornece a seus consumidores, está se tornando uma anfitriã 24 horas de entretenimento personalizado. Eu acredito que o seu ideal de marca de entretenimento personalizado a encaixa no campo de estimular alegria, uma posição forte para algo que seria apenas um serviço de entrega.

Quando a Netflix inaugurou como uma locadora de DVD por serviço de correio, em 1997, seu modelo empresarial era propriamente uma forma de inovação rompente: sem mais viagens até a Blockbuster (lembra deles?), sem multas por atraso, muito mais escolhas de filmes e, é claro, o serviço de recomendação à la Amazon. Ainda assim, muitos céticos duvidavam que pudesse ser um sucesso.

A Netflix se tornou pública em 2002, e por volta de 2003 tinha mais de um milhão de assinantes. Ela trabalhou continuamente para ampliar a sua seleção com novos acordos de licenciamento de conteúdo e para melhorar o seu serviço de entrega de DVDS por correio. Os clientes reagiram a essa inovação contínua contando para todos que conheciam como a Netflix era maravilhosa, e o número de assinantes não parava de subir bruscamente.

Se não está quebrado, não conserte, já dizia o ditado. Em 2007, no entanto, apesar dos negativistas que apostaram contra, a Netflix começou a fazer streaming de conteúdo de alta qualidade pela internet. Com essa segunda inovação rompente, dessa vez em seu próprio sistema de DVDs por correio, o crescimento explodiu. Porque o custo diminuía cada vez mais com a entrega de seu conteúdo através do canal bem mais barato da internet, a Netflix investiu recursos de modo agressivo, em acordos de conteúdo premium com as grandes companhias de mídia.

O momento em que as vendas de DVD diminuíram e os clientes demonstraram um apetite cada vez maior por conteúdo disponibilizado por streaming, tornaram as coisas realmente interessantes. As companhias de mídia começaram a dizer que a Netflix, a quem eles haviam saudado inicialmente como um achado, uma fonte atraente de renda extra com licenciamento, era o seu pior inimigo. Jeffrey Bewkes, CEO da Time Warner, tomou a liderança nisso em uma série de entrevistas de mídia e declarações públicas ao final de 2010. Preocupado com o impacto da Netflix nas empresas de produção e distribuição de conteúdo da Time Warner, Bewkes criticou desmedidamente o canal de filmes Starz, desmembrado do império da Liberty Mídia, de John Malone, por conceder o direito de transmitir instantaneamente o seu conteúdo, incluindo filmes da Sony e da Disney, a um preço bem barato para a Netflix — US$25 milhões por ano —, e permitindo que ela exibisse o conteúdo tão logo a própria Starz tivesse o direito de fazer o mesmo.

De acordo com Bewkes, "por que alguém faria a assinatura da Starz quando poderia basicamente ter a coisa toda por quase nada [pela Netflix]?". Isso ameaçava o modelo empresarial acertado entre os fornecedores de conteúdo de mídia e as companhias de TV a cabo, disse Bewkes, porque "uma vez que você lança [conteúdo] na Netflix, não consegue vender mais em lugar algum".

Para que ninguém pensasse que o CEO da poderosa Time Warner temia a novata Netflix mais do que o comportamento de outros chefes de companhia de mídia, Bewkes previu, em 2010, que a Netflix logo estaria no sufoco, porque, com uma média de assinaturas mensais de "US$8 a US$10, ela não teria estrutura econômica para manter uma programação de alta qualidade".

Esfregando isso na cara das pessoas, ou tentando, Bewkes também falou que a perspectiva da Netflix "é algo do tipo: o exército da Albânia vai atacar o mundo? Acho que não". A Netflix não irá mais licenciar um conteúdo desejável a um preço tão barato no futuro, decreta Bewkes: "Essa tem sido uma era de experimentação, e eu creio que está perto de um fim".

Bem, talvez exista algum motivo para preocupação sobre o exército da Albânia. O mundo todo está em uma era de experimentação que mostra todos os sinais de que vai continuar a acelerar em vez de refrear, e muito menos de ter um fim. No final de 2011, a Netflix tinha cerca de 24 milhões de assinantes na América do Norte, chegando muito perto dos quase 28 milhões de assinantes da HBO, também na América do Norte. Mais de 200 aparelhos a venda nos Estados Unidos podiam transmitir a

Netflix. E a companhia atrevidamente botou a mão nos direitos de programação original de uma das novas séries mais cobiçadas de televisão, *House of Cards*, estrelando Kevin Spacey, por US$100 milhões, e, tomando o lugar da HBO, ganhou os direitos de transmitir o conteúdo da DreamWorks Animation.

Para crédito de Jeffrey Bewkes como líder empresarial, ele também fez mais do que falar, prevendo o lançamento antecipado de 2011 de um aplicativo para transmitir instantaneamente todo o conteúdo básico e premium de TV a cabo da Time Warner em tablets e outros aparelhos móveis. Foi um sucesso instantâneo com os clientes da Time Warner. Mas outros fornecedores de conteúdo de mídia olhavam para a Time Warner como uma traidora no meio deles e ameaçaram processá-la para impedi-la de transmitir conteúdo por streaming para os assinantes. Os fornecedores de conteúdo diziam que as companhias a cabo não tinham o direito de transmitir instantaneamente o seu conteúdo para os clientes, assim como carregá-los por sinal de fio ou satélite. A Time Warner disse que esse direito estava dentro de suas presentes licenças.

Quanto à Starz e Netflix, mais adiante em 2011, a primeira impôs um atraso de três meses na transmissão instantânea de determinados conteúdos da Netflix e disse que não iria renovar o seu contrato com a empresa depois que ele expirasse, em fevereiro de 2012. Entretanto, a Netflix buscou novos contratos de conteúdo, aumentou seus preços em julho de 2011, e anunciou, mas depois voltou atrás, com planos de criar uma marca separada de DVD, chamada Qwikster.

Vamos cortar essa transmissão por um instante e observar quão incessantemente a Netflix aumentava o papel que desempenha na vida de seus clientes. Através de inovação sustentada (recomendações e programação ainda melhores), inovação comercial (disponibilidade do serviço em múltiplos aparelhos) e inovação rompente, a Netflix tornou mais fácil do que nunca para os assinantes assistirem o que queriam, quando e onde eles queriam. Seu ideal evoluído de ser a anfitriã 24 horas de entretenimento personalizado inspirou inovação para prover uma experiência melhor, uma que, gostando ou não, toda a indústria de mídia tem tido que levar muito a sério.

Companhias de mídia importantes, estrelas de cinema e os filmes de maior sucesso — é fácil ver como tudo isso traduz uma excelente experiência de cliente.

Mas você não precisa estar em um ramo glamouroso para transmitir uma experiência de consumo inovadora que traga um excelente ideal de marca para a realidade. Como o pessoal da Apple Store, você pode estar em um varejo supostamente entediante. Você pode até estar no mundo de baixo rendimento de vendas de telefone. Na verdade, a melhor experiência de cliente no mundo de hoje — eu dou uma diferença de vantagem até mesmo sobre a loja da Apple — acontece por telefone, na Zappos.

Se você é como a maioria das pessoas, provavelmente teve uma experiência abaixo do que o esperado ao lidar com táticas de muita pressão e de fechar-logo-o-negócio quando tentou comprar alguma coisa pelo telefone. Ou quando você liga a respeito de um problema com algo que já comprou por telefone, ou pela internet, de um empresa que promete 100% de satisfação, apenas para realizar a venda.

A Zappos é a exceção à regra. Ela transformou o que costuma ser uma carreira curta em algo heroico através de um ideal grandioso de entregar não apenas um produto, mas felicidade através de um serviço UAU. É um ideal que influencia cada ponto de contato que funcionários, clientes e vendedores têm com a companhia. E é o exemplo mais forte nas 50 de Stengel de uma marca clareando o campo que estimula alegria.

Torne Pessoal

"Tcharam!" Minha reunião de outubro na Zappos, a varejista sem descontos de sapatos, roupas e uma linha em expansão de outros produtos online e por telefone, foi abruptamente interrompida quando um desfile de funcionários extravagantemente fantasiados e com apetrechos barulhentos marchou para fora do escritório, em direção ao sol de Las Vegas, e novamente de volta. Essa divertida bagunça de Halloween não era nada, como eu logo descobri, se comparada ao desfile de alguns meses antes para celebrar um novo recorde de duração de telefonema de atendimento ao consumidor de mais de sete horas. É o tipo de evento inspirado pelos dez valores principais peculiarmente redigidos pela Zappos — como o número três, "criar diversão e um pouquinho de maluquice" — que, junto com o seu surpreendente crescimento de vendas, atraiu para ela muita atenção, quase sempre perplexa, da mídia.

Os funcionários da Zappos possuem uma clareza incrível de porquê um ideal será cada vez mais um diferencial em uma empresa. Eles compreendem que as pessoas querem interagir com marcas com as quais possam ser amigos. E o que funciona nos relacionamentos pessoais — confiança, preocupação, honestidade, carinho, transparência, abertura, paciência, humildade, e crescimento mútuo — funciona também nos relacionamentos empresariais. Nós vimos, no capítulo 8, o poder da metáfora de um relacionamento pessoal em nosso aprofundamento na Innocent, e ninguém exemplifica isso melhor do que a Zappos. A pergunta que se faz a ela é a que toda empresa deveria fazer: como devemos tratar nossos clientes para que eles se tornem fãs leais e fervorosos, e não pensem em ir a outro lugar, independente de quão menor seja o preço oferecido pela concorrência?

A experiência Zappos origina-se de um propósito maior, o seu ideal. Sua cultura é a sua marca: um serviço para o cliente que "expresse UAU" enquanto está "distribuindo felicidade", a frase impressa em cada caixa da Zappos. Como afirma Donavon Roberson, gerente de operações da Zappos Insight, o grupo de consultoria organizacional da companhia, "nós acreditamos que se, mesmo por um momento, pudermos levar uma pessoa de onde ela esteja e deixá-la feliz através do serviço que oferecemos, do produto que eles podem achar conosco, e de toda experiência que eles obtêm com a nossa companhia, então, teremos feito alguma coisa. Nós investimos neles, e acrescentamos valor às suas vidas".

Colocar esse grandioso ideal em ação, rendeu a Zappos lealdade e apoio extraordinários dos consumidores, com 75% de sua atividade diária vinda de clientes repetidos. Quando a Zappos consegue novos clientes e os pergunta como eles descobriram a companhia, a resposta número um é que amigos e familiares lhes contaram sobre ela.

A Zappos atingiu um crescimento explosivo através de uma ênfase no serviço do consumidor que inclui devoluções sem perguntas, com frete grátis nas duas direções — e muito tempo gasto no telefone com os clientes. A Zappos obtém um lucro extraordinário por cliente, com uma base de clientes leais, ainda que relativamente pequena, como o seu maior ativo de marketing. Essa base pequena significa que ela tem bastante espaço para crescer. Quando os funcionários contam para outras pessoas que eles trabalham na Zappos, a reação ou é "Eu amo a Zappos!" ou "O que é Zappos?". Um grande motivo pelo qual a Amazon comprou a empresa, em julho de 2009, é que milhões de pessoas ainda não haviam experimentado a marca — e quando conhecem, eles se tornam defensores. Aquilo significava bastante crescimento positivo ainda por vir para a Zappos, o qual a Amazon poderia ajudar a acelerar com investimento e competência.

Os dez valores principais da Zappos, escritos nas próprias paredes de seu escritório central são:

1. Expressar UAU através do serviço.
2. Abraçar e direcionar mudanças.
3. Criar diversão e um pouquinho de maluquice.
4. Ser ousado, criativo, e ter a mente aberta.
5. Buscar sempre crescimento e aprendizado.

6. Construir relacionamentos abertos e honestos através de comunicação.
7. Construir uma equipe positiva e espírito de família.
8. Fazer mais com menos.
9. Ser apaixonado e determinado.
10. Ser humilde.

O número três, "criar diversão e um pouquinho de maluquice", é o que, provavelmente, tem recebido mais atenção, e os comentários mais perplexos da mídia. Eu terei mais a dizer sobre essa perplexidade, uma confusão de superfície e substância, mais adiante nesse capítulo. Por ora, deixe-me apenas dizer que eu acredito que esses dez valores, embora talvez com palavras diferentes, poderiam ser adotados com sucesso por qualquer companhia de qualquer indústria, independente de quão tradicional ou esquisita sua cultura interna possa ser.

Esses valores principais são a estrela-guia ou o sistema de posicionamento global da Zappos, a maneira como ela gerencia através do seu propósito maior de transmitir felicidade. Para dar um exemplo, os funcionários do teleatendimento da Zappos, conhecidos como a equipe de lealdade ao consumidor, não têm roteiros, nenhuma exigência para lidarem com ligações dentro de um tempo limitado ou específico, e nenhuma cota de vendas. Eles são direcionados a "tomar decisões baseadas nos dez valores principais". A maioria, diz Donavon Roberson, capta o espírito da coisa. "Eles compreendem que se não se dedicarem muito, a empresa fica por baixo e eles não terão mais emprego. Entendem que representamos mais do que o lucro do final do mês, mas também que um lucro saudável nos permite fazer muito mais".

O maior desafio para a maioria das companhia, que buscam aprender com a Zappos é abandonar hábitos entranhados e desviar o medo de perder o controle. "Um ambiente como a Zappos", diz Roberson, "onde cada funcionário se sente como o CEO, pode ser perigoso se você abordar isso do ponto de vista do medo, como 'eu vou perder o controle. É a minha empresa. Eu quero administrá-la do meu jeito. Eu sei o que é melhor'. Se você abordar por esse 'eu', como ponto de vista, haverá medo".

O que precisa acontecer, diz Roberson, é que os líderes contornem essa situação e pensem, "'Eu tenho o pessoal certo. Eu confio neles para fazer a coisa certa. Eles sabem o que nós representamos. Vamos fundo com isso e ver o que acontece'. Olhe para a empresa por essa perspectiva e esteja disposto a assumir o risco". Muitos líderes de companhias que eu encontro falam sobre virar a hierarquia de cabeça para baixo, delegando aos funcionários e adotando uma mentalidade de liderança de serviço. Poucos realmente conseguem. A Zappos é a melhor que eu já vi.

"Dá para ver rapidamente", diz Aaron Magness, chefe de marketing de marca e desenvolvimento da empresa da Zappos, "se as pessoas estão indo longe demais. Por exemplo, a nossa equipe de vídeo e blogs está sempre tentando fazer coisas diferentes e divertidas. Mas a equipe é formada, predominantemente, por rapazes mais jovens. Às vezes, nós temos que pegar e dizer, 'Olha, o que você botou ali é divertido. Mas será que é divertido para o nosso cliente, que provavelmente é uma mulher de quarenta e poucos anos?'".

Se as pessoas realmente pisam fora da linha dos valores principais, a equipe de liderança entra em ação. Não é um caso de "eu sou o gerente, você é o funcionário. Eu estou certo, e você errado". É algo como "adoramos o que você tentou fazer. Nós achamos que o espírito por trás disso está certo. Queremos saber por que você acredita que isso se enquadra nos valores principais, pois nós achamos que está fora deles". Graças ao comprometimento de toda a companhia com os valores principais, os líderes podem falar com qualquer um, em qualquer lugar da organização, e ter uma discussão difícil sem que ela se torne política.

A EXPERIÊNCIA DE MARCA DA ZAPPOS E A CULTURA QUE A CRIA

Os funcionários da Zappos sabem que a sua cultura e o seu ideal de transmitir felicidade é o que realmente os diferencia da concorrência. Afinal de contas, os consumidores podem comprar os produtos que eles oferecem em vários outros canais online ou lojas de varejo. Os funcionários da Zappos compreendem que a marca não é apenas o produto, é a experiência completa que o cliente tem, e, consequentemente, como as interações da empresa com os clientes que refletem os dez valores principais e o seu ideal de marca.

Ver uma marca como a incorporação da cultura de uma empresa é um elemento fundamental que está inerente não apenas na Zappos e em outras empresas líderes de categoria das 50 de Stengel, mas naquelas que desejam liderar suas categorias. Quando Tim Armstrong, presidente de conselho e CEO da AOL, me chamou, no final de 2009, para pedir que eu fizesse parte do conselho de diretores da companhia que havia sido desmembrada da Time Warner, ele apelou para a minha crença da "marca como cultura".

Tim trabalhou na Google de 2000 a 2009, e ele e eu fizemos uma parceria em várias iniciativas pela P&G e pela Google. Tim me contou que queria usar um novo propósito na AOL, com um novo ideal de marca de trazer as experiências de consumo mais agradáveis, úteis e intuitivas para a realidade na Internet. Ele queria a minha ajuda para trazer os funcionários da AOL a um ponto onde eles pudessem incorporar aquele ideal em todas as suas atividades, porque ele havia visto o poder daquele tipo de alinhamento de funcionários com ideais de marca tanto na P&G quanto na Google.

Enquanto a história e o ideal da AOL ainda estavam se desdobrando, a cultura se tornou muito mais inovadora e inventiva. Um exemplo é a expansão inacreditável da rede de serviços digitais hiperlocais Patch, que tem o potencial para ser o novo serviço de jornalismo para a comunidade do século XXI.

Os clientes certamente concordam que a marca da Zappos é a sua própria cultura. Apesar de ser importante que ela tenha uma grande seleção de produtos, isso não é sobre o que os clientes querem que a Zappos fale mais. Quando a empresa começou uma campanha de anúncio guiada pelo produto, os clientes responderam "Essa não é a Zappos. Isso não é o que vocês representam". A Zappos escutava e mudava o seu marketing para que representasse mais a sua cultura e os dez valores principais, em vez dos produtos.

Quando eles criaram uma campanha de anúncio de televisão recente, o foco estava na melhor maneira de compartilhar a cultura da Zappos, comunicando às pessoas ela se fundamenta em um serviço de consumidor com excelentes produtos para vender. Um forte sinal de que os consumidores captaram a cultura que viram no anúncio, diz Aaron Magness, "foi o número de comentários de pessoas que disseram 'eu adoraria trabalhar na Zappos'. Isso é algo e tanto. Se alguém vê a sua campanha e diz que é um lugar onde ele, ou ela, gostaria de trabalhar, eu acho que você esta basicamente no topo de suas mentes na hora de uma compra."

Da mesma forma, no uso de blogs e outras mídias digitais e sociais da Zappos, eles não tentam empurrar os produtos. O que importa é a cultura e que os clientes conheçam a Zappos e a Zappos conheça os seus clientes. Os fãs da empresa no Facebook, com certeza, adorariam conseguir cupons de desconto. Mas a Zappos não oferece descontos e ainda tem sido capaz de aumentar uma base considerável de fãs, com bastante interação em sua página, sem nunca mandar nenhum cupom.

Quanto mais alto você visualizar o seu ideal, mais alto poderá direcionar o seu desempenho. Um propósito maior, como os líderes da Zappos me contaram, é inerentemente mais sustentável. Transmitir felicidade é uma experiência de marca grandiosa, mas nebulosa, o que é exatamente a questão. Isso ajuda a deixá-la fresca. A Zappos não pode definir permanentemente como fazer isso, porque a felicidade é diferente para todo mundo.

A maioria das 50 de Stengel tem ideais extremamente altos, e, como vimos no capítulo 2, eles se enquadram em um dos cinco campos de aspirações por valores humanos fundamentais. A Zappos está, obviamente, no campo de estimular alegria. Focar alto com o seu ideal de marca é fundamental para criar experiências de consumo favoráveis. E isso não irá acontecer sem o ideal como ponto de partida.

Alegria e *encantamento* não são apenas as palavras da moda na Zappos. Elas descrevem verdadeiramente a atmosfera que eu senti lá, a atitude de cada um que conheci e os comportamentos que observei.

Novamente aqui vem Donavon Roberson: "Quando estamos ao telefone com clientes, não estamos tentando vendê-los um produto. Não estamos tentando fazer uma venda a partir de outra. Se eles estão no telefone e não têm certeza sobre o produto pelo qual ligaram, nós iremos em frente. Acreditamos que se gastarmos tempo para construir um relacionamento com você, algumas coisas irão acontecer. Primeira, você confiará em nós. Segunda, você contará para outras pessoas sobre a nossa empresa. Terceira, em algum momento você irá comprar. Sobre os clientes que tentam flertar conosco por um tempo e ligam sobre coisas diferentes, mas nunca realmente fazem um pedido, nós acreditamos que, se gastarmos tempo o suficiente com eles, eles comprarão, porque ganharemos a sua confiança e ganharemos o seu negócio".

Mais cedo neste capítulo, eu compartilhei o que Ron Johnson procurava nos funcionários da Apple Store. Ele buscava construtores de relacionamento, e não vendedores. Em suas palavras, ele queria pessoas habilidosas na "arte dos relacionamentos e da empatia". Quando eu perguntei como ele pode dizer se as pessoas serão ótimas construtoras de relacionamento, Ron diz que "ele olha nos olhos deles, como se os olhos fossem a janela da alma".

Embora tudo isso possa soar bastante zen, uma ameaça comum através das 50 de Stengel é uma paixão zen de trazer o seu ideal para a realidade através dos relacionamentos com os clientes. Isso talvez flua mais naturalmente para empresas de serviços como a Zappos, a varejista de comida Wegmans, a varejista de aparatos de moda Zara e a FedEx, mas eu encontrei até em categorias inesperadas, como companhias de embalagens de produtos. Vimos no capítulo 7 como a Pampers triplicou o seu tamanho através de um foco incansável em fortalecer os relacionamentos com as mães.

A Zappos percebe que você nunca pode ser complacente com os relacionamentos com o cliente que estão por trás das experiências de marca. "Os clientes estão muito mais verbais hoje em dia", diz Donavon Roberson, "você não pode chegar para eles e dizer, 'isso é o que somos, é isso que representamos, confie em nós', sem se colocar à prova. Não há dúvidas de que eles testam o nosso serviço. As pessoas ligam para a Zappos o tempo inteiro só para ver se o que eles ouviram bate com a realidade. E, se não bater, eles não terão medo de compartilhar isso. Os clientes não têm medo de blogar sobre uma experiência ruim. Eles não têm medo de twittar sobre isso. E não têm medo de postar alguma coisa no Youtube ou no Facebook sobre a sua experiência. Os clientes estão muito verbais sobre as experiências que têm".

Isso aumenta a qualidade, em questão de honestidade e transparência, da experiência de marca da Zappos, como os mesmos fatores assim o fazem em todas as marcas. Se ao permitir que os clientes olhem por trás da cortina, e ainda sim, eles gostarem do que veem, isso funciona muito bem a seu favor.

Tenha a Mistura Certa de Inovação para Ampliar o seu Ideal

Independente de qual cargo principal o funcionário possa ter, todos na Zappos passam por treinamento de teleatendimento e passam um tempo atendendo ligações no call center quando entram para a companhia. Durante o feriado de Natal, a alta temporada para a Zappos, todo mundo acrescenta mais dez horas ao telefone. Todo esse tempo em ligações, diz o diretor de tecnologia Arun Rajan, "ajuda você a conectar os pontos em termos de o que a tecnologia realmente precisa fazer para servir ao consumidor".

O treinamento e o tempo com as ligações são experiências que abrem os olhos. Muitas das ideias que o pessoal de tecnologia da Zappos tem para deixar o seu sistema mais forte ou mais fácil de usar vem de seus próprios estímulos no call center. Quando eles falam sobre características tecnológicas, a conversa começa com como isso vai impactar o cliente. A Zappos quer funcionários que pensem não apenas na solução perfeita através de um aspecto tecnológico, mas em qual será a melhor solução para o cliente.

A Zappos teve problemas com programas prontos e agora constrói uma tecnologia imprescindível por conta própria ou com parceiros confiáveis. Algumas, senão a maioria das companhias tenta tornar tudo o mais autônomo possível em seus sites, e então reduzir o serviço no seu call center. É bem mais caro lidar com clientes pelo telefone. Enquanto a Zappos continua a desenvolver o seu site para oferecer aos clientes um autosserviço de maior qualidade e funcionalidade, ela também faz deliberadamente indicações adicionais em seu site para encorajar os clientes a telefonarem para o call center. E não importa quanto o volume de ligações aumente, eles atendem todas elas em menos de 20 segundos, recrutando funcionários de outras áreas — já treinados para o propósito — em situações de pico. A Zappos já aprendeu que, uma vez que os clientes ligam, falam com os funcionários da empresa e sentem o que é ser um cliente da Zappos, estão muito mais suscetíveis a se tornarem clientes para toda a vida.

Construir, administrar e controlar o seu próprio sistema tecnológico é uma vantagem competitiva para a Zappos, diz Arun Rajan. "É fácil para uma varejista dizer 'eu vou fazer o download de um software ou plataforma de site qualquer, e me sairei bem'. Mas nós aprendemos que essa não é a resposta certa para a nossa empresa porque, desse jeito, não poderemos servir os nossos clientes e parceiros da maneira que queremos".

Por causa de sua inovação sustentada em tecnologia, a Zappos tem conseguido inovar constantemente em sua experiência de marca, acrescentando solidamente novas categorias de produtos em suas ofertas de varejo. Arun explica, "os sistemas que construímos internamente têm que sustentar o nosso ideal de serviço de cliente, e eles têm que subir junto com a nossa empresa. Essa é uma combinação difícil para qualquer varejista. É a vantagem da Amazon e, com toda certeza, a vantagem da Zappos. Nós conseguimos criar coisas como um catálogo de diversos produtos. Sempre fomos uma companhia de varejo de sapatos. Mas agora, nós podemos vender qualquer categoria de produto. Podemos ser uma varejista de qualquer coisa, e podemos fazer essa transformação com a tecnologia que temos".

A proeza tecnológica da Zappos também tornou possível uma das inovações mais significativas em sua experiência de marca: a decisão de, em 2003, acabar com drop shipping, um sistema em que os produtos permaneciam na posse do fornecedor ou um atacadista até que a compra fosse concluída. Em vez disso, a Zappos agora é dona e tem a posse física de cada item do estoque, e pode localizar sua posição e histórico exatos. Essa visibilidade se estende até ao call center. Então, quando uma cliente tem uma pergunta sobre os sapatos que recebeu, o atendente do serviço de consumidor pode ver que eles foram comprados há um ano, devolvidos, depois comprados uma segunda vez e novamente devolvidos. O funcionário atendendo a ligação pode, então, descobrir qual é o problema e como resolvê-lo.

Não muito tempo atrás o drop shipping significava que a Zappos podia fazer do cliente não apenas um comprador, mas parte da cadeia de fornecimento. Isso é um diferencial para a Zappos, visto que aumenta a importância de cada uma das pessoas da cadeia de fornecimento para fazerem parte da experiência de marca.

Uma vez, quando Arun Rajan estava no atendimento do call center, ele falou com uma cliente que não conseguia imprimir a sua etiqueta de estorno. O cliente disse "eu nunca tive esse problema durante todos os oito anos que tenho comprado de vocês". Arun tentou resolver o problema, mas não conseguiu fazê-lo durante o tempo que o cliente tinha disponível para falar ao telefone naquele momento. O cliente disse "eu gosto tanto de vocês. Eu quero que isso se resolva. Pode me ligar a qualquer momento, que eu ajudarei a conferir se está tudo certo".

"Pelos dois dias seguintes", diz Arun, "nós passamos várias horas ao telefone, como amigos. Trabalhamos juntos para descobrir o seu problema, e o reparamos para ele e, como acabou acontecendo, para outros clientes também. O fato dele ter dedicado tantas horas do seu tempo livre com uma companhia, que é apenas um lugar para comprar coisas, é o que é tão legal. É é essa relação carinhosa que nós temos com os nossos clientes". E, talvez, a parte mais interessante da história é que o cliente não tinha nenhuma ideia de que estava sendo ajudado pelo diretor técnico da Zappos. "Ele pensou que eu fosse um atendente do serviço de cliente de tempo integral", diz Arun.

Elevar todos na cadeia de fornecimento da Zappos se aplica a fornecedores e funcionários, assim como aos clientes. A Zappos espera que os fornecedores tenham a mesma cultura adequada que os funcionários. "Será que eu os contrataria para fazer parte de nossa equipe? Essa era a pergunta que eu fazia", diz Aaron Magness. "Existem muitas companhias fantásticas por aí com as quais poderíamos trabalhar. Mas se elas não entendem o que nós estamos realmente tentando fazer aqui, não vai funcionar".

Donavon Roberson acrescenta, "o relacionamento com o fornecedor é muito importante para nós; eles são uma extensão da nossa equipe. Eu conheci um fornecedor quando ele chegou para fazer um tour conosco, e perguntei se queria ajuda para carregar as sacolas para dentro. Ele me olhou boquiaberto. Disse que vendia sapatos há 17 anos, sempre carregando cinco ou seis sacolas de amostras com ele, e essa era a primeira vez que alguém oferecia-se para ajudá-lo. Aquilo me deixou sem graça. Fornecedores são pessoas com quem nós queremos ter um longo relacionamento. Eles querem que nós compremos os seus produtos. Nós queremos que eles trabalhem conosco em relação a preço e outras questões importantes. Além disso, queremos expressar UAU para eles e tratá-los como seres humanos".

Isso inclui conceder a eles acesso à informação sobre os seus produtos nos sistemas da Zappos. Arun Rajan complementa, "nossos fornecedores provavelmente têm acesso à mais informação do que qualquer outra companhia se sentiria confortável em compartilhar com eles. Eles têm acesso a praticamente tudo ao que o comprador da Zappos também tem. O que significa que agora está um jogo mais justo. A maioria das companhias diz 'nós vamos esconder essa vantagem de informação e negociar um acordo melhor com o fornecedor'. Nós tentamos entrar em um acordo que faça sentido para ambas as partes. Não tentamos pressionar os nossos fornecedores, nem os nossos parceiros. Somos transparentes com eles sobre qual é a situação e buscamos as melhores soluções para o relacionamento". É uma filosofia que se estende também para fornecedores de serviços de tecnologia, e não apenas aos fornecedores de produtos.

A Zappos compreende que o seu modelo empresarial vive ou morre com o entusiasmo e o compromisso de seus funcionários. Eles têm uma taxa de pedidos de demissão muito baixa, e a razão para isso é que, assim como na Method, eles gastam muito tempo garantindo a contratação das pessoas certas. Depois, "se asseguram de que eles saibam que nós reconhecemos o seu valor, que os amamos, e que precisamos deles como parte da família Zappos", diz Donavon Roberson.

Aaron Magness elabora, "Toda pessoa que nós contratamos passa por um longo processo. Isso é complicado porque, normalmente, você precisa das pessoas imediatamente. Mas é preciso ter em mente que, se você não coloca a pessoa certa no lugar devido, talvez isso não tenha importância, mas quando ela estiver em uma posição de contratação, ela não vai saber escolher a pessoa certa. Mas se você tiver as pessoas certas, tudo flui naturalmente".

Donavon acrescenta, "funcionários mais jovens também estão à procura de empresas que os respeitem e que tenham propósitos ou visões maiores além do comum. Empresas onde eles possam pertencer de verdade e fazer parte de algo grandioso".

Quando eu era diretor de marketing global da P&G, perguntei a Terry Leahy, na época, o CEO da varejista Tesco, do Reino Unido, o que a P&G poderia aprender com eles. Naquele tempo, a Tesco era uma das maiores clientes varejistas, e de maior crescimento, da P&G. Terry surpreendeu a mim, e os outros líderes da P&G que estavam comigo, com uma resposta profundamente simples. Ele disse, "trate os seus funcionários da mesma maneira que você quer que os seus clientes sejam tratados". Eu acho que Terry se sentiria muito confortável na cultura Zappos.

As Cinco Lições de Como Transmitir uma Experiência Ideal

A Zappos é uma empresa com grande publicidade, bastante admirada e de alto crescimento. Todo ano, milhares de pessoas visitam a sua sede. Ainda assim, as pessoas penam para saber como aplicar o que funciona na cultura Zappos na tentativa de melhorar seus negócios. Muitos veem as passeatas, os baderneiros e todo tipo de esquisitice na cultura Zappos e se esforçam para achar os princípios ocultos para reaplicarem em suas empresas.

É o terceiro valor central, "criar diversão e um pouquinho de maluquice", que deixa algumas pessoas de fora maravilhadas, assim como o "deixando um pouco louco", da Method, que também o faz. Mas cada empresa precisa criar um ambiente para os seus funcionários que os permita ser eles mesmos, se divertir, aprender e crescer como pessoas. É isso que realmente significa "deixar um pouco louco" e "criar diversão e um pouquinho de maluquice".

É assim que Donavon Roberson lida com perguntas de companhias, geralmente as maiores, sobre o que elas podem aprender e reaplicar da experiência Zappos. "Para as grandes companhias que dizem, 'não conseguimos fazer o que a Zappos faz', nós dizemos 'você está certo. Mas o que você pode fazer? Como você pode ter um propósito maior?'. Se você entrar em uma barbearia e perguntar aos funcionários 'qual é a sua função?', é provável que eles digam, 'nossa função é cortar cabelo'. Tudo bem, mas e se eles vissem o trabalho deles como afastar os clientes de suas vidas por um momento, proporcionando-lhes um lugar de escape, dando a eles uma experiência incrível, e então, devolvê-los à sua rotina, sentindo-se pessoas novas em folha? Então o serviço que eles fornecem é cortar cabelo, mas a função deles é, na verdade, adicionar valor à vida das pessoas".

O excelente conselho de Donavan é uma das inúmeras grandes lições das histórias exploradas neste capítulo sobre transmitir uma experiência quase ideal

Comece com o Ideal. Uma excelente experiência de marca, e a inovação que a alimenta, deve começar com o ideal, o propósito mais nobre que a empresa busca servir. Foi assim que a Pampers parou de enfatizar prioritariamente a secura para inovar na experiência de ajudar no desenvolvimento do bebê. É o porquê a Zappos dá aos seus funcionários a liberdade de inovar dentro do seu ideal de serviço UAU. É o porquê a marca Old Spice, da P&G, parou de se concentrar somente na eficácia dos desodorantes e visualizou um novo papel ajudando garotos a se tornarem homens confiantes. É como a Netflix deixou de ser uma locadora de DVDs por correio para se tornar a anfitriã 24 horas de entretenimento personalizado para as pessoas.

Faça da Inovação Algo Pessoal. Você não irá transmitir uma experiência de marca agradável sem tornar isso pessoal. É preciso ter mais do que o olhar clínico em que tantas empresas confiam, incluindo avaliações, pesquisas quantitativas e as milhares de apresentações de PowerPoint repassadas pra lá e pra cá dentro das companhias. Você deve compreender seus clientes e suas vidas por experiência própria.

Começamos o capítulo com a história fenomenal de como as lojas da Apple encontraram sucesso e crescimento através do foco em criar um relacionamento com o cliente para transmitir uma maravilhosa experiência de marca. Aprendemos com muitas das marcas das 50 de Stengel que o que funciona em seus relacionamentos pessoais também ajuda a melhorar e inovar a sua experiência de marca. É uma verdade simples e profunda: o que funciona nos relacionamentos da vida também funciona para criar experiências de marca incríveis. As pessoas irão adorar a experiência da sua marca e lhe recompensarão com lealdade a ela.

Colabore amplamente. A terceira lição é pensar de maneira mais abrangente sobre inovar a sua experiência de marca através da colaboração mais do que com as pessoas óbvias. Muitas vezes as empresas definem inovação de maneira muito limitada e a restringem, geralmente em P&D. Aprendemos com a Zappos como eles pensam em seus fornecedores e vendedores, e quão importante essas pessoas são para transmitir a experiência de marca. E descobrimos com a Netflix que a experiência de marca deles foi ricamente ampliada através da colaboração com criadores de conteúdo.

Tenha um Portfólio de Inovações. Quarta, ter a combinação certa de inovação de como melhorar sua experiência de marca. Sua jornada em melhorar não acaba nunca, e você deve ter sempre um portfólio robusto de inovações planejadas. Aprendemos com a Netflix como eles cresceram através de um portfólio de inovação sustentada, comercial e rompente. Muitas empresas grandes já fizeram isso implicitamente, mas eu acredito ser muito útil realizar explicitamente o seu portfólio de futuras inovações.

Você deve sempre se empenhar em ter um portfólio rico de inovações e não confiar demasiadamente em um tipo específico. Na P&G, pedíamos que cada categoria nos trouxesse um panorama planejado do futuro em seu portfólio. Na verdade, nós inclusive tínhamos metas para cada tipo de inovação: cerca de 60% em inovação sustentada, 20% em inovação comercial, e 20% em inovação rompente.

Estabeleça um Processo para Inovação. Minha quinta e última dica para transmitir uma experiência quase ideal é que você deve estabelecer um processo repetitivo e ensinável de inovação que aprimore a sua experiência de marca. Muitas das companhias das 50 de Stengel têm processos estruturados para inovação, ao mesmo tempo que não abrem mão de uma ajudinha do acaso. Um processo de inovação claro oferece à uma organização uma linguagem comum, critérios comuns para decisões rápidas em iniciativas, e uma forma de todos verem e ajustarem o portfólio de inovação.

Até agora, nós exploramos quatro dos cinco galhos da Árvore do Ideal, os passos para impulsionar um ideal de marca.

Aprendemos com a Jack Daniel's, Pizza Hut e Discovery como descobrir um ideal de marca em uma das cinco áreas de valores humanos fundamentais.

A minha experiência com a P&G na indústria de cosméticos, na República Tcheca e Eslováquia, e na Pampers, proporcionou exemplos de como construir a sua cultura em torno de seu ideal de marca.

A marca britânica Innocent é um caso de estudo estelar de como comunicar o seu ideal de marca para engajar funcionários e clientes.

Neste capítulo, a Netflix e a Zappos nos ensinam como transmitir uma experiência de consumo quase ideal e como continuar a crescer depende de se fazer isso consistentemente.

Ainda tem mais um galho da Árvore do Ideal: avaliar o seu progresso e o de seus funcionários através do seu ideal. Se você não avalia o seu progresso e o de seus funcionários através do seu ideal, nada do que fizer nos outros galhos será sustentável. No próximo capítulo, veremos o que isso envolve.

10

Passo-Chave Número 5

Avaliar o Seu Progresso e os Seus Funcionários Através de Seu Ideal

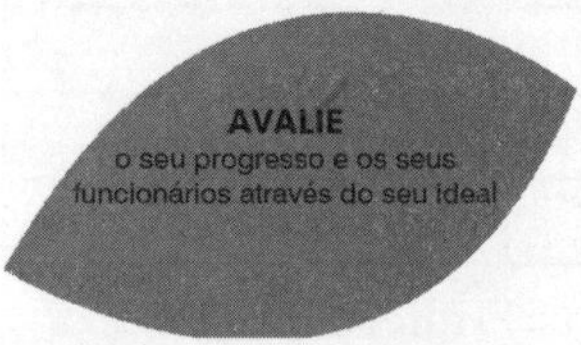

Vimos logo no início, quando olhamos os resultados de um estudo da Millward Brown Optimor sobre capitalização de mercado dos S&P 500 (veja a página 1), que a marca se tornou o maior bem dos negócios e o fator decisivo que você deve impulsionar para um crescimento presente e futuro. O estudo descobriu que, em 1980, o valor de marca contribuía muito pouco, ou quase nada, para a capitalização de mercado dos S&P 500. Desde então, entretanto, esse valor aumentou para se tornar a única categoria de bem na capitalização de mercado dos S&P 500 nos setores B2B (business to business) e B2C (business to consumer), igualmente.

O valor de marca, agora, representa mais de 30% da capitalização de mercado total dos S&P 500. Mas isso é apenas metade da história. A equidade de marca está cada vez mais importante para as empresas de rápido crescimento dos dias de hoje.

Considere estes exemplos, abrangendo apenas a década de 2000, das 50 de Stengel, empresas que estão crescendo o triplo, ou mais, do que as suas concorrentes:

Contribuição de Marca* das Selecionadas das 50 de Stengel 2001-2010

	Contribuição de Marca 2001	Contribuição de Marca 2010
Accenture	19%	47%
FedEx	17%	55%
IBM	34%	44%
Samsung	12%	42%
Starbucks	26%	57%

Fonte: Millward Brown Optimor.

A tendência é inconfundível. Para mim, está nitidamente claro. Se você não estiver medindo e gerenciando através de um ideal de marca, estará colocando a sua empresa para o meio do baralho ou para fora do jogo.

É aqui que a porca torce o rabo. Tudo o que discutimos até agora — desde descobrir um ideal até transmitir uma experiência quase ideal — poderá frutificar ricamente apenas se a empresa avaliar o seu progresso e os seus funcionários através de seu ideal de marca.

O valor de marca já é o seu condutor principal de valor empresarial. Mas ele está aumentando ou diminuindo o crescimento? Está atraindo novos clientes e construindo grandes relacionamentos com eles ao mesmo tempo em que fortalece o laço com clientes já existentes? Ou está perdendo o seu atrativo para ambos, clientes existentes e novos? A saúde da sua marca está inspirando funcionários e parceiros, ou o seu vazio os está decepcionando?

Lord Kelvin, o físico-matemático e engenheiro britânico do século XIX, concluiu isso quando inventou a frase frequente-

*Contribuição de marca é uma medida, derivada da percepção e do comportamento do consumidor, que ajuda a determinar a porcentagem de receita bruta da marca atribuída ao vínculo emocional estabelecido entre a marca e o consumidor.

mente citada, "se você não pode medir, você não pode aperfeiçoar". Se não estiver medindo tudo o que faz através de seu ideal de marca, você, simplesmente, não pode esperar atingir o crescimento que deseja.

Baseado nas minhas experiências na P&G, nas companhias em que trabalhei como consultor e nas 50 de Stengel, eu gostaria de oferecer a você quatro princípios para medir um ideal de marca que direcionam um crescimento contínuo:

1. Meça o seu progresso através de seu ideal com os clientes e aqueles mais importantes para o seu futuro.
2. Defina os seus indicadores de desempenho principais em relação ao seu ideal.
3. Meça o seu pessoal através do seu ideal, fazendo com que este seja parte do plano de trabalho de cada um dos funcionários.
4. Meça e recompense o tempo gasto com clientes e consumidores finais.

1. Meça o seu progresso através de seu ideal com os clientes e aqueles mais importantes para o seu futuro.

A Dell é uma companhia muito focada em dados. É uma das pioneiras em produção enxuta e venda direta, então medir está no seu DNA organizacional. Mas, com o passar dos anos, os seus sistemas têm sido construídos para medir informações financeiras e transacionais, e não o ideal da saúde de sua marca.

A lacuna da Dell entre o que estava sendo e o que precisava ser medido é, em parte, o que levou, logo após eu sair da P&G, em 2008, ao início do meu trabalho com a Dell e a sua agora ex-diretora de marketing, Erin Mulligan Nelson. Erin, que coincidentemente havia trabalhado na P&G com a Pampers, no início da década de 90, havia acabado de retornar para a sua casa, em Austin, de uma viagem à Irlanda, onde ela ficara responsável pelo marketing da Dell na Europa, no Oriente Médio e na África. Minha tarefa era ajudar Erin a começar rapidamente e ajudar a formular as estratégias e planos para acelerar o crescimento da Dell através de um marketing melhor.

Com a ajuda de Allison Dew, chefe do grupo de visão global da Dell, Erin partiu em busca de estabelecer medidas no ideal e na saúde de marca emergente da empresa. Hoje, a Dell está medindo a saúde da sua marca através de um índice de saúde de marca trimestral, cujos elementos-chave incluem engajamento dos funcionários com o ideal, reputação corporativa e progresso nas recomendações dos clientes. Acredite em mim, com esses dados, a conversa está mudando dentro da Dell. Não é que ela tenha parado de medir resultados financeiros e transacionais. Mas, agora, essa informação tem um contexto muito mais rico em termos de clientes empresariais, decisões de compra do consumidor e experiências de uso.

Essencialmente, este trabalho ajudou a reenquadrar o ideal da Dell. Mais do que qualquer outra companhia em sua indústria, foi a Dell que democratizou o acesso à tecnologia de informação. Esta foi a façanha que destacou Michael Dell ao fundar e liderar a Dell. Desde que retornou para o posto de CEO, após um período servindo apenas como presidente de conselho, ele tem liderado um realinhamento da Dell em torno de uma versão evoluída de ideal de democratizar o acesso de TI: transmitir soluções de tecnologia que permitam que pessoas de qualquer lugar do mundo prosperem e realizem mais.

A Dell ainda tem muitas oportunidades para melhorar, assim como toda companhia. Mas está ganhando aceleração, especialmente em serviços business to business. E as minhas conversas com Michael Dell e a atual diretora de marketing, Karen Quintos, estão se tornado mais fáceis, pois sabemos qual é a nossa posição em relação aos nossos clientes com a marca — a inclinação para se comprar Dell aumentou significativamente —, e o nosso conhecimento do que direciona este comportamento está muito mais aprofundado.

■ ■ ■

A jornada da Dell para medir a saúde e o ideal de sua marca reflete a minha experiência na P&G. Nada é mais simbólico do que mudar o que uma empresa avalia; isso afeta os valores centrais da companhia e sua liderança. E molda as ações de estratégia e governos que avançam dentro da companhia.

Eu me lembro claramente do dia, no começo de 2002, em que A. G. Lafley parou na minha mesa e falou sobre dar um grande passo a frente em como a P&G avaliava as suas empresas. "Jim", A. G. disse enquanto andava de um lado para o outro em frente à minha mesa, "nós precisamos medir com a mesma ênfase os elementos chave da saúde de marca e da parte financeira. E precisamos fazer isso com transparência e publicamente, de forma que, se tivermos um problema com a saúde de uma marca, toda a equipe de gestão poderá entrar no meio para ajudar".

Tínhamos acabado de começar a ter reuniões presenciais de gestão superior, regularmente a cada três meses, nas locações do mundo todo. Na época, essas reuniões envolviam cerca de 35 de nós, todos os presidentes de unidade das empresas e diretores corporativos. Isso pode ser um choque para você, mas esse tipo de reunião regular com os nossos líderes seniores era uma novidade. Antes, nós nos encontrávamos apenas uma vez por ano, no começo de novembro, como parte de uma reunião de gestão anual muito maior. A. G. acreditava, e estava certo, que nós não poderíamos construir uma companhia global colaborativa sem construir relacionamentos fortes entre a liderança.

Parte do fluxo ou ritmo daquelas reuniões trimestrais era olhar para todas as medidas-chave de nossas empresas por marca e categoria. Aquilo incluía, eventualmente, uma nova medida na saúde de marcas, que avaliavam essencialmente o nosso progresso através de nossos ideais de marca e das variáveis que guiavam o ideal. Nós tínhamos muitos dados em uma variedade de aspectos de saúde de marca, como, por exemplo, a efetividade da publicidade, mas nós não tínhamos uma medida integrada e holística que pudesse ser comparada entre as nossas marcas. Precisávamos criar isso.

Eu já vinha discutindo com Kim Dedeker, a talentosa vice-presidente da P&G de percepção de consumidor e mercado, e sua equipe sobre inovações para medir as marcas com os consumidores. Trabalhando com diversos parceiros externos, Kim e sua equipe eventualmente criaram uma medida de consumo integrada e holística de saúde de marca para a P&G, o que preferimos nomear de Índice de Benefícios Combinados ou IBC. Isso deu à P&G o que nós precisávamos, uma medida forte que guiasse a nossa liderança para focar nas coisas certas para o crescimento de nossas empresas em longo e curto prazos.

O ponto importante é garantir que você tenha algum tipo de medida que esteja correlacionada com a saúde e o crescimento da marca, e que seus próprios líderes e a organização sejam os responsáveis por isso. Para projetar e construir uma medida como essa, você deve identificar onde a sua empresa cria, ou poderá futuramente criar, o maior valor para clientes e consumidores. E depois se perguntar como você pode rastrear isso em termos quantitativos e qualitativos.

Na P&G, nós não paramos com uma medida quantitativa, o IBC. O IBC englobava tudo, mas nós desenvolvemos uma Tabela de Construção de Marca completa para ter certeza de que cada marca estivesse medindo as informações certas para o IBC. As informações eram coisas como experimentos e lealdade entre segmentos de consumo importantes, a experiência de compra, o preço e a efetividade de comunicação.

Quando você tiver planejado e construído uma medida e uma tabela úteis de saúde de marca, busque por maneiras de aplicá-las por toda a empresa. Na P&G, uma vez desenvolvidos o IBC e a tabela relacionada, continuávamos a procurar maneiras que pudessem ser usadas para gerar comportamentos de crescimento. Era muito bom ter essa medida e projetá-la para toda a equipe de gestão a cada três meses, com todas as marcas importantes. Ela nos ajudava a analisar os problemas, a criar soluções e ideias, e a compartilhar as melhores práticas em nossas marcas mais fortes. Mas o IBC nos mostrava seu valor definitivo, como eu explicarei a seguir, quando o aplicamos nas avaliações anuais de nossos gerentes gerais e diretores de marketing.

2. Defina os seus indicadores de desempenho principais em relação ao seu ideal.

É aqui onde você obtém a profundidade e os detalhes necessários para medir o seu progresso através de seu ideal. Como acabei de descrever, o Índice de Benefícios Combinados (IBC) e a Tabela de Construção de Marca na P&G nos apresentaram indicadores de desempenho-chave (IDCs) concretos que refletiam o nosso progresso em realizar o nosso ideal abrangente por trás de cada marca, e de calibrar isso em todas as nossas empresas. Toda empresa precisa alinhar os seus IDCs com o seu ideal de marca nesta maneira granular, especialmente em períodos problemáticos.

No final de 2010, a Toyota entrou em contato comigo após um ano muito difícil no qual vários recalls ameaçaram a sua empresa e abalaram a sua confiança. Eles queriam aproveitar a oportunidade que a crise apresentava para avaliar como eles gerenciavam a sua marca globalmente e, também, como funcionavam globalmente como uma equipe. Eles queriam elevar o seu ideal de marca e considerar maneiras diferentes de trabalhar para realizar isso.

Para obter uma compreensão de seu ideal de marca, nós estudamos seu histórico, entrevistamos usuários e não usuários; interrogamos funcionários, agências de comunicação e revendedores; buscávamos conselhos dos condutores das Gerações X e Y; e nos assegurávamos de que nossa direção estivesse construída através da visão do novo CEO, Akio Toyoda, para a companhia.

A essência do ideal de marca da Toyota é unir duas ideias, aparentemente contraditórias, transmitindo excitação e confiança incomparáveis.

A Toyota é uma marca que eu admiro faz tempo. Meu primeiro carro, depois que saí da faculdade, foi um Toyota Starlet, e tenho sido um cliente leal, desde então. Eu estudei a companhia e o "Jeito Toyota" (seus valores, crenças e princípios) por toda a minha carreira, e viajei para visitar a empresa e suas agências para realizar benchmarking, diversas vezes, quando fui diretor de marketing global na P&G. Quando eles me ligaram para pedir que os ajudasse, eu agarrei a chance.

Para iniciar o nosso relacionamento de trabalho, muitos dos líderes da organização de marketing global da Toyota se juntaram para uma reunião de três dias na Anderson School of Management, da UCLA, onde eu leciono.

Parte da pauta era — sem nenhuma surpresa — como a Toyota avaliava o progresso para melhorar a saúde da marca, e se eles consideravam, ou não, os seus funcionários responsáveis por isso. Eu não estava certo do que encontraria, especialmente após um ano onde muitos na organização estavam totalmente desgastados pelos recalls. Será que isso seria como na P&G, no final da década de 1990, onde a única coisa que parecia importar eram as vendas do mês?

O que eu encontrei foi, na verdade, bem surpreendente. Aquilo me reafirmou que essa companhia se recuperaria rápido da crise empresarial de 2010, e também do impacto devastador, na Toyota e em todo o Japão, do terremoto e da tsunami de março de 2011.

Apesar do ano tumultuado, todos os líderes de todas as regiões estavam focados na satisfação completa do cliente, confiança com o revendedor e comprometimento dos funcionários para direcionar o ideal de marca da Toyota. É claro que algumas dessas medidas decaíram durante os recalls, mas deixaram os funcionários da Toyota ainda mais determinados para continuar a medir e a trabalhar para melhorar a situação.

Como coloca David Buttner, diretor executivo sênior de vendas e marketing da Toyota da Austrália, a respeito de medidas, "nós fazemos três perguntas. Os nossos revendedores estão comprometidos? Os nossos funcionários estão engajados? Nós podemos ter todas as metas e aspirações do mundo, mas nenhuma delas será realizada a não ser que o nosso pessoal se sinta bem com eles mesmos e com a companhia onde trabalham. A última e mais importante pergunta é sobre a satisfação do cliente. Nós estamos dando aos clientes o que eles querem, seja em termo de produto, experiência pessoal durante a revenda, ou experiência de uso pós-venda? Se pudermos ser exemplares ao respondermos essas perguntas, então poderemos criar defensores apaixonados pela marca e clientes para toda a vida".

Quando eu falei individualmente com os outros líderes de vendas e marketing na reunião, as respostas foram curiosamente semelhantes. Isto é ainda mais surpreendente quando se leva em conta que a Toyota gerencia o marketing e as vendas de sua marca de uma maneira moderna e bem descentralizada. Mas eu continuei a ouvir temas comuns: engajar funcionários para que eles se sintam felizes e compreendam o que dirige a saúde da marca da Toyota, construir um excelente relacionamento com revendedores para que eles possam transmitir o ideal de marca através de seus funcionários, e mostrar paixão e respeito pelo cliente em todos os pontos de contatos como prioridade máxima. Quando perguntei a Vince Socco, vice-presidente sênior da Toyota Motor da Ásia-Pacífico, sobre criar medidas, eu adorei o modo como ele falou sobre a indústria pesada de carros e caminhões ser um negócio de "pessoas".

Vince me disse, "há uma dedicação muito séria com as pessoas na Toyota. Primeiro de tudo, os clientes — existe um desejo sincero de garantir que os veículos que construímos, o serviço que fornecemos, cada ponto de contato, que somos aptos de oferecer o melhor que podemos como companhia para cada um de nossos clientes. [É engraçado como essas palavras ecoam as do empresário artista americano do século XIX, Jack Daniel: "A cada dia que o fizermos (o uísque), o faremos da melhor maneira possível"]. Isso se aplica a toda a organização também, o respeito por funcionários e por nossos parceiros, fornecedores e revendedores. A Toyota realmente é uma família, e, para mim é isso o que ela representa. É claro, estamos no ramo de automotivos, mas esse também é um negócio de pessoas".

A Toyota não está na lista das 50 de Stengel, mas teria entrado se o estudo tivesse acabado com os resultados de 2009. Os seus resultados de 2010 a colocaram para baixo. Tenho um pressentimento forte de que eles irão saltar de volta para o topo na segunda década do século XXI, com uma grande razão sendo o seu foco nos IDCs no contexto do seu ideal de marca. A Toyota está tomando uma abordagem global, olhando para padronização e simplificação de suas centenas de IDCs por todo o mundo. Isso irá permitir uma comparação melhor para fazer o benchmarking das melhores práticas, mas, mais importante, fará com que todos no mundo inteiro meçam o seu progresso através de um ideal inspirado em seu legado e seus consumidores.

A Visa é um modelo de sucesso fantástico para desenvolver IDCs alinhados com o ideal de marca. Eu convidei Antonio Lucio, diretor de marketing, estratégia e desenvolvimento corporativo global da Visa, para a reunião da Toyota, na UCLA, para compartilhar o seu aprendizado em liderar a marca da Visa globalmente, de uma forma que estava centrada em seu ideal, e como eles estão medindo progresso através dele.

Antonio é um líder experiente e inspirador. Após sua temporada na P&G, e depois na Pepsi, ele entrou para a Visa em 2008, às vésperas dela se tornar pública, como o seu primeiro diretor de marketing e estratégia global. Antonio teve um impacto de grande importância na Visa em várias áreas, e nada disso teria sido possível sem unificar a sua equipe de marketing corporativo — e o marketing da Visa ao redor do mundo — através de um quadro de ideal de marca global bem parecido com a Árvore do Ideal. Até se tornar pública em 2008, a Visa operava, na verdade, como sete entidades autônomas regionais, e Antonio encarou um desafio enorme para criar uma equipe com um sonho.

A Visa é uma companhia mal compreendida. A maioria das pessoas pensa que ela emite cartões de crédito e débito, mas são os bancos que vendem o cartão que o emitem. Ela é, na verdade, uma companhia de processamento de pagamentos. Sua rede global, conhecida como VisaNet, é uma plataforma tecnológica massiva que processa mais de 70 bilhões de transações por ano para bancos e comerciantes que aceitam o seu cartão como forma de pagamento.

A Visa é uma das empresas das 50 de Stengel, liderando o caminho para interligar avaliação e medidas com um ideal de marca. O ideal da empresa é dar liberdade às pessoas para seguirem as suas paixões, oferecendo um dinheiro melhor para uma vida melhor. A Visa acredita profundamente que quando as pessoas e organizações trocam o dinheiro e o cheque por pagamentos eletrônicos com cartão, as suas vidas melhoram devido à conveniência, eficácia, segurança e liberdade que a Visa lhes concede.

Esse ideal está praticamente inalterado desde 1975, quando o que fora o BankAmericard foi rebatizado como Visa. Dee Hock, um ex-funcionário do Bank of America, e primeiro CEO da Visa, liderou esse passo, e articulara o ideal de marca da empresa com excelente visão e clareza há quase 40 anos atrás.

No final da década de 60, Hock anteviu o potencial da Visa ao perguntar, "como seria uma organização ideal a criar o primeiro sistema do mundo para troca de valor? E se o dinheiro se tornasse totalmente eletrônico? Se tornaria nada além de elétrons e prótons que se movem ao redor do mundo na velocidade da luz a um custo minúsculo". Isso possibilitaria a criação da "moeda universal da vida", uma moeda digital que pudesse oferecer "um dinheiro melhor para uma vida melhor, mais confiável, conveniente e seguro do que dinheiro e cheque".

No centro do trabalho do ideal de marca global que Antonio Lucio liderou para a Visa, está o ideal de marca inspirado por Dee Hock de "oferecer um dinheiro melhor para uma vida melhor", um ideal com o qual todos no mundo pudessem trabalhar. Para torná-lo relevante e acionável, Antonio e sua equipe projetaram um conjunto de medidas para garantir o processo através do ideal. Essas medidas incluíam os alicerces do seu ideal: atributos racionais de produto, como o fato da Visa ser o cartão de pagamento eletrônico mais confiável, seguro e responsável, e atributos emocionais, como promover poder, liberdade e controle.

Tudo no novo quadro de ideal de marca atinge esses quatro alicerces do ideal de marca da Visa: confiança, segurança, conveniência e poder. Quando transmitidos com excelência pelos funcionários da Visa, esses alicerces trazem o ideal para a realidade e são refletidos nas pontuações de satisfação de ambos, bancos e consumidores, os dois grupos externos que são mais importantes para o futuro da Visa.

Isso nos leva ao princípio de medida número três.

3. Meça o seu pessoal através do seu ideal, fazendo com que este seja parte do plano de trabalho de cada um dos funcionários.

Imagine o poder de cada pessoa de sua empresa de ter um plano de medidas para trazer o ideal de marca para a realidade em suas áreas de responsabilidade? É o que a Zappos faz em sua cultura fantástica e inovadora, interligando planos de trabalho ao seu ideal de felicidade.

Eu adoro como a Discovery pensa a respeito de fazer do ideal parte das ações diárias de todos os funcionários. Eles identificaram o que chamam de "traços de crescimento", que eles veem como essenciais para realizar o ideal de marca de satisfazer a curiosidade: pensamento claro, inovação, foco no cliente, experiência, diversidade, responsabilidade e desenvolvimento de funcionários. Eles sabem que não conseguirão trazer esse ideal para a realidade a não ser que meçam e recompensem essas coisas, e espera-se que os funcionários incorporem um traço de crescimento de sua escolha em seu plano de trabalho a cada ano.

Adria Alpert Romm, vice-presidente executiva sênior de recursos humanos, me deu um exemplo claro. "Vamos colocar a diversidade atrás e na frente da câmera", disse Adria. "Nós sabemos que se tivermos rostos variados no ar, se tivermos histórias que falam sobre pessoas e culturas diferentes, então estaremos realizando o nosso ideal e atraindo mais pessoas para a nossa marca".

Existem situações onde avançar o ideal de marca significa respeitar o passado e mudar muito pouco, e isso também deve estar no plano de trabalho. A Hermès, a provisora francesa de produtos de luxo, e uma marca das 50 de Stengel, se orgulha por se manter fiel ao seu ideal de celebrar artefatos de luxo duradouros. Eles valorizam a continuidade das pessoas, e viver esse ideal está em cada papel desempenhado na companhia.

A Jack Daniel's é outro exemplo onde a continuidade com a tradição está explícita no plano de trabalho dos funcionários. Nas palavras do historiador de marcas Nelson Eddy, "a marca Jack Daniel's é maior do que qualquer gerente de marca, ela se destaca sobre eles. As pessoas que trabalham na Jack Daniel's sabem que se trata da marca e seu ideal eterno, e não de indivíduos fazendo um nome por si próprios".

Em se tratando de construir um ideal de marca nos planos de trabalho de seus funcionários, a Visa é o melhor que há. Transmitir o seu ideal de "liberdade através de um dinheiro melhor para uma vida melhor" aparece espontaneamente em toda conversa com as pessoas da empresa. Mais importante, todos os líderes compreendem quão importante é interligar o progresso com os planos de trabalho de seus funcionários.

Bill Sheedy, presidente do grupo Visa para as Américas e funcionário de lá há 19 anos, descreve a conexão dos funcionários da Visa com o ideal da seguinte forma: "sempre existiu uma visão muito clara e forte desde o início sobre construir algo maior e mais poderoso em torno da eletronização do comércio. A visão era erradicar dinheiro e cheque, e tornar as interações entre compradores e vendedores mais eficientes. Não é a cura do câncer, mas sempre teve grande relevância. A cada três meses, a cada ano, nós podíamos ver maneiras específicas onde cada funcionário se conectava pessoalmente com a nossa visão, e que estávamos atingindo devagar, mas claramente, o propósito maior de criar uma moeda digital que realizasse o nosso ideal de um dinheiro melhor para uma vida melhor".

Se a Visa consegue juntar o seu ideal com os planos de trabalho de seus funcionários, qualquer um consegue. A Visa tem um dos ecossistemas empresariais mais complicados; é, ao mesmo tempo, uma empresa B2B e uma marca B2C. Uma típica transação de cartão de crédito ou débito envolve quatro partes: o banco que emite o cartão, o dono do cartão, o comerciante que o aceita como forma de pagamento e um banco de aquisição que realiza a transação de cartão do comerciante. A Visa deve oferecer serviços para todas essas entidades, em mais de 200 países, em 160 moedas — um desafio alucinante para uma empresa.

Isso é o que Elizabeth Buse, presidente do grupo Visa da Ásia-Pacífico, Europa Central, Oriente Médio e África, me disse sobre avaliar gerentes da Visa: "você precisa ter algum desempenho, os resultados têm que aparecer. Mas o que você faz é apenas metade da avaliação; a outra metade é como você faz. Nós trabalhamos os quês e comos igualmente. Pois se você tem o quê, e não o como, então o primeiro se esvairá com o tempo".

Imagine isso: 50% da avaliação dos gerentes da Visa concentra-se em como eles tratam os funcionários, constroem a cultura, executam tarefas e trazem o ideal de marca de "um dinheiro melhor para uma vida melhor" para a realidade. Na minha experiência, é raro medir metade do desempenho dos gerentes em como eles executam coisas, em vez de colocar a maior parte da ênfase — quase toda a ênfase, na maioria das empresas — nos resultados da empresa.

Um jeito da Visa medir como os executivos estão obtendo os seus resultados na agência, e não apenas quais são esses resultados, é amarrando uma parte de sua remuneração à pontuação de engajamento dos funcionários. Se a coletividade de funcionários de um gerente tiver uma pontuação de engajamento baixa, o gerente verá isso refletido, negativamente, em sua compensação e seu bônus.

Novamente aqui está Elizabeth Buse, descrevendo o poder e a adaptabilidade dos alicerces para guiar o comportamento dos funcionários: "confiança, conveniência, segurança e poder significam coisas diferentes para bancos, comerciantes e consumidores. E significam coisas diferentes em partes variadas do mundo. Confiança, em um país africano em desenvolvimento onde a eletricidade é instável, significa uma coisa bem diferente do que a confiança em um país desenvolvido. Conveniência significa uma coisa no Japão, onde todos já usavam os seus celulares para acessar a internet antes disso ser possível nos Estados Unidos. Uma vez que a marca da Visa realmente representa um aumento no conjunto de benefícios maiores por todo o sistema de pagamentos, nós podemos ser bem flexíveis em como os transmitimos, ainda assim, sempre avaliando continuamente os trabalhos de nossos funcionários através do mesmo padrão.

Ellen Richey, diretora de gerenciamento de risco global da Visa, analisou o impacto do engajamento dos funcionários com o ideal em termos de orgulho — se orgulhar por trabalhar na Visa — como um círculo virtuoso. "O propósito maior da marca, o trabalho que fazemos para assegurar todo o sistema de pagamentos eletrônicos, assim como o VisaNet, ressurge como um grande gerador de engajamento de funcionários".

A abordagem da Visa para as avaliações de desempenho repercutiam em harmonia com tudo o que os meus colegas de gerência sênior e eu vivenciamos na P&G, na década de 2000.

Sempre foi parte da P&G avaliar os seus funcionários através dos resultados da empresa, os resultados em desenvolver funcionários e seu progresso em aumentar market share e equidade de marca. Mas no caos do final dos anos 90 e início da década de 2000, nós perdemos o nosso foco no controle dessas áreas. Tentando virar o jogo da companhia, nos tornamos excessivamente focados em curto prazo, e simplesmente ficamos desleixados. Estávamos recompensando os funcionários por seus resultados de curto prazo na empresa, sem equilibrar propriamente como eles alcançavam esses resultados, como Elizabeth Buse, da Visa, descreve eloquentemente acima.

Eu ouvi isso claramente do nosso pessoal de marketing logo depois que comecei como diretor de marketing global, em agosto de 2001. Durante os meus 100 primeiros dias, viajando e conversando com o pessoal de marketing da P&G e seus líderes seniores, atuais e aposentados, se tornou óbvio que tínhamos que voltar a medir o líder completo, não apenas o operador de curto prazo. Todos concordaram com a ideia. A pergunta era como fazer isso.

Eu comecei a fortalecer a capacidade de recursos humanos na minha equipe de liderança de marketing. E trouxe Renée Dunn, diretora de RH em tempo integral, para me informar de tudo. Ela era uma parceira de RH, uma confidente e a responsável pela saúde da organização da área de marketing, mesmo quando decisões desagradáveis tinham que ser tomadas.

Renée se associou à minha equipe de liderança de marketing global e entrou em contato com a rede de RH global da P&G para formar a sua própria equipe de líderes de RH e nos ajudar a reformular o sistema de avaliações e medidas. Nós começamos ouvindo os funcionários de marketing através de questionários detalhados de engajamento. Isso levou à criação de padrões globais para planos de carreira de sistemas de gestão de talentos, incluindo a padronização de modelos para avaliações de desempenho e também modelos para os planos de trabalho de todos. Parece simples, mas não é. Nós havíamos despadronizado ao longo dos anos, e todos gostavam do jeito como faziam as coisas. Então, nós escutamos, avaliamos as informações e, depois, concordamos com um plano.

O nosso plano era um pouco de-volta-para-o-futuro para a P&G. Nós tínhamos três áreas básicas: resultados da empresa, resultados da saúde da marca e resultados do desenvolvimento da organização. Cada gerente na organização de marketing recebia uma classificação anual em cada área, assim como uma avaliação total. Essas classificações, então, guiavam o desenvolvimento de carreira, promoções e compensações. A grande mudança era que as pessoas não podiam mais evoluir dentro da P&G sem provar resultados em todas as três áreas.

Havia muitas dificuldades quando nós implementamos essas medidas de desempenho. As pessoas ficaram muito chateadas porque as regras de evolução do jogo tinham mudado para elas. "Como você pode segurar a minha promoção por algo que você acabou de começar a me avaliar?" — essa era uma reclamação comum. Mas nos mantivemos firmes. Quando elas aceitaram as novas medidas, começaram a ter um impacto muito mais positivo nos resultados da P&G — e em suas próprias carreiras.

Como as pessoas progridem é a mensagem mais forte que um líder pode passar, e A. G. Lafley mandou uma mensagem similar para os gerentes gerais de todo o mundo. Com o nosso diretor de recursos humanos global, Dick Antoine, A. G. replanejou como os gerentes seriam avaliados e classificados. Resultados empresariais de curto prazo não eram mais adequados; todos os gerentes gerais tinham que mostrar resultados de capacidade em construir a força da sua organização, assim como cumprir com os outros requisitos. Eles também tinham que demonstrar que estavam indo além com as vantagens competitivas de suas unidades empresariais através de sua estratégia, sistema de inovação, e sim, a saúde da marca conforme medida pelo IBC. E, todo ano, todos os gerentes gerais viam como se saíram e onde eles se classificavam entre os seus colegas.

Nós interligamos a remuneração dos executivos ao IBC, e novamente nos mantivemos firmes para reforçar essa conexão. Dois presidentes de grandes unidades da empresa que não conseguiram melhorar a saúde de suas marcas, se mudaram da P&G.

Eu estou totalmente convencido de que essas mudanças geraram o crescimento contínuo da P&G, onde, por mais de seis anos, nós superamos as nossas vendas trimestrais e objetivos conquistados.

E, como revimos no começo deste capítulo, quando olhamos para as 50 de Stengel em termos de contribuição de marca para acionistas, se os seus funcionários não estiverem se focando na saúde da marca no séc. XXI, a sua empresa irá sofrer.

4. Meça e recompense o tempo gasto com clientes e consumidores finais.

Este é um subconjunto do princípio que estivemos discutindo, mas é importante o bastante para merecer uma atenção especial. Se você e os seus funcionários não são próximos dos clientes e consumidores finais, e não compreendem os seus valores fundamentais, você não conseguirá atuar com o seu ideal. Em algumas organizações, pode parecer desnecessário enfatizar o tempo gasto com os clientes diariamente. Mas até mesmo vendedores diretos de lojas podem se desviar facilmente fazendo de tudo, menos ajudar diretamente os clientes.

No meu início como GMO da P&G, eu olhava para quanto tempo o nosso pessoal de marketing realmente gastava com consumidores finais ou clientes varejistas. Baseados em papéis e tarefas, eu esperava ver uma variação de 20% a 50%. Foi chocante descobrir que estava abaixo de 5%. Aqui estava a companhia que aspirava ser a mais centrada em clientes do mundo inteiro, e o seu pessoal de marketing estava gastando mais tempo na fila da Starbucks do que com os consumidores.

Nós mudamos essa situação com diversos passos simbólicos. Uma das melhores ideias veio de Jorge Uribe e Jorge Luis Diaz, presidente da P&G América Latina e vice-presidente de marketing, respectivamente. Eles declararam que todo novo contratado da P&G deveria passar o seu primeiro mês morando com consumidores de baixa renda, trabalhando em um mercado, ou armazém, de um bairro pequeno, ou fazendo compras com consumidores em estabelecimentos de varejo modernos, como também em lojas do bairro.

A P&G recrutou nas melhores escolas da América Latina para que os nossos novos funcionários tivessem um padrão de vida relativamente rico. Colocá-los em um ambiente de baixa renda, entre pessoas com recursos financeiros bastante limitados, era para muitos uma experiência de mudança de vida. Eles compreendiam perfeitamente a mensagem: as pessoas que eles conheceram durante aquele mês eram os consumidores mais importantes da P&G, a espinha dorsal do empreendimento da América Latina da P&G. O futuro da companhia dependia que as nossas marcas atraíssem essas pessoas, e os nossos funcionários precisavam ter empatia por elas e compreendê-las, ou então não pertenciam à P&G.

Uribe e Diaz não paravam só com os novos contratados. Eles também começaram a medir o tempo com os consumidores e clientes de todos os funcionários de marketing, e a colocar isso nos planos de trabalho. Eles acreditavam que a P&G não conseguiria construir uma cultura de ideais de marca sem a empatia por aqueles que eram mais importantes para o futuro da empresa. Não é nenhuma coincidência que a América Latina tem sido um dos mercados de alto crescimento mais fortes da P&G.

Dentro da P&G como um todo, na década de 2000, nós nos asseguramos que todos soubessem que imersões com os consumidores e visitas aos revendedores eram considerados trabalhos fundamentais, e nós os recompensávamos visivelmente por isso. Comece a fazer a mesma coisa na sua empresa, perguntando que pessoas do lado de fora são mais importante para o seu futuro e, então, dê passos concretos para garantir que os seus funcionários estejam entrando em contato e interagindo com elas, e desenvolvendo uma compreensão profunda de seus valores fundamentais.

Independente da sua ser uma empresa B2B, como a Visa, ou B2C, como a Jack Daniel´s, esses quatro princípios de avaliação e sistemas de medida funcionam. Na verdade, eles são essenciais para gerar crescimento. E, se você não completar a Árvore do Ideal com foco e disciplina na hora de avaliar e medir, todo o resto do trabalho terá sido em vão.

Um último ponto. Nunca deixe o seu sistema de medidas, seja de desempenho individual ou operacional, se tornar um fim estático nele mesmo. Correlacione-o constantemente com o seu ideal, e mude os componentes do sistema de medidas quando necessário para acompanhar o passo das necessidades e do comportamento dos clientes. Pergunte-se regularmente se existe uma maneira melhor de acompanhar como você está gerando um valor diferencial em comparação à concorrência.

Por exemplo, nós já vimos como as medidas da neurociência estão oferecendo um entendimento mais profundo de como os ideais modelam o comportamento das pessoas. Vimos no capítulo 2 como a equipe de neurociência da Millward Brown identificou a influência dos ideais de marca nas respostas dos consumidores para selecionar empresas nas 50 de Stengel e em algumas de suas concorrentes, e essa área de conhecimento só irá se aprofundar e melhorar. Pesquisadores do MIT Media Lab, ao trabalharem com uma companhia chamada Affectiva para comercializar as descobertas, então descobrindo como as expressões faciais e respostas de pele transmitem reações positivas e negativas a produtos, mensagens e experiências de marca.

Quanto mais precisamente você puder medir o seu progresso e os seus funcionários através do seu ideal, mais expressivamente poderá trazer esse ideal para a realidade, e mais distância positiva poderá colocar entre a sua empresa e a concorrência.

Nós, agora, já percorremos todo o caminho dos cinco galhos da Árvore do Ideal. Você crescerá mais rápido à medida que aplicar esses princípios. Os dados das 50 de Stengel sugerem que você pode até triplicar o seu índice de crescimento em relação às concorrentes na sua categoria. Você deve atuar através da Árvore do Ideal com grande convicção, energia, paixão e perseverança.

Só existe um porém: enquanto atua, você não deve jamais ser complacente com a sua razão principal de existir, o seu ideal de marca. No próximo capítulo, eu compartilharei exemplos poderosos de como evitar complacência e descobrir meios de evoluir o seu ideal para novo crescimento.

11

Continue

Evolua o seu Ideal para Renovar Vantagem Competitiva

Ambas, Method e Innocent, são empresas altamente bem-sucedidas, crescendo rapidamente, atraindo talentos excepcionais, e realizando benchmarking em suas categorias. Ainda assim, seus líderes não descansam.

Eu vi essa inquietude em primeira mão quando o cofundador da Method, Eric Ryan, me pediu para tomar um drink ao final do dia, com a equipe de liderança da Method e Dan Germain, diretor de comunicações da Innocent, que também estava por lá. Quando todos nós sentamos juntos na parte de fora de um bar, em Chinatown, em São Francisco, Eric queria analisar se o ideal da Method, de inspirar uma revolução de produtos saudáveis para o lar, era forte e inspirador o suficiente. Dan contou como a Innocent se desafia constantemente ao se perguntar se está trazendo o ideal da empresa, de "facilitar a vida das pessoas para que elas se cuidem bem", para a realidade da maneira mais eficaz possível.

Após muitas discussões e alguns drinks, nós decidimos que o ideal da Method era magnífico assim como estava. Ele inspira seus funcionários e atrai os melhores talentos. E continua a alimentar um crescimento. O desafio é aplicá-lo brilhantemente por toda a Árvore do Ideal, especialmente em novas categorias, como a de lavar roupa.

E, de vez em quando, fazer o que estávamos fazendo naquela noite: perguntar se o ideal, ou a abordagem para servi-lo, precisava de alguma mudança para continuar fresco e vital. Um pouco de inquietude é sempre bom.

No meu trabalho com empresas como Intel, Toyota e Luxottica (que inclui marcas como LensCrafters, Oakley e Ray-Ban), diversos fatores induziam a uma decisão para evoluir o ideal de marca. Para a Intel, os hábitos dos consumidores estão se deslocando de laptops em direção a aparelhos de smartphone e tablets. Para a Toyota, a nova visão do CEO Akio Toyoda deve ser refletida no ideal. E, para a LensCrafters, a sua promessa antiga de serviço de uma hora não é mais adequada para satisfazer consumidores nas complicadas, e emocionais, decisões de compra de produtos para a vista e óculos.

A questão é simples. Seja inquieto e curioso em relação a se o seu ideal ainda é relevante e inspira crescimento. Ele precisa evoluir? Você deveria redefini-lo em resposta às mudanças de tecnologia, comportamento do consumidor, e da concorrência? A sua abordagem para realizar o ideal ainda é apropriada?

Evoluir um ideal não é uma missão fácil, e deve ser feita com raciocínio, planejamento e execução meticulosos. Para ilustrar isso, eu quero mostrar como a Motorola Solutions e a HP, uma empresa das 50 de Stengel, lutaram com a necessidade de evoluir seus ideais de marca. Como veremos, a Motorola e a HP tiveram um motivo relativamente urgente para evoluir seus ideais, e as suas experiências oferecem uma rica perspectiva do processo.

A Motorola Solutions passou a existir em janeiro de 2011, quando a matriz da Motorola, fundada em 1928, dividiu-se em duas companhias públicas diferentes. A parte da Motorola focada em tecnologia para consumo se tornou a Motorola Mobility, com US$ 12 bilhões em rendimentos e 19 mil funcionários. Apenas oito meses depois, em agosto de 2011, a Motorola Mobility anunciou que seria comprada pela Google em uma das maiores fusões tecnológicas já vistas. A parte da empresa Motorola focada em servir ao governo, segurança pública e às empresas de negócios se tornaria a Motorola Solutions, com US$ 8 bilhões em receita e 25 mil funcionários.

Ambas, Motorola Mobility e Solutions, se depararam com o desafio de definir uma nova identidade como companhias independentes. Também ambas tinham problemas morais, sempre uma indicação da necessidade de uma empresa de trabalhar o seu ideal.

Eu entrei para o conselho de diretores da Motorola em 2005. No lado focado em consumo, os problemas morais eram o resultado de oscilações nos resultados financeiros, quando o celular Razr, um modelo superfino que valorizava moda antes da tecnologia, passou de item essencial para o status de ultrapassado. Essa turbulência teve um impacto no lado empresarial. Durante as longas quedas nas vendas de celular para consumo da Motorola, a organização empresarial, que gerava rendimentos saudáveis consistentemente, manteve toda a empresa normalmente. Ainda assim, a empresa para consumo chamou a atenção de grande parte da mídia e, por causa de seu estado problemático, também ocupou grande parte da atenção do conselho durante esses anos.

Enquanto a separação das companhias se aproximava, a empresa para consumo novamente ganhou a atenção da mídia por causa de sua parceria de sucesso com a Google e a Verizon para desenvolver o mercado de Android para smartphones. O Motorola Droid estava em uma liga diferente do Razr. Muito mais do que apenas um objeto de moda, o Droid estava rapidamente se tornando o centro de um ecossistema de outros produtos e serviços tecnológicos.

No início de 2009, Eduardo Conrado, vice-presidente sênior de marketing na organização empresarial, recrutou a minha ajuda para definir um propósito maior que inspirasse a todos e posicionasse a empresa para o crescimento. Eduardo andara bolando ideias com a BBDO, a agência publicitária americana da Motorola, para uma campanha de marketing para se lançar como uma companhia separada, mas percebeu que precisava que fosse algo "bem maior do que isso. Precisamos lançar a mentalidade de todos sobre quem nós somos e o que representamos".

A Motorola Solutions possuía um nome de marca bem reconhecido, apesar de um pouco atingido, que dividiria com a Motorola Mobility. Havia prós e contras ali. Um problema ainda mais sério era que a Motorola Solutions estava nascendo como uma companhia pública independente às sombras de uma tentativa falha de evoluir um ideal de marca. Antes da divisão, a Motorola articulava um ideal de "melhorar a vida através de uma mobilidade sem emendas" mas nunca fora muito longe com ele.

Greg Brown, que na época era o co-CEO da Motorola e futuro CEO da Motorola Solutions, acreditava fortemente que a organização empresarial tinha "se apaixonado em inovar por inovar". Ele disse à sua equipe de liderança "a empresa precisa de um estímulo, uma percepção de urgência em termos de responsabilidade e propósito".

Greg colocou o seu dedo em uma ferida que um bom ideal de marca podia ajudá-lo a sarar. Mais do que de costume, as empresas são pegas inovando por inovar, ou por uma preocupação com benefícios funcionais versus o foco na experiência de consumo total. Lembra da transformação da Pampers, de um benefício em secura suprema a um ideal de desenvolvimento do bebê? Greg sabia que o seu ideal evoluído precisava se basear em transmitir uma experiência de consumo fantástica, o que, em retorno, geraria crescimento.

A organização empresarial da Motorola sentia que as suas contribuições para os resultados financeiros e as suas inovações em produto e serviço não eram totalmente valorizadas. Por baixo daquilo estava o problema mais sério que Greg diagnosticara: o foco errado em inovar por inovar. Os engenheiros de design e desenvolvimento da Motorola, a essência das organizações de consumo e empresarial, se sentiram trocados pela decisão infeliz da empresa de celulares de sobrepor formato à funcionalidade e instigar a finura do Razr, deixando de usar toda a primeira leva do mercado de smartphones de softwares. Em reação a isso e à relativa falta de atenção ao seu próprio trabalho, a organização empresarial se voltou para dentro e se obcecou em benefícios de produtos tecnológicos, e não no que aquelas características de tecnologia significavam na vida das pessoas. E também, porque a empresa estava financeiramente saudável, não havia nenhuma crise, o que gerou uma certa complacência.

Greg estava certo em dizer que a empresa precisava de um estímulo. Isso era muito similar ao que aconteceu com a P&G, em

2005 e 2006, depois que demos a volta por cima nos resultados financeiros. Para evitar a complacência, nós precisávamos aumentar a percepção de propósito de toda a organização, como eu descrevi mais cedo, da mesma forma que Greg Brown e sua equipe de gestão sênior agora precisavam fazer.

Eduardo Conrado fez um benchmarking externo com organizações inspiradas em ideais, aprendendo com companhias como Southwest Arlines, Zappos e IBM. E ele designou uma equipe para fazer uma série de entrevistas internas, perguntando às pessoas "deixando o pagamento de lado, por que você se levanta de manhã? Se a sua parte da Motorola desaparecesse amanhã, o que aconteceria? O que o mundo perderia?". Como eu mencionei, eu fiz um conjunto de perguntas parecido na Pizza Hut, em 2009, quando a equipe de liderança deles enfrentou o desafio de evoluir o seu ideal de marca.

Demorou um tempo para que o pessoal da Motorola Solutions soltasse comentários como "se nós desaparecêssemos, a nossa concorrência assumiria o negócio". Mas, durante o curso das entrevistas, Eduardo me disse "as pessoas começaram a definir o propósito da organização como algo maior do que 'nós tornamos empresas e organizações mais produtivas', o que é genericamente uma verdade sobre nós e todas as nossas concorrentes. Pouco a pouco, conceitos mais interessantes sobre usuários finais individuais nos contextos de seus trabalhos e de suas organizações, começaram a surgir".

Esses conceitos eram a respeito de momentos na vida de clientes empresariais e do governo quando um impacto em cascata de falhas ocorria imprevisivelmente em eventos imprescindíveis e aplicativos de negócios. Havia todos os tipos de respostas nos resultados, de inconveniente e custoso a letal, de alimentos estragados no trânsito a atrasos em situações emergenciais de vida ou morte e colapsos como respostas a desastres. As histórias revelaram um orgulho profundo do legado da Motorola de servir às necessidades do governo e de empresas, desde aplicação da lei até a gestão na cadeia de fornecimentos. Elas também apresentaram um desejo profundo para que a organização empresarial tivesse êxito como uma companhia independente.

A Motorola fez os seus primeiros rádios comunicadores para departamentos de polícia na década de 1930. Suas inovações na década de 2000 incluem redes de rádio com um bom software para segurança pública e sistemas de transporte, assim como a rede de identificação de frequência de rádio mais sofisticada para controle de estoque. A organização empresarial tinha muito do que se orgulhar, e muito a oferecer.

A percepção central apurada pelas entrevistas era que a organização empresarial realmente representava o propósito maior de ajudar as pessoas a darem o melhor de si em momentos que importavam. Se tratava de ajudar policiais, bombeiros, paramédicos e funcionários de saúde, vendas, operações e de todos os tipos de setores a realizarem esses trabalhos essenciais. Mas as pessoas na organização não viam isso claramente.

O ideal evoluído tem raízes no rico legado da Motorola de fornecer uma tecnologia indispensável. Mas esse legado ficara apagado com o lado da empresa para consumo direcionando a imagem pública da Motorola.

Para trazer o ideal evoluído para um enfoque preciso para todos na organização, no início do outono de 2010, a Motorola Solutions criara oito pôsteres sobre os produtos e serviços da organização empresarial sendo usados em "momentos que importavam". Os pôsteres, baseados em casos reais de clientes, reuniu o lado esquerdo do cérebro, os benefícios racionais desses produtos e serviços, o lado direito, os benefícios emocionais. Por exemplo, um pôster mostrava um festival de rua com as informações: *15:26, Nothing Hill, Londres, Reino Unido.* O texto dizia: *Neste exato momento, nossos sistemas de comunicação estão reunindo pai e filha. O pai está desesperado. Ele perdeu de vista a sua filha de seis anos na multidão do carnaval. Graças ao rádio Motorola MTH800 da polícia e da rede Airwave, todo policial em um raio de duas milhas ficou instantaneamente em alerta e a família se reuniu dentro de poucos minutos. A festa continua sem nenhuma fatalidade.*

Os oito pôsteres com "Momentos Captados" ofereceram todas as provas de que a gestão sênior da organização empresarial precisava para perceber que eles tinham o seu ideal de marca evoluído: a Motorola Solutions se dedicava a "ajudar as pessoas a darem o melhor de si em momentos que importavam". Shelly Carlin, que recentemente havia se tornado chefe de RH na Motorola Solutions, viu como "ajudar as pessoas a darem o melhor de si em momentos que importavam" poderia se transformar no centro de tudo no RH, desde recrutamento e treinamento, até conservação, desenvolvimento de carreira e desempenho de gestão.

A lição importante aqui é que a Motorola Solutions tirou as palavras do papel e dramatizou o seu ideal em contexto através de pôsteres. O motivo dos pôsteres terem mexido com as pessoas — não apenas com o RH e Marketing, mas em toda a organização — é porque eles fizeram o que o pessoal da Motorola Solutions faz todos os dias, heroica e verdadeiramente. Eles evocavam orgulho. Confirmavam identidade. Trouxeram o ideal evoluído para a realidade através de maneiras que repercutiram entre todos os funcionários.

Eu sempre sugiro às companhias com as quais trabalho que façam um vídeo do seu ideal para esse propósito. Pôsteres também servem, mas os vídeos capturam melhor a verdadeira autenticidade e repercussão de um ideal. Eu jamais me esquecerei da primeira vez que mostramos um vídeo que fizemos para capturar e evocar o propósito maior da P&G de "tocar vidas, melhorando a vida". Muitos na organização pensaram que essas palavras soavam genéricas e não muito animadoras.

Entretanto, quando os trouxemos para a realidade através de um vídeo, com imagens e música, e o exibimos em nosso encontro de gestão de novembro, "tocar vidas, melhorando a vida" tocou o coração até do líder mais carrancudo da P&G. Muitos traziam lágrimas nos olhos. Nós usamos esse vídeo subsequentemente milhares de vezes — com principiantes, novos contratados, para começar reuniões importantes, com acionistas, clientes e analistas.

Os pôsteres da Motorola representaram para a Motorola o que o vídeo da P&G representava para a P&G. Eles animaram toda a organização e ninguém estava mais empolgado do que o CEO Greg Brown. Com os pôsteres, dados e outros adicionais, Greg, Eduardo e Shelly conseguiram facilmente o aval sólido do conselho para unir todos na organização empresarial para apoiarem o ideal de "ajudar as pessoas a darem o melhor de si em momentos que importam".

Eduardo apresentou a evolução do propósito maior da organização empresarial para o conselho de diretores mais ou menos no mesmo período em que a organização para consumo estava obtendo tração com o celular Droid. Eu sabia, na época, que tínhamos feito a escolha certa, como conselho, em separar as duas partes da companhia e deixá-las soltas para competir por si próprias.

Greg Brown naturalmente queria ativar o propósito evoluído por toda a organização o mais rápido possível. É fácil se mover rápido nessas situações, no entanto, às vezes, ir devagar no começo ajuda você a acelerar em uma velocidade maior depois. Eu adoro o modo como o CEO da INTEL, Paul Otellini, diz isso: "muitas vezes, você precisa frear para acelerar". O que ele quer dizer é que o planejamento correto deve ser feito ou a organização não se comprometerá totalmente, nem estará completamente preparada para executar o ideal.

O ritmo deliberado que a Motorola Solutions seguiu foi muito útil para ajudar a permitir que o lado empresarial desenvolvesse o tom e a voz com os quais pudesse melhor comunicar o seu ideal maior, e melhor engajar um diálogo com todos os acionistas. Isso era difícil para uma organização dominada por engenheiros cujas primeiras respostas conscientes a qualquer situação eram normalmente mais racionais do que emocionais. Mas, como vimos com o que a neurociência tem a nos ensinar sobre o valor empresarial dos ideais, a emoção e o instinto desempenham um papel importante em todas as decisões humanas, muitas vezes mantendo-se completamente subconscientes, independente de quão puramente racionais as pessoas pensem ser.

Os oito pôsteres, ao combinar os aspectos racionais e emocionais de momentos que importam, se tornaram um modelo para ensinar a organização a como se comunicar mais eficientemente.

Eles mostravam como contar histórias que misturassem os benefícios racionais e emocionais que a Motorola Solutions oferece à organização e aos indivíduos em um complexo orgânico — como, em efeito, expressar toda a profundidade e complexidade do ideal evoluído de forma simples, clara, imaginativa e convincente.

Depois que Eduardo Conrado explicou a nova estratégia de propósito maior para os líderes globais mais importantes da organização empresarial, workshops de como fazer pôsteres entraram para uma seleção de 27 das maiores instalações da organização ao redor do mundo. Os workshops de como fazer pôsteres produziram 150 pôsteres adicionais de momentos que importam, todos obtidos pelas histórias de funcionários de todos os níveis da Motorola Solutions, em todas as linhas da empresa. Na verdade, o grupo de funcionários que se tornou mais comprometido foi o pessoal de engenharia. Claramente esse grupo de mentes técnicas ansiava por fazer mais do que os bits e bytes de seu trabalho, e contar histórias mais importantes sobre o impacto humano que eles tinham na vida diária das pessoas.

Os workshops também ofereceram oportunidades de identificar 600 "embaixadores da marca" entre os gerentes de cada região e equipes de RH, comunicação e marketing global do lado empresarial. Os embaixadores da marca se tornaram "especialistas em ideal de marca" internos, e supervisionavam e treinavam outros dentro de toda a organização em nome do ideal evoluído. Eles se asseguravam de que todo funcionário compreendesse o ideal e o seu papel individual em trazê-lo para a realidade.

Crucialmente, Eduardo destacou que "o grupo de embaixadores também incluía representantes da BBDO e da Siegel & Gale, as nossas principais agências nos Estados Unidos, e de todas as outras agências ao redor do mundo. Nós queríamos localizar o quadro do novo propósito maior o mais rápido possível, e a participação das agências era fundamental para garantir que eles compreendessem o propósito maior e a voz da marca, para que todo o novo material que nós criássemos se encaixasse no quadro".

Como um teste da estratégia de propósito maior, Eduardo Conrado e Shelly Carlin reformularam todo o andar executivo da organização empresarial com vários dos pôsteres produzidos nos workshops mundiais. O impacto foi quase imediato.

O superintendente das escolas públicas de Chicago teve uma reunião com Greg Brown logo após os pôsteres terem sido pendurados nas paredes. Antes de sua carreira como diretor da escola, ele fora oficial de polícia e, na época, teve um emprego de nível sênior no sistema de transporte público de Chicago. Por isso, ele estava bem familiarizado com os produtos e serviços da Motorola. Quando Greg o acompanhou no término da reunião, ele destacou que "os pôsteres são viscerais. Eles repercutem". Essa era uma reação típica das pessoas que visitavam o andar executivo.

O sucesso desse teste preparou o palco para o próximo desenvolvimento. No período de uma semana, todas as grandes 27 instalações ao redor do mundo foram redecoradas com pôsteres de momentos que importam, com os clientes das respectivas regiões. Quando os funcionários chegaram para trabalhar na manhã de segunda-feira e viram essas imagens, aquilo foi o prelúdio para uma reunião geral e comemorações, inauguradas por um discurso de Greg Brown.

Os pôsteres foram colocados em outubro de 2010, bem na mesma época em que os mineiros chilenos estavam sendo resgatados. Um funcionário britânico disse: "eu aposto que os nossos produtos estão sendo utilizados". E estavam mesmo.

Shelly Carlin me disse, "Greg mandou um e-mail global, não para se vangloriar, mas para dizer: 'é por isso que estamos aqui'. O papel da Motorola no resgate dos mineiros chilenos foi um momento eminente que importava, e o pôster que trouxe essa história para a realidade atingiu o coração dos funcionários. A reação dessa notícia pela organização representou para mim e para o Eduardo que o propósito maior era real. E passou para mim que é assim que nós conduziremos o engajamento dos funcionários".

O impacto emocional dos pôsteres e a reunião geral poderia ter fracassado se o trabalho com o propósito maior não tivesse incluído também um novo conjunto de valores e critérios de desempenho para os funcionários em todos os tipos de papeis — contribuidores individuais, gerentes e líderes seniores. Os novos critérios destacavam comportamentos desejáveis específicos nas áreas de conduta pessoal, estratégia focada nos clientes, resultados da empresa e desenvolvimento de funcionários. Basicamente, a Motorola reiniciou o seu critério de desenvolvimento para refletir o seu ideal evoluído (vimos no capítulo anterior quão importante isso é para o sucesso). Os 600 embaixadores de marca levaram esses critérios para campo. Eduardo disse, "os embaixadores das marcas lideravam os planos de desenvolvimento locais e a administração com implementação. Eles levaram o quadro para todos os cantos do mundo e nos deram coordenação global com apropriação local".

Todos na Motorola Solutions podem se ver, e o seu trabalho, em termos de momentos que importam. É impossível exagerar no quão importante isso é. Nas palavras de Eduardo, "isso estimula o pessoal da engenharia pela forma com que celebra inovação tecnológica e mostra o seu impacto na vida das pessoas. O ideal maior se tornou um teste decisivo para gestão sênior em discussões de estratégia. Quando você conecta o racional e o emocional, facilita a vida dos vendedores. Líderes de vendas agora começam qualquer coisa com o propósito, e ele os inspira tanto em nível pessoal quanto profissional. O chefe de vendas na Austrália falou, "isso nos torna únicos'. Os distribuidores da Motorola Solutions têm a mesma reação. Até mesmo os analistas financeiros respondem positivamente. E os clientes amam. Em uma reunião de negócios nas Bahamas, o chefe da força de polícia veio para mim e disse: 'os seus produtos funcionam. Mas vocês também falam comigo através do coração'".

A melhor coisa sobre o ideal evoluído da Motorola é que ele não tem um prazo. Ele pode continuar se estendendo em verticais da indústria e segmentos de clientes, de forma que a Motorola possa tocar mais pessoas nos momentos que mais importassem para elas, e acelerar o seu crescimento ao fazer isso. Apesar de ser muito cedo para cantar vitória, a Motorola Solutions, depois de cerca de um ano como uma companhia independente, está decolando para um rápido começo.

Evoluindo o Ideal da Hewlett-Packard

As mais de 45 aquisições durante a gestão de Mark Hurd como CEO, entre 2005 a 2010, desempenharam um papel importante para tornar a Hewlett-Packard — ou HP, como sempre fora abreviada — na maior companhia de tecnologia em 2011, com US$ 126 bilhões em rendimentos. A maior aquisição foi a compra da EDS, no valor de US$13,9 bilhões, em 2008. E, apesar do tumultuado ano de 2011, com o comunicado da nova CEO, Meg Whitman, e grandes questões de estratégia, a HP fez um excelente trabalho na construção de seu valor de marca pelos últimos dez anos, como vimos no Capítulo 1.

As aquisições da década de 2000 transformaram a HP, de uma empresa essencialmente de hardware para uma companhia de hardware, software e serviços com o portfólio mais amplo de produtos da indústria de TI, e mais de metade dos rendimentos obtidos com software e serviços empresariais. No despertar dessa expansão, a HP se deparou com o desafio assustador de integrar com êxito um portfólio tão amplo de produtos e um número tão grande de companhias adquiridas.

Um executivo sênior da HP me explicou o desafio com palavras poderosas: "sob a fundação de Bill Hewlett e Dave Packard, as pessoas internalizaram os valores e a cultura da HP tão profundamente que se tornaram o tecido conectivo que fez da HP o que ela era. Todos sabiam que a HP representava produzir excelente tecnologia que fizesse uma contribuição para a sociedade. Mas esse tecido conectivo foi enfraquecido através do tremendo crescimento pelas aquisições. E não estava sendo fortalecido porque não estava mais presente no diálogo e nos valores explícitos da liderança. Esta peça que faltava era realmente um problema para os funcionários da HP".

O problema se tornara aparente em uma reunião que esse executivo, juntamente com mais três outros funcionários da HP, teve com o CEO de um cliente. Um desses funcionários falou para o CEO, "eu sou da empresa que costumava ser a Compaq". O segundo disse, “eu sou da empresa que costumava ser EDS”. E o terceiro, “eu sou da própria HP”. O CEO olhou para eles e disse, “bem, eu pensava que vocês tivessem uma só companhia”. Aquilo foi um momento de estalo para este executivo da HP.

Momentos como esse mostravam para os líderes seniores da HP a importância de unir todas as peças da companhia sob a “marca pan-HP”. Sem um alinhamento melhor, sem oferecer a todos os funcionários uma razão compartilhada para existir, eles não conseguiriam realizar o potencial de todas as aquisições recentes. Até Mark Hurd, bem conhecido como um operador pragmático, percebeu isso rápida e claramente. Os funcionários me contaram que ele se tornara um defensor, até mesmo um zelador, da “palavra com M”, sua abreviação para HP, a Marca. Hurd percebeu o poder de construir uma marca HP global, e também reconheceu que isso tinha que começar com um ideal evoluído e inspirador. Com o seu histórico na P&G e no eBay, Meg Whitman provavelmente será uma forte defensora para construir uma marca HP.

Para crescer e prosperar, a HP tinha que evoluir o seu ideal assim como o seu portfólio de produtos. No papel, o amplo portfólio de hardware, software e serviços, feito na década de 2000, tinha um bom senso estratégico, mas grosseiramente, as coisas estavam muito mais do que desalinhadas para funcionários e clientes. Metade dos 320 mil funcionários da HP, em 2011, havia entrado para a companhia desde 2006 através de suas inúmeras aquisições.

Kelly Hampton, diretora global de estratégia de marca da HP, me disse, “a HP, como um todo, está muito descentralizada. São, na verdade, 320 mil pessoas em seu próprio barco, e nós temos que fazer com que esses barcos nadem na mesma direção. Cada um dos três grupos principais — imagem e impressão, computação e serviços empresariais — está organizado diferentemente. Então, é difícil para os funcionários compreenderem o nosso extenso portfólio”.

Trezentas e vinte mil pessoas indo para direções diferentes? Kelly podia estar exagerando, mas nem tanto. Para seu crédito, mesmo com o ritmo rápido das aquisições, a HP conseguiu manter a sua imagem com os consumidores, e os seus rendimentos crescendo; 2011 trouxe mais mudanças com o comunicado de agosto, de explorar alternativas para o seu grupo de sistemas pessoais, que vende PCs. Com todas essas mudanças, existe claramente uma necessidade primordial de evoluir o ideal da HP para englobar a transição, diversificar o portfólio de marca e dar à companhia uma identidade coerente na mente de clientes e funcionários.

Em relação aos clientes, Kelly diz, "consumidores e muitos clientes empresariais de pequeno e médio porte nos conheciam inicialmente por nossas impressoras. Clientes empresariais sabiam apenas da parte específica que eles negociavam conosco; eles não sabiam a extensão da nossa oferta empresarial. Nós realmente precisávamos ligar os pontos de todos os três públicos: consumidores, pequenos e médios comerciantes e grandes empresas".

Como vimos durante este livro, o ideal precisa ganhar tração internamente com os funcionários antes de poder ganhar tração externamente com os clientes. A HP compreendia isso, mas lhe faltava um quadro, como a Árvore do Ideal, para guiá-los. Glenna Patton, vice-presidente de estratégia de marca e design de teste, diz, "mesmo com a maioria das nossas empresas adquiridas vindo a ser renomeadas como HP, não havia nenhum processo ou quadro para integrar os funcionários em uma só cultura HP e integrar as empresas em uma só estratégia de marca. Ao mesmo tempo, a conscientização sobre nós por parte dos clientes estava estritamente enraizada nas impressoras, e, no âmbito das empresas, em servidores. A lacuna entre o que os clientes considerariam comprar e o total de ofertas de negócios da HP era massiva".

Em 2009, Kelly Hampton e Glenna Patton, juntamente com suas equipes na organização de marketing, levaram a situação da empresa até a gestão sênior para unificar o portfólio dos produtos em uma "marca pan-HP", como coloca Kelly. Isso exigia redefinir a *marca* em uma companhia que, por muito tempo, a administrava rigorosamente nas propagandas e havia recentemente descentralizado a responsabilidade da publicidade, junto com os orçamentos, em grupos empresariais diferentes.

Em uma série de workshops internos com funcionários de todas as áreas e grupos empresariais dentro da HP, entre eles participantes de longa data e de companhias adquiridas, Glenna, Kelly e suas equipes procuravam, nas palavras de Glenna, "entrar sob a pele de 'Quem somos nós? O que representamos? Por que estamos todos aqui? Qual seria uma posição inspiradora para a HP?'. Aquilo levou a uma compreensão bem maior de nossos funcionários, nossa cultura e do propósito maior que é autêntico para a HP".

Eles descobriram duas coisas importantes. A primeira, "o Jeito HP", os princípios dos fundadores Bill Hewlett e Dave Packard ainda guiavam o comportamento do legado da HP, e exerciam uma tração ímã nas companhias adquiridas e em novos funcionários. Deepak Sainanee, diretor corporativo de pesquisa de marketing e percepção de clientes corporativos da HP, comprova isso quando conta sobre quando ele entrou para a companhia, no começo da década de 2000, depois de passagens por empresas iniciantes, consultorias e pelo mundo acadêmico. Deepak diz, "o que é único em relação à HP é o nosso DNA de Bill e Dave. Muitos dizem que ele não existe mais, aquela era a velha HP e agora existe a nova HP. Eu tenho uma perspectiva diferente. Os valores e as atitudes ainda continuam fortes aqui. Eu pude sentir isso quando cheguei. É uma mistura de inocência e elasticidade que todos os empresários e organizações empresariais precisam".

A segunda descoberta inicial foi a consistência absoluta de como os funcionários da HP, os "do legado" e os adquiridos, queriam evoluir o seu ideal. Foi como o momento de epifania na Motorola Solutions, quando as pessoas perceberam que elas deveriam representar a ajuda para as pessoas em momentos que realmente importam. Para a HP, da mesma forma que aconteceu com a Motorola Solutions, o ideal evoluído tinha origem no seu legado, mas traçava a direção futura para todas as empresas diversas da HP.

O conceito básico por trás do ideal evoluído é o progresso humano em avanço. Descrevendo os momentos de epifanias que acontecem pela companhia em muitos workshops, Kelly Hampton diz, "identificar a HP com o progresso humano é algo verdadeiro. O fato de que múltiplos grupos, feitos de funcionários novos e antigos da HP, independentemente retornaram com isso diz a você um pouco do foco da organização e da precisão da cultura, mesmo nós estando altamente descentralizados administrativamente. O 'progresso humano' captura lindamente a nossa razão mais nobre de existir. Ela não é fofa. As pessoas aqui realmente acreditam nela. Elas vêm trabalhar diariamente para descobrir, desenvolver e transmitir coisas que existem para um bem maior. É assim que fazemos negócios todos os dias".

A HP não desperdiçou tempo algum para colocar o ideal evoluído em ação. Em 2010, o seu comitê executivo assumiu um compromisso impressionante de dez anos com o ideal corporativo e a estratégia de Marketing do "progresso humano".

A HP está na metade de um processo de vários anos com o seu ideal evoluído, mas já está colhendo alguns resultados antecipados, mesmo com toda a desordem de cima. Glenna Patton resume isso muito bem: "A jornada do 'progresso humano', definir a razão de existir mais nobre que representamos, saber que ela está fundada em nosso passado, mas possui uma visão em direção ao futuro — o caso mais impactante para isso é como ela influencia as emoções e comportamentos dos nossos funcionários. Já resultou em trabalhos de desenho industrial onde diferentes produtos de hardware foram revistos, elementos alheios foram repensados e novos materiais sustentáveis entraram para jogo.

A Motorola Solutions e a HP são trabalhos em progresso, como, na verdade, todas as empresas são. Elas são excelentes casos de como evoluir um ideal, e serão fascinantes de continuar a observar durante os anos, enquanto elas esperançosamente unificam as suas organizações e executam seus planos alinhados com seus ideais. Para concluir, deixe-me dividir com vocês alguns pensamentos finais de como acelerar esse movimento com uma abordagem mais inspirada em ideais em sua empresa.

Conclusão

Comece com um Passo Grande ou Pequeno, Mas Comece Agora

Quando eu me mudei para Cincinnati, em 1983, no início da minha carreira com a Procter & Gamble, uma das primeiras pessoas que conheci foi Jerry Kathman, da agência de design LPK. Jerry sempre parecia estar na P&G carregando um portfólio de opções de design para uma de nossas marcas. Ele só pensava nos clientes, na época. E ele não mudara nada.

Agora, como uma das agências de design de marcas líderes do mundo, e com mais funcionários, a LPK expandiu de sua base em Cincinnati para incluir escritórios em Londres, Genebra, Frankfurt, Cingapura e Guancho. Na década de 2000, a LPK era frequentemente a agência de design de escolha da P&G quando procurávamos capturar e evocar ideais maiores em muitas de nossas empresas. Quando a Pampers encontrou um foco verdadeiramente global no ideal de fazer uma parceria com as mães no desenvolvimento de seus bebês, Jerry e seus colegas trabalharam conosco para evoluir e unificar a identidade visual e o design da embalagem da Pampers em mercados de todo o mundo.

Quando eu decidi sair da P&G, no outono de 2008, eu chamei Jerry, agora CEO da LPK, para dar um toque de sua mente criativa nos meus planos de escrever este livro, ensinar e fazer consultoria. Ele rapidamente ofereceu a LPK como uma incubadora para o meu empreendimento embrionário. Ele disponibilizou espaço de trabalho entre as suas equipes dinâmicas de design e estratégia, suporte administrativo e técnico, e talentosos designers que ajudaram a expressar o ideal de marca da Companhia Jim Stengel e habilidosamente decidir como ele se comunica através da minha logo, papelaria e presença digital. Desde então, a LPK tem me ajudado com análises de tendências e visualização de material complexo para os meus clientes de consultoria e para os meus alunos na Anderson School of Management, da UCLA. Em troca, eu orientei alguns de seus jovens líderes e colaborei com eles em alguns projetos de clientes.

Enquanto desenvolvia as ideias e as pesquisas para este livro, eu compartilhava regularmente o meu progresso com Jerry e o resto da equipe de gestão sênior da LPK. Além dos excelentes comentários baseados em suas experiências com empresas como Hershey's, Kellogg's, Expedia e U.S. Bank, para nomear apenas algumas, eles me surpreenderam, pedindo que eu palestrasse em um workshop para ajudá-los com o seu próprio ideal de marca. A LPK estava crescendo rapidamente. Mas Jerry e seus colegas acreditavam que eles poderiam acelerar e manter o seu sucesso de maneira mais eficiente se pudessem articular o ideal implícito que sempre fora a razão essencial de existir da agência e ativá-lo em toda a organização.

Nós começamos o workshop com o reconhecimento de que um ideal eficiente precisa equilibrar inspiração com viabilidade autêntica. As discussões e brainstorming que se seguiram cristalizaram as crenças centrais da LPK. Jerry me disse, "O workshop trouxe para foco a nossa crença de que existe uma criatividade sem limites dentro de todos nós, aquele foco inerente de design de como as coisas funcionam na vida das pessoas é o que possibilita o design de ajudar as empresas a terem um desempenho melhor, que nenhuma consequência acontece sem a coragem para falhar, e que, como pessoas criativas, nós temos uma responsabilidade de sentir e contribuir com o desdobramento futuro.".

Dessas crenças fluiu um conjunto de valores essenciais — liberdade, honestidade, confiança, curiosidade, responsabilidade e excelência — como combustível para impulsionar o ideal deles. Com uma nova clareza encontrada, Jerry e seus colegas agora viam o ideal da LPK como *conferir a criatividade, a visão e a coragem que as marcas precisam para serem extraordinárias.* E, assim, eles se desafiaram a alcançar uma visão ousada. Prometeram, no decorrer da próxima década, que a LPK se tornaria célebre mundialmente, como uma autoridade criativa à qual as pessoas se voltam quando querem fazer uma diferença poderosa e positiva com suas marcas. É um ideal centrado na sobreposição de dois dos cinco campos dos valores humanos fundamentais: inspirar interesse e impactar a sociedade.

Parar por aí teria apenas sido como esboçar uma imagem linda que logo se extinguiria. Para tornar esse ideal uma realidade, a LPK se preparou para trabalhar remodulando a sua criatividade (os métodos que suas equipes usam, a cultura organizacional e até os seus ambientes físicos), a sua cultura em nome de si própria e de seus clientes (como percebe e analisa as tendências em desenvolvimento), e a sua coragem para ser passionalmente honesta consigo e seus clientes (sua habilidade de oferecer perspectiva, transmitir uma boa estratégia e, aumentando o seu poder de persuasão, apresentar a recompensa dos riscos que o crescimento requer).

Não importa se a sua empresa esteja dentro das 500 da Fortune ou um novo empreendimento, se você é um gerente sênior ou está no início de sua carreira, começar com um ideal inspirador é a base para mudar a narrativa dos negócios. A narrativa se centra em crescimento e lucro para se garantir, mas, como observamos nesse livro, o verdadeiro caminho para manter o crescimento e o lucro encontra-se na melhoria da qualidade de vida das pessoas.

As razões de porquê a narrativa dos negócios devem mudar estão bem na nossa cara todos os dias. Ciclos de negócios frenéticos e uma mentalidade vencedora tornaram "valor" em nada menos do que um símbolo que deve ser perseguido trimestralmente e que pode desaparecer virtualmente da noite para o dia. Também estamos vivendo em um mundo cada vez mais transparente onde jogos elaborados de conchas de impulsionar imagens não podem obscurecer ou cancelar um mau comportamento. E o mais revelador que tudo para qualquer empresa séria sobre o seu futuro, nós temos uma geração de pessoas jovens que estão três vezes mais propensas a trabalhar para uma companhia que faça algo com que eles se importem.

Um movimento está em construção, uma transição profunda para crescimento comum e prosperidade baseados em ideais de melhorar a vida das pessoas. As 50 de Stengel mostram as conquistas extraordinárias em crescimento e lucro deste movimento nascente. Mas o melhor ainda está por vir.

A LPK se uniu a esse movimento. Ela plantou a sua própria Árvore do Ideal e começou a crescer por toda a organização e em suas interações com clientes.

Você quer fazer parte desse movimento? Você quer plantar a sua própria Árvore do Ideal em sua empresa e sua carreira?

Entre no site www.facebook.com/jimstengelideals e me dê o seu comprometimento. Qual é o seu ideal e como você o trará para a realidade?

Eu me comunicarei através de mídias sociais sobre os Projetos de Ideais, como estou os nomeando, na LPK, nas 50 de Stengel, e em qualquer outro lugar, inclusive aqueles que você compartilhar comigo. Esses Projetos de Ideais podem oferecer ao nosso mundo um novo tipo de propriedade intelectual na qual construiremos um futuro melhor para os negócios.

Juntos, nós podemos mudar a narrativa dos negócios.

Comece com um passo grande ou pequeno, mas comece agora.

Chegou a hora.

Apêndice

As 50 de Stengel

As 50 de Stengel e seus Ideais de Marca

Marca	Definição de Ideal*
Accenture	A Accenture existe para ajudar as pessoas a acelerarem ideias para alcançarem os seus sonhos.
Airtel	A Airtel existe para permitir que as pessoas na Índia e do sudeste da Ásia possam aproveitar os benefícios das conversas locais, regionais, nacionais e internacionais.
Amazon.com	A Amazon.com existe para promover liberdade de escolha, exploração e descobrimento.
Apple	A Apple existe para encorajar exploração criativa e autoexpressão.
Aquarel	A Aquarel existe para fornecer uma hidratação saudável para as pessoas e suas comunidades.
BlackBerry	A BlackBerry existe para conectar as pessoas umas com as outras e com o conteúdo que é mais importante em suas vidas, em qualquer lugar, a qualquer momento.
Calvin Klein	A Calvin Klein existe para definir a luxúria moderna.
Chipotle	A Chipotle existe para encorajar as pessoas a impactarem positivamente na cultura da comida.
Coca-Cola	A Coca-Cola existe para inspirar momentos de felicidade.
Diesel	A Diesel existe para inspirar imaginação e infinitas possibilidades de estilo.

*Essas definições de ideais são provenientes de julgamentos e pesquisas meus e da minha equipe. Foram percebidas enquanto nós avaliávamos a informação de cada companhia individualmente, não são definições criadas por elas próprias.

Marca	Definição de Ideal*
Discovery Communications	A Discovery Communications existe para satisfazer a curiosidade das pessoas sobre o seu mundo e o universo.
Dove	A Dove existe para celebrar a beleza única de cada mulher.
Marca	Definição de Ideal
Emirates	A Emirates existe para conectar as pessoas com o mundo através de uma nova lente de percepção.
FedEx	A FedEx existe para transmitir paz de espírito nas interações diárias.
Google	A Google existe para satisfazer imediatamente qualquer curiosidade.
Heineken	A Heineken existe para ajudar homens a serem mundanos —habilidosos, confiantes, mente aberta e cosmopolitanos.
Hennessy	A Hennessy existe para saborear a satisfação nas realizações da vida.
Hermès	A Hermès existe para glorificar artefatos de luxo duradouros.
HP	A HP existe para promover a capacidade humana de inovar e progredir.
Hugo Boss	A Hugo Boss existe para evocar a confiança através da sensibilidade europeia.
IBM	A IBM existe para ajudar a construir um planeta mais inteligente.
Innocent	A Innocent existe para facilitar a vida das pessoas para que elas se cuidem bem.
Jack Daniel's	A Jack Daniel's existe para celebrar e evocar o orgulho em autenticidade, independência e integridade pessoal.
Johnnie Walker	A Johnnie Walker existe para celebrar as jornadas do progresso e do sucesso.

Lindt	A Lindt existe para promover alegria através de pequenos luxos.
L'Occitane	A L'Occitane existe para compartilhar as tradições naturais e culturais.
Louis Vuitton	A Louis Vuitton existe para acentuar luxuosamente a jornada da vida.
MasterCard	A MasterCard existe para simplificar e flexibilizar o mundo do comércio.
Mercedes-Benz	A Mercedes-Benz existe para resumir uma vida de realizações.
Method	A Method existe para ser um catalisador em uma revolução feliz e saudável do lar.
Moët & Chandon	A Moët & Chandon existe para transformar momentos em celebrações.
Natura	A Natura existe para promover o bem estar e fortalecer relacionamentos.
Pampers	A Pampers existe para ajudar as mães a tomar conta do desenvolvimento saudável e feliz de seus bebês e crianças.
Petrobras	A Petrobras existe para apoiar o desenvolvimento sustentável do Brasil e de todo país em que opera.
Rakuten Ichiba	A Rakuten Ichiba existe para ajudar a parceria entre consumidores e empresas a florescer.
Red Bull	A Red Bull existe para energizar o mundo.
Royal Canin	A Royal Canin existe para apoiar os relacionamentos amorosos e duradouros das pessoas com seus animais de estimação.
Samsung	A Samsung existe para inspirar imaginação e enriquecer vidas em um mundo de possibilidades infinitas.
Sedmoy Kontinent	A Sedmoy Kontinent existe para melhorar a sociedade russa, elevando a experiência de varejo para além do que foi pensado possível.

Marca	Definição de Ideal*
Sensodyne	A Sensodyne existe para nutrir o bem mais feliz da vida, um sorriso mais brilhante.
Seventh Generation	A Seventh Generation existe para ajudar a transformar as necessidades humanas e as necessidades do planeta em uma coisa só.
Snow Beer	A Snow Beer existe para celebrar os momentos de sucesso do dia a dia.
Starbucks	A Starbucks existe para criar conexões de auto descobrimento e inspiração.
Stonyfield Farm	A Stonyfield Farm existe para inspirar todos nós a aprimorarmos a saúde das pessoas e do planeta através de alimentos organicamente produzidos.
Tsingtao	A Tsingtao existe para infundir a alegria da vida com a paixão pela cerveja chinesa.
Vente-Privee.com	A Vente-Privee.com existe para celebrar as experiências emocionantes de compra.
Visa	A Visa existe para dar liberdade às pessoas para seguirem as suas paixões, oferecendo uma opção financeira melhor para uma vida melhor.
Wegmans	A Wegmans existe para transformar e aumentar as interações das pessoas com comida e bebida.
Zappos	A Zappos existe para transmitir felicidade através de um serviço UAU.
Zara	A Zara existe para democratizar as tendências da moda.

Observações Sobre as Fontes

Praticamente este livro inteiro é baseado na pesquisa original para o Estudo Stengel de Crescimento Empresarial ou nas minhas próprias experiências de negócios.

Para mais informações sobre os bancos de dados BrandZ e Link, da Millward Brown, discutidos em exaustão no capítulo 2, entre em www.millwardbrown.com.

A matéria "A P&G Ainda É Importante?", da *Advertising Age*, mencionada na página 123, foi escrita por Jack Neff e publicada em setembro de 2000.

Para uma compreensão de como os consumidores dispensaram os produtos "eco" de algumas companhias, mas não de outras, como discutido na página 148, veja "Quando Os Consumidores Cortam Despesas, os produtos 'Eco' perdem o atrativo", de Stephanie Clifford e Andrew Martin, no *New York Times* de 21 de abril de 2011.

Para um olhar representativo dos problemas de reputação da BP após uma série de crises ambientais e de segurança, como mencionados nas páginas 151 e 209, veja "BP: 'Um Acidente a Espera de Acontecer'",de Peter Elkind e David Whitford com Doris Burke, na *Fortune*, de 24 de janeiro de 2011.

Em relação às considerações do diretor de design da Apple, Jonathan Ive, a respeito de formas e funções, mencionados na página 85, veja "Design de Acordo com Ive", de Leander Kahney, na *Wired*, em 25 de junho de 2003.

Para a nova atenção focada nos briefings de comunicação mencionados nas páginas 231-35, veja "Profissionais de Marketing, Parem de Culpar Suas Agências — a culpa é do seu briefing", de Rupal Parekh, na *Advertising Age*, de 23 de maio de 2011.

Para os comentários, e respostas competitivas, do CEO da Time Warner, Jeffrey Bewkes, sobre a Netflix, discutida nas páginas 244-48, veja "Time Warner Considera a Netflix Como uma Estrela Cadente", de Tim Arango, no *New York Times* de 12 de dezembro de 2010; para os passos subsequentes da Starz e da Netflix, veja "O Começo da Starz para o Fim do Negócio de Transmissão Instantânea com a Netflix", de Brian Stelter, no *New York Times,* de 1 de setembro de 2011; "Últimas Ações Traz Mais Ira À Netflix", de Jenna Wortham e Brian Stelter, no *New York Times,* de 19 de setembro de 2011; e "Netflix Assegura o Negócio de Transmissão Instantânea com a Dream Works", de Brook Barnes e Brian Stelter, no *New York Times,* de 25 de setembro de 2011.

Agradecimentos

Esse livro se tornou a maior colaboração da minha vida. Eu queria que o processo dele fosse um "movimento", oferecer um fórum e um catalisador para as pessoas que quisessem melhorar os resultados e o modo como elas alcançam estes resultados.

De fato ele se tornou um movimento, ou uma jornada, com milhares de pessoas envolvidas. Aqui estão alguns dos meus inspiradores, meus colaboradores e as pessoas que tiveram um efeito profundo em minha vida e, desse modo, influenciaram nas ideias deste livro.

Minha esposa, Kathleen, que sempre tem conselhos misteriosamente perceptivos e sagazes sobre assuntos empresariais e da vida, e que teve influência tanto em mim quanto nas ideias deste livro muito mais do que ela jamais pudesse imaginar. Eu agradeço diariamente por seu amor, sua compaixão, inteligência, honestidade e humor.

Nossos filhos, Claire e Trevor, que alegremente viajaram pelo mundo todo durante a minha carreira ambulante na P&G, e que foram uma fonte de alegria e orgulho por mais de duas décadas. Eles também participaram desta jornada, desde a companhia da Claire no Festival Internacional de Criatividade Cannes Lions para identificar tendências e ideias até a ajuda de Trevor nas primeiras etapas de pesquisa deste livro.

Meus pais, casados durante 55 anos (meu pai falecera em 2006), que forneceram um lar cheio de amor, apoio, encorajamento e confiança para mim e meus cinco irmãos e irmãs, e que simplesmente me amaram e acreditaram em mim.

Meus irmãos, Larry, Bob (falarei um pouco mais de Bob adiante) e John, e minhas irmãs, Mary Beth e Kathy, e o grupo de garotos que cresceram comigo desde o primário até o ensino médio — Mark Diehl, Chuck Erisman, Roche Fitzgerald, Tom Geiger, Steve Hinnenkamp, Tom Simpson — que continuam a ser queridos por mim e cujas experiências compartilhadas ajudaram a moldar quem eu sou hoje e os meus valores.

Meus mentores de negócios e liderança durante os últimos 30 anos: Barb Bridendolph, uma colega de classe da Faculdade Estadual Smeal de Administração da Pensilvânia, e um instrutor executivo que me ajudou a lançar os meus empreendimentos atuais como consultor, professor e escritor, quem me ensinou a seguir as minhas paixões e o resto que fluiria; Beth Kaplan, que foi gerente geral em duas empresas críticas que eu tive no início da P&G, Crisco e Noxell, e que me ensinou a fazer as perguntas certas; Mark Ketchum, que foi o presidente de produtos de bebê na P&G e meu chefe durante os anos de Pampers, o trabalho de marca mais significante da minha carreira, que me ensinou a ser corajoso quando sabe que está com a razão; A. G. Lafley, o presidente de conselho e CEO da P&G enquanto eu fui diretor de marketing global, que me ensinou o poder da simplicidade, dos padrões altos e do foco; Maurice Lévy, presidente de conselho e CEO da Publicis Groupe, que sempre tinha conselhos profundos e significantes em qualquer problema, e que me ensinou a ter sempre uma visão de cima; Roger Martin, reitor da Escola Rotman de Gestão, na Universidade de Toronto, que me ensinou sobre estratégia durante toda a minha carreira, e que me encorajou a começar essa "segunda" carreira como consultor, professor e escritor; Bob McDonald, atual presidente de conselho e CEO da P&G, que acreditou desde o início na elevação do propósito, ou de ideais maiores, por trás das marcas, e que me ensinou o poder do propósito através de um modelo empresarial; John Pepper, ex-presidente de conselho e CEO da P&G, e atual presidente de conselho não executivo da Walt Disney Company, que me ensinou o impacto de se importar genuinamente com as pessoas, e o poder da inspiração em sua forma mais pura; Agnès Sangan, diretora de marketing da P&G, que me ensinou as possibilidades infinitas de quando realmente compreendemos as pessoas e as suas necessidades, vontades, sonhos e desejos inarticulados; Stuart Scheingarten, um consultor de liderança da P&G, que falecera em 2005, e que me ensinou sobre soltar energia positiva quando se quer que os funcionários façam parte da empresa, realmente se conectando; Herbert Schmitz, meu chefe durante o meu primeiro papel como gerente geral da P&G em Praga, que me ensinou que a primeira — e sempre urgente — prioridade é realizar embarques mais rapidamente do que a concorrência, e que a maneira de fazer isto é sempre tratar seus funcionários com honestidade, altas expectativas e compaixão; John Smale, presidente de conselho e CEO da P&G quando eu entrei para a companhia, que me ensinou que vencer nos negócios se trata sempre de agradar os consumidores e que isso requer inovação constante e significante; Sir Martin Sorrell, o CEO da WPP, que me ensinou que relacionamentos entre cliente e agência começam com a definição, e então solução, dos maiores desafios em uma empresa; Roy Spence, cofundador da GSD&M, que me ensinou que o sucesso empresarial sempre começa e termina em inspirar as pessoas em torno de um propósito e ideais; Bob Wehling, meu antecessor como diretor de marketing global na P&G, que me ensinou o poder de mostrar confiança em alguém, como ele fizera comigo ao me apoiar ativamente como seu sucessor; Dan Wieden, cofundador da Wieden and Kennedy, que me ensinou a diferença que a criatividade pode fazer nos negócios e na cultura; e John Wren, presidente e CEO da Omnicom Group Inc., que me ensinou que encontrar e desenvolver talentos é sempre a prioridade mais importante de um líder.

As equipes da Millward Brown (Eileen Campbell, Mackenzie Murphy, Gordon Pincott e Heather Stern), do Estudo de Neurociência da Millward Brown (Barbara O'Connell, Graham Page e Sarah Walker) e da Millward Brown Optimor (Chelsea Brown, Karen Dwek, Benoit Garbe, Grace Gu, Anastasia Kourovskaia, Dan Lewen, Thalia Madrazo, Christiana Pearson, Mario Simon, Eric Tsytsylin e Oscar Yuan), que foram meus parceiros nas pesquisas para este livro. O meu relacionamento com eles vem desde a minha época na P&G, e este livro simplesmente não teria sido possível sem a sua ajuda. Eles têm sido meus colegas 24 horas pelos últimos três anos, me ajudando não somente a formular a pesquisa correta para as perguntas que eu fazia, mas também colaborando no quadro e nos casos de aprofundamento que são o cerne deste livro. Eles acreditam profundamente nas ideias apresentadas aqui, e as têm aplicado dentro de suas próprias empresas.

Além das equipes da Millward Brown, existe um número de pessoas que foram simplesmente indispensáveis na jornada deste livro. Sem eles, este livro não teria evoluído para o que é hoje. Todos eles acreditam nas ideias e querem vê-las florescer. Agradeço a Chris Allen, da Universidade de Cincinnati, que debateu as ideias deste livro comigo e me forneceu conselhos impagáveis no manuscrito; Matt Carcieri, que foi uma fonte de inspiração para muitas dessas ideias enquanto trabalhamos juntos na P&G; Laurie Coots, da TBWA\Worldwide, que me deu a coragem para começar tudo isso e me ajudou enormemente em cada etapa do processo, desde o conceito inicial até o final do manuscrito; Nick Corser, um aluno da Universidade Vanderbilt, que me ajudou a refinar e substanciar os dados deste livro; Leah Frank-Finney e Grey Hall, da LPK, que me ajudaram na visualização da Árvore do Ideal, que é o quadro deste livro; Betty Gabbard, minha talentosa e empenhada gerente, que executou o projeto complexo do livro com visão, carinho, disciplina e charme;

James Haskett, um consultor e ex-líder de franquia de marca da P&G, que acrescentou informações consideráveis ao manuscrito; Hilary Hinzmann, minha redatora e colaboradora que se dedicou de corpo e alma a isso, pois acredita no potencial dos impactos dessas ideias; Cassie Hughes e Danny Krays, da Grow Marketing, que participaram desde o início para ajudar com o desenvolvimento, marketing e publicidade do livro; Greg Icenhower e Ed Rider, da P&G, que forneceram informações perspicazes ao manuscrito; Peter Kaufman, que fortaleceu as ideias deste livro, John Mahaney, meu editor na Crown Business, que sempre teve tempo para mim, um autor de livros iniciante, e que sempre fazia as perguntas certas, sempre pensando no leitor em primeiro lugar, e simplesmente trouxe acréscimos significantes à estrutura e linguagem do livro; Tina Constable, Tara Gilbride e Meredith McGinnis, da Crown, que me deram excelentes conselhos comerciais e apoio, e colaboraram bastante com a minha equipe para lançar *Cresça* no mercado; Richard Pine, meu agente da Inkwell Management, que aceitou me encontrar, começou tudo isso e ofereceu conselhos no conteúdo em todas as etapas do processo; Leonora Polonsky, consultora de estratégia de marca e ex-colega da P&G, cujas ideias ajudaram a moldar o quadro da Árvore do Ideal em *Cresça*; Sue Whitehouse, minha assistente executiva, que, de alguma forma, ajudou a controlar o meu tempo e agenda para dedicar tempo e energia ao livro; e Jane Wildman, ex-líder de franquia de marca da Pampers, que colaborou comigo na história da Pampers do capítulo 7.

As empresas das 50 de Stengel forneceram as histórias, a inspiração e a validez da hipótese central deste livro — de que as marcas dirigidas por um ideal maior, crescem mais rápido e por mais tempo do que as suas concorrentes. Eu quero agradecer a todas as empresas, algumas das quais eu visitei (abaixo, um pouco mais a respeito), e algumas as quais eu estudei e admirei através de entrevistas e pesquisas secundárias. As empresas inspiradoras do Estudo Stengel de Crescimento Empresarial são: Accenture, Airtel, Amazon.com, Apple, Aquarel, BlackBerry, Calvin Klein, Chipotle, Coca-Cola, Diesel, Discovery Communications, Dove, Emirates, FedEx, Google, Heineken, Henessy, Hermès, HP, Hugo Boss, IBM, Innocent, Jack Daniel's, Johnnie Walker, Lindt, L'Occitane, Louis Vuitton, MasterCard, Mercedes-Benz, Method, Moët & Chandon, Natura, Pampers, Petrobras, Rakuten Ichiba, Red Bull, Royal Canin, Samsung, Sedmoy Kontinent, Sensodyne, Seventh Generation, Snow Beer, Starbucks, Stonyfield Farm, Tsingtao, Vente-Privee, Visa, Wegmans, Zappos e Zara.

Muitas das 50 de Stengel abriram as portas para mim e minha equipe. Algumas empresas fora dessas 50 também abriram suas portas para nós, visto que eu achei que elas eram outros excelentes exemplos de marcas e pessoas em sua jornada para serem empresas de alto crescimento, inspiradas em um ideal. Sem exceção alguma, essas empresas e pessoas foram generosas em sua receptividade, sinceridade, visão e tempo. Também eram muito divertidas de visitar! Então, eu gostaria de deixar um obrigado especial a essas companhias e pessoas: Discovery Communications (Joe Abruzzese, Clark Bunting, Jocelyn Egan, John Hendricks, Peter Liguori, Ian Parmitter, Adria Alpert Romm e David Zaslav); HP (Caroline Barlerin, Kelly Hampton, Engelina Jaspers, Greg Johnson, Anna Mancini, Glenna Patton e Deepak Sainanee); IBM (John Kennedy); Innocent (Dan Germain); Brown-Forman/Jack Daniel's (Nelson Eddy e Kris Sirchio); Lindt (Ernst Tanner); Method (Drew Fraser, Andrea Freedman, Michele Hall, Josh Handy, Matthew Loyd, Eric Ryan e George Shumny); Motorola Solutions (Greg Brown, Shelly Carlin e Eduardo Conrado); Toyota (Luiz Carlos Andrade Jr., David Buttner, William Fay, Guillaume Gerondeau, Hiroshi Kono, Nihar Patel e Vince Socco); Visa (Elizabeth Buse, Albert Coscia, Antonio Lucio, Jim McCarthy, Doug Michelman, Ellen Richey e Bill Sheedy); Yum! Brands/Pizza Hut (Chris Fuller e Brian Niccol); e Zappos (Brent Cromley, Drew Kovacs, Aaron Magness, Arun Rajan, Donavon Roberson, Rob Siefker e Maura Sullivan).

Eu comecei a lecionar como professor adjunto na Anderson School of Management da UCLA em janeiro de 2010, quando as ideias contidas neste livro estavam apenas começando a ficar mais consistentes. Eu quero agradecer aos alunos das aulas que dei junto com o Professor Sanjay Sood; esses brilhantes alunos pesquisaram e testaram essas ideias para validá-las, e suas discussões em sala de aula deixaram este livro mais embasado.

Quero dar um obrigado especial à Reitora Judy Olian e ao Professor Sanjay Sood, da Anderson School of Management, da UCLA, por seu apoio e aconselhamento, e à equipe de alunos de MBA da Anderson UCLA — Jessica Kellet (que foi também a minha estagiária durante o verão), Juan Pablo Villegas-Karpf, Eliot Wadsworth e Michael Zeituni — que realizaram um grande projeto de pesquisa de gestão aplicada em cima das 50 melhores empresas do Estudo Stengel. Também quero agradecer a Kevin Raymond, recém-graduado da Anderson UCLA, que se baseou no trabalho desta equipe para desenvolver uma pesquisa aprofundada em muitas das empresas das 50 de Stengel, e que ajudou a refinar as definições de ideal de marca de cada uma das 50 de Stengel.

Se ainda não está óbvio, eu adoro envolver alunos nas minhas consultorias e em trabalhos importantes, como este livro. Todos ganham dessa forma. Eu tento fazer isso sempre que posso. Com a ajuda do Professor Chris Allen, da Universidade de Cincinnati, eu envolvi cinco alunos de MBA da universidade — Chris Banner, Mick Hondlik, Mike Neugent, Jessica Shankland e Jim Wolff — no início da minha jornada com a hipótese deste livro. Eu agradeço a eles por seu entusiasmo, clareza nas sugestões (muitas das quais eu aderi) e seus interesses contínuos nas ideias presentes em *Cresça.*

No início de 2009, quando eu comecei este projeto, eu entrei em contato com vários líderes de negócios por suas opiniões e sugestões em relação aos ideais de marca e a possibilidade de um novo quadro para os negócios. Eles foram muito gentis de compartilhar suas ideias, muitas das quais germinaram em diferentes partes deste livro. Um muito, muito obrigado a Scott Bedbury, fundador da Brandstream e autor de *O Novo Mundo das Marcas*; Lee Clow, diretor global da Media Arts, TBWA\ Worldwide; Laura Desmond, do Starcom MediaVest Group; Liz Dolan, da Fox International Channels; Susan Fournier, da Universidade de Boston; Susan Gianinno, da Publicis Worldwide; Seth Godin, autor best-seller; Steve Goldbach, do Monitor; Robert Greenberg, da R/GA; Tamara Ingram, do Grey Group; Jerry Kathman, da LPK; Kevin Keller, da Faculdade de Dartmouth; Tom Kelley, da IDEO; Hamish McLennan, antigamente da Y&R; Adam Morgan, fundador do eatbigfish; Miles Nadal, fundador da MDC Partners; Brian Perkins, da Johnson & Johnson; Mark Pocharski, do Monitor; Suzanne Powers, da Crispin Porter + Bogusky; Stephen Quinn, da Walmart; Mark Hans Richer, da Harley-Davidson; e Marian Salzman, da Euro RSCG Worldwide.

Eu tive a tremenda sorte de trabalhar por quase três décadas com algumas das agências de comunicação e design mais criativas e fenomenais do mundo. O potencial que elas têm para ajudar empresas a mudar o jogo em suas indústrias é, muitas vezes, desvalorizado. Eu aprendi muita coisa com elas durante a minha carreira, e quero expressar a minha gratidão aos meus amigos das melhores agências construtoras de marca do mundo, que acreditaram nas ideias deste livro: BBDO Worldwide, Beacon Communications, Burrel Communications, Carol H. Williams Advertising, Dentsu, DeVries Public Relations, Grey, Grow Marketing, GSD&M, IDEO, IMC2, Kaplan Thaler Group, Leo Burnett Worldwide, LPK, Marina Maher Communications, Possible Worldwide, Publicis Worldwide, R/GA,

Saatchi & Saatchi, Starcom MediaVest Group, TBWA\Worldwide e Wieden+Kennedy.

Eu comecei agradecendo à minha família, começando por minha esposa, Kathleen. Eu gostaria de finalizar, agradecendo ao meu irmão mais novo, Bob, que faleceu aos 51 anos, quando eu estava quase acabando este projeto. Eu dedico este livro a ele, e pude lhe dizer isto antes dele falecer.

Bob era um ser humano magnífico. Sua vida fora um exemplo de amor, gentileza, atenção com o próximo, humor, realizações e felicidade. Ele era um médico de família pelos motivos mais nobres, e nunca, jamais se desviou do que era importante na vida e nos relacionamentos. Ele era um marido amoroso, pai exemplar de três filhos, um filho dedicado, um irmão que era também um grande amigo. E ele continuou curioso e envolvido ao longo de sua doença, aprendendo novas habilidades e expandindo seus interesses.

A vida de Bob foi, certamente, um exemplo para mim, e me parece ser um exemplo para todos nós em nosso trabalho diário e em nossas vidas.

Quando eu fui promovido para o cargo mais alto de marketing da P&G, em agosto de 2001, eu estava no auge. Duas semanas depois, meu irmão Bob me ligou para dizer que estava com leucemia. Eu me comprometi naquele momento em atuar naquele papel, e conduzir a minha vida com ele em mente.

A vida de Bob foi uma vida de grande ideais, altos padrões, sem nunca esperar nada em troca. Ele era 100% comprometido com seus pacientes, amigos e sua família, simplesmente porque era assim que ele levava a vida. Esses eram os seus valores e crenças.

Bob deixou esse mundo muito cedo, mas deixou um lugar muito melhor. Eu acho que ainda cabe terminar os agradecimentos deste livro com um desafio para todos nós no mundo dos negócios, inspirado na vida que o meu irmão levou. Vamos abraçar os princípios deste livro e fazer do mundo um lugar melhor através do que fazemos todos os dias. Porque é a coisa certa a fazer. Porque você ficará mais feliz. Porque será mais bem sucedido. Porque as pessoas que você atende irão apreciar isso e recompensá-lo.

Agradeço ao meu irmão, Bob, por me ajudar a enxergar isso tão nitidamente.

ÍNDICE

4 *Mulheres e 1 Marido* (programa de televisão), 131–132
50 de Stengel, As, 1, 10–11, 32–38, 43, 47, 56, 58, 114, 137, 243, 247, 252, 254, 262–267, 274–286, 304
500 da Standard & Poor's (S&P), Os, 1, 10, 265

Abruzzese, Joe, 117–118
Accenture, 17, 33, 43, 44, 51, 266, 305
Advance Publications, 120
Advertising Age, 23
A&E, 124
Affectiva, 284
Airtel, 33, 43, 305
Alasca de Sarah Palin, O (programa de televisão), 131–132
Always, 208, 230,231
Amazon.com, 33, 43, 49, 305
American Association of University Consultants, 119
American Chopper (programa de televisão), 124, 127
American Loggers (programa de televisão), 127
Animal Planet, 123–124
Anna Karenina (Tolstoy), 207
Antoine, Dick, 281
AOL (America Online), 7, 14, 252
Appalachian Community Service Network, 118
Apple, 28, 32, 33, 43, 48, 53, 54, 70, 73, 85, 128, 224, 234, 238–240, 247, 254, 262, 305, 309
Apple, loja da 234, 238–240, 247
À Prova de Tudo (programa de televisão), 127
Aquarel, 33, 43, 305
Argentina, 204–205
Ariel, 228, 230
Aristóteles, 95, 132
Armstrong, Tim, 252
Arnault, Bernard, 54
Arnold Worldwide, 109
artistas, Empresários, 52–56
Artzt, Ed, 112, 152
Associação de Escudeiros de Tennessee, 105
Attenborough, David, 118, 126

Bader, Bruce, 180
banco de dados BrandZ, 26–27, 30–31, 31–32
BankAmericard, 275
BBC (British Broadcasting Corporation), 126
BBDO, 287, 293, 318
Bewkes, Jeffrey, 244, 245, 246, 310
BlackBerry, 33, 34, 35, 43, 305
Blink (Gladwell), 37
Blockbuster, 244
Bloomberg, 26
Bloomberg Businessweek, 234
Bounty, 226
Boyle, Barbara, 180, 194
BP (British Petroleum), 51, 209, 309
BrightHouse, 99
Brin, Sergey, 53
Bronowski, Jacob, 118
Brown, Bruce, 186
Brown, Dan, 144, 145
Brown-Forman, 102, 103, 106, 108–109, 110–111, 316–317
Brown, Greg, 288–289, 292, 294
Bunting, Clark, 121, 125–126, 128, 129, 132
Bunting, George Lloyd, 139, 143
Burke, James, 118
Burke, Michele, 151
Burnett, Mike, 150
Buse, Elizabeth, 278–279
Buttner, David, 272–273

Cable Educational Network, 119
Calvin Klein, 33, 43, 50, 305
Camboja, 49
Campos dos ideais, 41–56, 114
  criar vínculos, 41, 43, 46–47
  estimular alegria 45
  estimular alegria, 43, 45–46
  evocar orgulho, 43, 44, 50
  impactar a sociedade 43–44
  impactar a sociedade, 50–51
  inspirar interesse 48–50
Carlin, Shelly, 291, 294, 294–295
Carney, Dan, 96–98
Carney, Frank, 96–98
Carrefour, 159, 226
Chihuly, Dale, 187
China, 200–201
Chipotle, 33, 51, 305
Churchill, Winston, 103
Cinco Passos-chave (veja o sistema de crescimento da Árvore do Ideal)
Ciserani, Gianni, 180
Clarion, 139, 148, 149, 169
Clark, Dave, 187
Clark, Kenneth, 118
Cleese, John, 214
Clinique, 136
Clinton Global Initiative, 205

Clorox, 48, 61, 66, 83
Clow, Lee, 234
CNN (Cable News Network), 118
Coca-Cola Company, 32, 33, 43, 214, 222, 305–320
Código Da Vinci, O (Dan Brown), 144
Compaq, 296
Conrado, Eduardo, 287, 289, 293–294
Cooke, Alistair, 118
Cook, Tim, 54
Costco, 80–81, 159, 221
Cover Girl, 139, 142, 143–149, 162, 164, 169
Crest, 208, 226, 230
Criando vínculos, 40, 46–47, 58
Crisco, 111–113, 138, 139, 145, 149, 162
Curiosidade: As Perguntas da Vida, 132, 133

Daniel, Jack, 43, 101–103, 104, 105, 138, 263
Dare, Larry, 171–172
Dawn 228
Dedeker, Kim, 270–271
DelCore, Rich, 25
Delhoume, Mathilde, 180, 185, 203
Dell, 231, 238, 267–269
Dell, Michael, 268
Deneuve, Catherine, 49
descobertas do, 36–56
Dew, Allison, 268
Diaz, Jorge Luis, 282–283
Diesel, 33, 39–40, 43, 53, 305
Discovery Channel/Discovery Communications, 13, 14, 33, 49, 116, 117–134
Disraeli, Benjamin, 101
Dove, 33, 43, 51, 306
Dow Jones Sustainability Index, 51
Downy, 45–47, 208, 230
Downy Enxágue Único, 46
Droid, 287, 292
Dunn, Renée, 280

Earnshaw, Tina, 151
Eddy, Nelson, 103–106, 110, 277
EDS, 296, 297
Emirates, 33, 43, 306
Empresários Artistas, 52–56
Emsley, Vaughan, 194
Escola de Administração de Empresas Anderson da UCLA (Anderson School of Management), 7, 21, 29, 35, 272, 302
ESPN, 118, 125
Estée Lauder, 136
Estimulando alegria, 40, 45–47, 58

Estudo Stengel de crescimento Empresarial, 21, 22, 23–56, 38–45, 114, 186, 208, 211–212
ET (filme), 220–221
Evocando orgulho, 40, 50, 58
Expedia, 302

Facebook, 14, 47, 107, 109, 211, 217, 253, 255
Fairy, 228
Fator Ideal, O, 7–22
Faulkner, William, 103
Fawlty Towers (programa de televisão), 214
Febreze, 230
FedEx, 33, 43, 53, 255, 266, 306
Fertitta, Frank, 128
Fertitta, Lorenzo, 128
Filipinas, 191–192
Financial Times, 26, 234
Fish, Kathy, 186
Ford Motor 24
Fraldas de transição Pull-Ups, 172, 174, 175
Francis, Cliff, 194–195
Freda, Fabrizzio, 136
Freedman, Andrea, 72, 86, 89, 91

Gamble, James, 55
Garbe, Benoit, 26, 29
Gardner, Ava, 103
Gates, Tris, 194
Gateway, 239
General Electric, 25
General Motors, 24, 128
Gentleman Jack, 108
George Bernard Shaw, 223
Gerber, 181
Germain, Dan, 90, 214, 217, 218, 235, 285
Gillette, 23
Gleason, Jackie, 103
Global Reporting Initiative, 51
Google, 25, 28, 32, 33, 39, 44, 48–49, 53, 60, 252, 286, 287, 306
Gorbachev, Mikhail, 49
Grande Recessão, 34, 48, 187
Graves, Michael, 67
Grey Advertising, 15
GSD&M, 313
Guttilla, Rodolfo, 47

Hall, Michele, 63, 72, 78, 83, 88
Hampton, Kelly, 297–299
Hancock, Art, 103, 105
Handy, Joshua, 67, 74, 84, 85
Harley-Davidson, 26
Harrobin, John, 231
Hasbro, 133
Hayek, Salma, 205
HBO (Home Box Office), 118, 245, 246
Head & Shoulders, 231
Hearst, 25

Heineken, 33, 43, 306
Helleny, Toni, 180
Hendricks, John, 53, 116, 117, 118, 122, 125, 132, 133, 134, 163–164
Hennessy, 33, 43, 50, 306
Henretta, Deb, 184, 186, 187, 188, 193, 199, 206
Hermès, 33, 43, 50, 277, 306
Hershey's, 302
Hewlett-Packard. *Consulte* (veja HP [Hewlett-Packard])
History Channel, 13
Hock, Dee, 275
Hora do Marketing com Stengel, 223
House of Cards (programa de televisão), 246
HP (Hewlett-Packard), 8–9, 22, 33, 34, 35, 44, 55, 128, 286, 296–300, 306–320
Hsieh, Tony, 53
Hub, 133
Huggies, 60, 172, 173, 174, 175, 178, 195
Hugo Boss, 33, 44, 306
Hurd, Mark, 296, 297
Huston, John, 103
Hyundai, 24
Iams Pet Food, 226
IBM, 22, 33, 39, 44, 51, 55, 186, 187, 208–211, 221, 222, 266, 289, 306
Ideal, uma definição, 3
IDEO, 70
Impactando na sociedade, 40, 50–52, 58
Índice de Benefícios Combinados (P&G), 270, 271
Indomado, O (filme), 105–106
Innocent, 22, 33, 44, 51, 63, 73, 90, 213–225, 248, 264, 285, 306
Innovation Jams (IBM), 211
Inspirando interesse, 40, 48–50, 58
Intel, 128, 285, 286, 292
Ive, Jonathan, 85
Jack Daniel's, 22, 33, 43, 44, 50, 101–111, 114, 115, 277, 306
JackDaniels.com, 107
Jager, Durk, 161
Jagger, Mick, 170
Jobs, Steve, 53, 54, 91–92, 239
Johnnie Walker, 33, 44, 306
Johnson, Ron, 238–240
Jolie, Angelina, 49–56
Jones, Casey, 231–233

Kantar Worldpanel, 26
Kaplan, Beth, 149
Kathman, Jerry, 301–302
Ke$ha, 106
Kellett, Jessica, 35
Kellogg's, 302
Kelvin, Lord, 266–267
Kennedy, John, 316

Ketchum, Mark, 176–177, 312
Kimberly-Clark, 60, 172, 173, 174, 175, 195
Kokoruda, Debbie, 185
Kroger, 159, 174

Lafley, A. G., 19, 23, 25, 177, 190, 226, 269, 281, 312
Leahy, Terry, 260
Learning Channel, 13, 118, 119, 123
Leibovitz, Annie, 49
Lenços umedecidos para a pele sensível do bebê, 196, 199
Leno, Jay, 79
LensCrafters, 285–286
Leo Burnett Worldwide, 318
Lewen, Dan, 314
Lexus, 128
Liberty Mídia, 245
Liddiard, Gary, 151
Lindt, 22, 33, 43, 53, 54, 307
Lindt, Rodolphe, 53
L'Occitane, 33, 44, 50, 307
Louis Vuitton, 33, 44, 49, 208, 307
Lowry, Adam, 53, 62, 64, 89
Loyd, Matthew, 63–66
LPK, 185, 301–304
Lucio, Antonio, 274, 275
Luiz da Cunha Seabra, Antônio, 47
Luxottica, 285
LVMH, 32, 54, 222

Magness, Aaron, 251, 253, 258, 260
Makro, 159–160, 166
Malcolm Gladwell, 37
Malone, John, 120, 245
Marybelline, 139
MasterCard, 33, 43, 307
Mateschitz, Dietrich, 53, 54
Max Factor, 139, 149–152, 162, 164, 165, 169
McDonald, Bob, 226
Mercedes-Benz, 33, 43, 44, 50, 128, 165, 307
Method, 33, 44, 47, 48, 51, 53, 56, 57, 61–92, 115–116, 138, 221, 222, 241, 259, 261, 285, 307
Metro Group, 159
Mídias Sociais, 210–211
Miller, Madeleine, 194
Mills, Vic, 179, 180, 183–184
Millward Brown/Millward Brown Optimor, 9, 10, 21, 26, 27, 29, 30, 31, 35, 36, 37, 38, 41, 42, 211, 212, 213, 265, 284, 309
Missoni, 67
MIT (Massachussetts Institute of Technology) Media Lab, 284
Moët & Chandon, 33, 39, 44, 307

Monitor Group, 232
Motlow, Lem, 102, 103, 104
Motorola Mobility, 286–287
Motorola Solutions, 22, 35, 286, 286–296
MTV, 118, 167

National Geographic Channel, 13
National Geographic Society, 13
Natura, 33, 43, 47–48, 307
Nelson, Erin Mulligan, 267–268
Nestlé, 25
Netflix, 243–247, 262–264
Newman, Paul, 105
Niccol, Brian, 96–97, 115
Nike, 25, 26, 187, 223, 229, 242
Normas de Inspeção de Comércio (Reino Unido), 219
Novak, David, 97
Noxell, 139, 140, 141, 142, 143, 144–148, 152, 155, 165, 169, 170
Noxzema, 139, 142

Oakley, 285
O'Brien, Anne, 194
O'Connell, Barbara, 314
Oggel, Levine, 159
Olay, 135, 226
Old Spice, 229, 242, 261
Otellini, Paul, 292
OWN (Oprah Winfrey Network), 133

Packard, David, 8–9, 55, 296, 299
Page, Graham, 314
Page, Larry, 53
Pampers, 33, 44, 60, 135, 163, 170, 171–206, 208, 221, 226, 230, 232, 235, 255, 261, 263, 267, 288, 301, 307, 312
Pampers Premium, 174
Pasta de amendoim Jif, 15–16, 99
Patton, Glenna, 298–300
PBS (Public Broadcasting Service), 119
Pepper, John, 152–154, 162, 170, 208, 312
Pepsi, 274
Pesca Mortal (programa de Televisão), 127
Petrobras, 18, 34, 44, 51, 307
P&G. *Consulte* (veja Procter & Gamble [P&G])
Pixar, 73
Pizza Hut, 96–98, 114, 115, 263, 289
Planeta Terra (programa de televisão), 126–127
Powell, Jennifer, 109

Procter & Gamble (P&G), 7, 8, 13, 18–20, 213–214, 225–227, 237–238, 301
Always, 208, 230–231
Iams pet food, 226–227
Old Spice, 229, 242
Pampers, 208, 221, 226, 230, 232, 235
Pasta de amendoim Jif, 99, 100, 112
Procter, William Cooper, 55
Professional Bull Riders, Inc., 106
Projeto Farol, 82–83

Quem quer ser um Milionário? (filme), 220
Quintos, Karen, 268

Rajan, Arun, 256–260
Rakuten Ichiba, 34, 44, 307
Rashid, Karim, 62
Ray-Ban, 285
Razr, 287
Rebour, Pierre, 157–158
Reckitt Benckiser, 61
Red Bull, 17, 28, 34, 44, 45, 53, 54, 208, 307
Reed, Richard, 214
Reiman, Joey, 99
RenRen, 14
Reputation Institute, 51
Revista *Fortune*, 103, 303, 309
Revista *National Geographic*, 13
Revista *True*, 103
Riant, Martin, 206
Riccardi, Daniela, 53
Richards, Keith, 106, 111
Richey, Ellen, 279
Roberson, Donavon, 248, 249, 250, 254, 255, 259–261
Roberts, Frances, 185, 200
Roberts, Kevin, 135, 194
Romm, Adria Alpert, 276–277
Ronn, Elizabeth, 180
Ronn, Karl, 180
Royal Canin, 34, 44, 307
Ryan, Eric, 53, 62, 63, 64, 68, 69, 72, 78, 83, 88, 89

Saatchi & Saatchi, 135, 180, 185, 194, 195
Sagan, Carl, 118
Sainanee, Deepak, 9, 299
Samsung, 34, 44, 266, 307
Sangan, Agnès, 157
Scheingarten, Stuart, 237
Schmitz, Herbert, 154, 162
Schultz, Howard, 53
Seddon, Joanna, 26
Sedmoy Kontinent, 34, 44, 307
Sensodyne, 34, 44, 308
Seventh Generation, 34, 44, 48, 308
Sheedy, Bill, 277
Shumny, George, 79, 86, 91
Siegel & Gale, 293
Simon, Mario, 26
Sinatra, Frank, 103, 105
Sirchio, Kris, 108–109, 110–111

Sistema de Crescimento da Árvore do Ideal, 57, 85, 89, 92
  avaliação do progresso e dos funcionários através do ideal, 56, 60, 85–88, 92
  comunicação do ideal, 56, 60, 75–82, 91
  construção da cultura em torno do ideal, 56, 60, 69–76, 90
  descoberta ou redescoberta do ideal, 56, 60, 64–68, 90
  transmissão da experiência de consumo quase ideal, 56, 60, 82–84, 91–92, 260–264
Slash, 106
Smale, John, 136
Smith, Frederick, 53
Smith, Winton, 103–104, 105
Snow Beer, 34, 44, 50, 308
Socco, Vince, 273
Sócrates, 132
Sood, Sanjay, 35
Southwest Airlines, 137
Spacey, Kevin, 246
Spence, Roy, 137
Spike TV, 129
Starbucks, 28, 34, 44, 53, 96, 266, 282, 308
Starz, 245, 246, 310
Stengel, Kathleen, 117, 139, 140, 153
Stonyfield Farm, 34, 44, 51, 308

Tanner, Ernst, 53, 54
Target, 25, 28, 50, 61, 62, 67, 80, 84, 159, 187, 238
Taylor, Niki, 142
Tchecolováquia, 152
Tennessee Honey Whiskey, 108
Tesco, 159, 199, 260
Teutel, Michael, 124
Teutel, Paul, Jr., 124
Teutel, Paul, Sr., 124
Tide, 135, 208, 228, 231
"Tik Tok" (música), 106
Time, Inc., 13
Time-Life, 14–16
Time-Life Books, 120
Time-Life Films, 120
Time Warner, 13, 244, 245, 246, 310
TLC, 123, 127, 128, 131, 132
Toyoda, Akio, 271, 286
Toyota, 24, 25, 271, 272, 273, 274, 285, 286
Trainers, 174
Tremor, 231
Tsingtao, 34, 44, 308
Turner, Ted, 118
Twain, Mark, 101
Twitter, 109, 211, 220
Ultimate Fighter, The (programa de televisão), 129
UNICEF, 204, 205, 206, 221

Unilever, 61, 66, 89
Universidade de Columbia, 27
Universidade de Duke, 27
Universidade de Harvard, 27
Uribe, Jorge, 282–283
U.S. Bank, 302

Vacina de Tétano, 204
van Pappelendam, Robert, 199
Varga, Paul, 115
Vente-Privee.com, 34, 44, 308
Verizon Wireless, 231, 287
Villegas-Karpf, Juan Pablo, 35, 317
Visa, 22, 34, 44, 274–280, 283, 308
Volkswagen, 24
Vuitton, Louis, 33, 44, 49

Wadsworth, 35
Walker, Sarah, 41
Wall Street Journal, 234
Walmart, 80, 137, 159, 174
Watson, Thomas, Jr., 55
Watson, Thomas, Sr., 55
Weather Channel, 13
Weaver, Sigourney, 126
Wegmans, 34, 44, 255, 308
Whitman, Meg, 296, 297
Wieden and Kennedy, 229, 229–230
Wieden, Dan, 229, 313
Wildman, Jane, 184, 187–194, 198–201, 315
Winfrey, Oprah, 133–134
WPP, 26
Wright, Jon, 214

YouTube, 255
Yum! Brands, Inc., 96, 97

Zappos, 22, 34–56, 44–56, 63–92, 247–264, 308–320
Zara, 34–56, 44–56, 255–264, 308–320
Zaslav, David, 121–134, 123–134, 132–134
Zeituni, Michal, 35–56
Zynga, 14–22